高等职业教育城市轨道交通专业规划教材

Chengshi Guidao Jiaotong Shebei Yunyong

城市轨道交通设备运用

汪成林　主　编

王萌萌　副主编

人民交通出版社股份有限公司
China Communications Press Co.,Ltd.

内 容 提 要

本书为高等职业教育城市轨道交通专业规划教材。全书共分六个项目,包括线路、车站、车辆、车辆段、供电设备和车站机电设备。

本书为城市轨道交通专业核心教材,可供高职、中职院校教学选用,也可作为城市轨道交通行业岗位培训或自学用书,同时可供城市轨道交通行业从业人员参考。

*** 本书配有多媒体课件,读者可通过加入职教轨道教学研讨群(QQ 群 129327355)索取。**

图书在版编目(CIP)数据

城市轨道交通设备运用 / 汪成林主编. —北京:人民交通出版社股份有限公司,2017.1

高等职业教育城市轨道交通专业规划教材

ISBN 978-7-114-13563-7

Ⅰ.①城… Ⅱ.①汪… Ⅲ.①城市铁路—交通运输工具—高等职业教育—教材 Ⅳ.①U239.5

中国版本图书馆 CIP 数据核字(2016)第 322579 号

高等职业教育城市轨道交通专业规划教材

书　　名: 城市轨道交通设备运用
著 作 者: 汪成林
责任编辑: 袁　方
出版发行: 人民交通出版社股份有限公司
地　　址: (100011)北京市朝阳区安定门外外馆斜街 3 号
网　　址: http://www.ccpcl.com.cn
销售电话: (010)59757973
总 经 销: 人民交通出版社股份有限公司发行部
经　　销: 各地新华书店
印　　刷: 北京虎彩文化传播有限公司
开　　本: 787×1092　1/16
印　　张: 10.5
插　　页: 1
字　　数: 258 千
版　　次: 2017 年 1 月　第 1 版
印　　次: 2024 年 6 月　第 5 次印刷
书　　号: ISBN 978-7-114-13563-7
定　　价: 30.00 元

PREFACE 前言

城市轨道交通具有运量大、速度快、安全可靠、污染轻、受外界环境干扰小等特点，已成为缓解城市交通压力的最主要工具。近几年，我国城市轨道交通建设事业正处于井喷式发展时期，城市轨道交通专业人才需求巨大，社会、企业和学校面临着大量的城市轨道交通运营专业人员的培养和培训。

城市轨道交通运输设备包括线路与站场、车辆与牵引供电系统、信号与通信设备以及其他设备，是城市轨道交通赖以正常运营的物质和技术基础。本教材在编写过程中考虑到信号与通信设备对列车运行的重要而独特的作用，在城市轨道交通运营管理专业课程体系之中，《城市轨道交通通信信号设备运用》和《城市轨道交通设备运用》作为两门并列的专业基础课程。本教材是根据《城市轨道交通设备运用课程标准》编写的，为避免与其他专业核心课程教学内容重复，本教材分为六个部分：项目一线路，项目二车站，项目三车辆，项目四车辆段，项目五供电设备，项目六车站机电设备。

城市轨道交通运输设备包括列车运行基础设备（包括线路、车站、车辆、牵引供电）；列车运行安全设备（即通信信号设备，包括信号、联锁、闭塞、通信设备）；为乘客服务设备（包括自动售检票设备、车站机电设备）。本教材主要介绍线路、车站、车辆、车辆段、牵引供电、车站机电设备等城市轨道交通有关设备，与城市轨道交通通信信号设备运用等教材配套使用。

《城市轨道交通设备运用课程标准》是经武汉铁路职业技术学院、湖南高速铁路职业技术学院、湖北铁道运输职业学院的专门从事本课程教学的老师和武汉地铁集团运营管理及技术部门工程师一起研究制定的。本教材根据课程标准编写，系统地阐述了城市轨道交通运营管理岗位应该具备的知识、能力和素质，教学内容与素材大多来源于实际运营的现场一线，具有很强的现实意义和良好的可操作性。

本教材由武汉铁路职业技术学院汪成林任主编、湖南高速铁路职业技术学院王萌萌任副主编，武汉铁路职业技术学院胡小依、余莉和湖南高速铁路职业技术学院王玮、杨雪蓉参加编写。具体编写分工如下：项目一由胡小依编写，项目二由王玮编写，项目三由王萌萌和杨雪蓉编写，项目四和项目五由汪成林编写，项目六由杨雪蓉和余莉编写。

由于编者水平有限，书中难免有错误和不妥之处，敬请广大读者批评指正，以便修订和完善。书中参考引用了有关从事城市轨道交通运营管理研究专家、学者的著作和成果，书末列出了主要参考文献目录，在此一并表示衷心感谢。

编　者

2016年11月

CONTENTS 目录

项目一　线　　路

项目描述

城市轨道交通列车运行基础设备包括线路、车站、车辆、牵引供电。线路是城市轨道交通列车运行的线路基础。通过本项目的学习,使学生对线路设备有较全面了解。本项目设两个工作任务,任务一分析了线路的组成、分类、限界、道岔的结构、道岔对列车运行的影响以及按作业标准人工转换道岔;任务二分析了线路平面及纵断面对列车运行的影响,并计算线路换算坡度。

教学目标

1. 能力目标

认知线路的组成、分类、限界,能画出单开道岔组成、评估道岔对车速的影响,能按标准进行人工转换道岔。能计算线路换算坡度,并评估线路平、纵断面对列车运行速度的影响。

2. 知识目标

掌握线路结构、分类、机车车辆限界、建筑限界,掌握单开道岔的结构及对列车运行的影响,人工转换道岔的作业标准;掌握线路平、纵断面的组成要素,线路换算坡度的含义及计算方法。

3. 素质目标

具有城市轨道交通行车安全意识,操作道岔等运输设备的安全意识。

任务一　认知线路结构,人工转换道岔

教学目标

1. 能力目标

能认知线路的组成、限界,能画出单开道岔结构示意图,能按作业标准人工转换道岔。

2. 知识目标

理解线路结构、分类、机车车辆限界、建筑限界,掌握道岔的结构及对列车运行的影响,掌握人工转换道岔的作业标准。

工作任务

城市轨道交通线路是列车运行的基础,线路质量决定列车运行的基础条件。线路由哪

几部分组成？其参数有哪些？线路上的道岔对列车运行有什么影响？如果进路上的道岔位置不正确，会引起什么样的后果？通过本任务，了解线路基本知识，掌握按作业标准人工转换道岔的方法，能评估道岔对列车运行的影响。

所需设备

地铁或铁路线路100m，单开道岔、道岔手摇把。

相关知识

一、线路组成及分类

城市轨道交通线路简称线路，它是由路基和轨道组成的一个整体工程结构，如图1-1所示。线路是由路基、道床、钢轮、轨枕、扣件组成。为了使列车能按规定的速度安全、平稳和不间断地运行，线路各部件必须保持完好状态，以确保能够高质量地完成乘客运输任务。

城市轨道交通线路分为正线、辅助线（包括联络线、渡线、存车线、折返线等）、车场线。正线为上下行双线设计，列车运行方向按右侧（或左侧）行车，车站两端端墙内方为站内，相邻两车站端墙之间为区间。

路基是轨道的基础，也叫作下部建筑，它是城市轨道交通运输的基础。垂直线路中心线的路基横截面，称为路基横断面。路基的形式共有6种：路堤式、路堑式、半路堤式、半路堑式、不填不挖式、半堤半堑式。常见的路基为路堤式（图1-2）和路堑式。

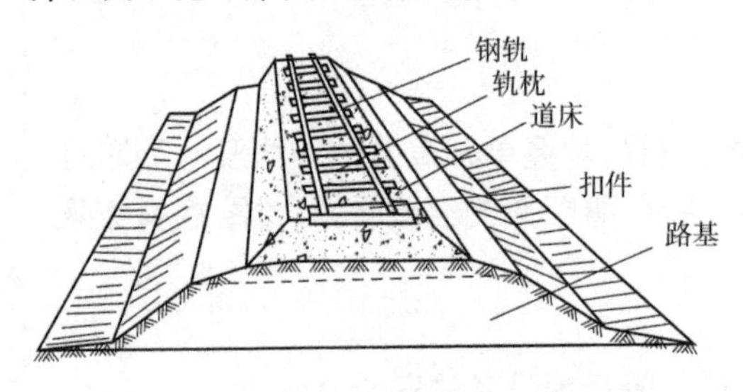

图1-1　线路的组成

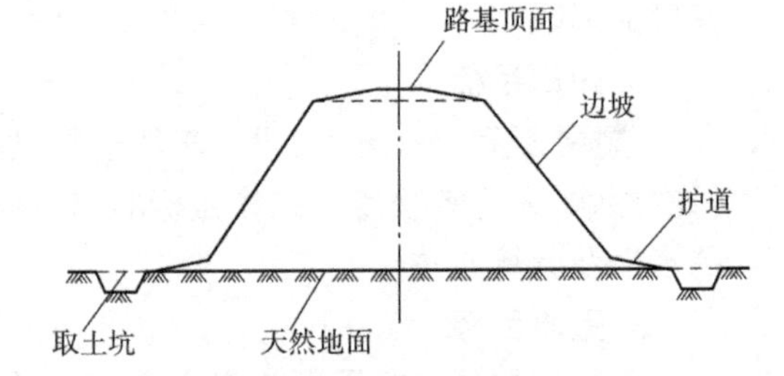

图1-2　直线地段一般黏性土路堤

二、轨道的组成及各部分的作用

轨道是由钢轨、轨枕、连接零件、道床、道岔和其他附属设备等不同力学性质的材料组成的构筑物。现代的轨道，通常由两根专门轧制的工字形截面的钢轨固定在轨枕上而形成。轨道是一个整体性工程结构，经常处于列车运行的动力作用下，即直接承受车轮传来的巨大压力，并把它传给路基及桥隧建筑物，并起机车车辆运行的导向作用。轨枕一般横向铺设，用木材、钢筋混凝土或钢材制成，通过道床将荷载传递到路基上去。

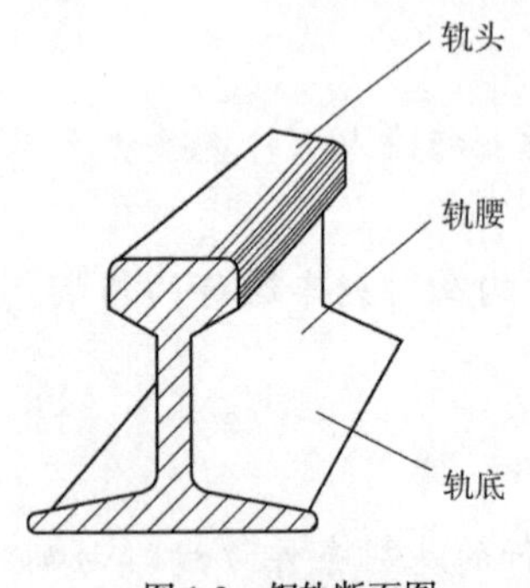

图1-3　钢轨断面图

1. 钢轨

钢轨由轨头、轨腰和轨底三部分组成，钢轨断面形式如图1-3所示。相关教学资源见二维码1。

二维码1

钢轨的作用是支承和引导机车车辆的车轮运行，并把车轮传来的压力传给轨枕，以及为车轮滚动提供阻力最小的表面，钢轨还有为供电、信号电路提供回路的作用。

《地铁设计规范》(GB 50157—2013)要求:地铁正线与辅助线应采用50kg/m及以上的钢轨,车场线应采用43kg/m的钢轨。钢轨应采用25m、12.5m标准轨以及标准缩短轨,接头应采用对接,在曲线内股应采用现行标准的缩短轨,当采用缩短轨接头对接有困难时可采用错接,但其错开距离不应小于3m。

地铁正线地段与半径为250m及以上的曲线地段,应铺设无缝线路。无缝线路是将25m轨端无螺栓孔的钢轨焊接成1km及以上的轨条铺设在轨枕上,接缝大大减少,因此消灭了列车通过接头区的冲击力,从而减小了振动与噪声。由于在1km长的钢轨内不存在轨缝,当温度升高或降低时,钢轨内部会产生巨大的温度压力或拉力,这是无缝线路的一个显著特点。隧道内温度变化幅度较小,铺设无缝线路十分有利,如在地面线路铺设无缝线路则需要加强养护与监控,并适时进行应力放散工作,防止线路胀轨。

普通线路是将标准钢轨用夹板连接铺设在轨枕上,钢轨接头处留有轨缝,温度升降时钢轨能自由伸缩。

正线与辅助线上钢轨应设轨底坡,其坡度为1/40,但在道岔与道岔间不足25m的直线段不应设轨底坡。

运营线路必须定期与不定期地对钢轨进行探伤与检查,根据国家相关技术标准进行钢轨伤损的标示与跟踪,在高架桥与隧道内钢轨伤损达到轻伤则应及时更换,在普通线路(道岔)以及无缝线路缓冲区达到重伤和钢轨折断应立即更换。

2. 轨枕

轨枕的作用是直接支承钢轨,并通过扣件牢固与钢轨相连。

地面线路采用国家标准轨枕铺设,隧道等采用钢筋混凝土短轨枕式混凝土整体道床时,短轨枕宜在工厂预制,混凝土强度等级宜采用C50,底部宜伸出钢筋以加强与混凝土整体道床的连接。采用连续支承混凝土整体道床时,应采用整体灌注式。每公里铺设轨枕的标准按照《地铁设计规范》(GB 50157—2013)的规定进行铺设。

3. 道床

道床的作用是支承轨枕,把从轨枕传来的压力均匀地传递给路基;缓解车轮对钢轨的冲击,固定轨枕,在地面线还能起到排除轨道中雨水的作用。

地铁隧道普遍采用整体式道床,其优点有:无须补充道砟或更换轨枕,而且整体性强,稳定性好,轨道几何尺寸易于保持,减少养护维修工作量;缺点有:工程造价高,施工难度大,一旦形成则无法纠偏,出现病害难以整治,且道床弹性差。

高架线路可采用新型轨下基础,地面线路宜采用碎石道砟以减少建筑费用。

地铁线路道床纵向排水坡度可与线路坡度一致,但不宜设置为平坡,道床面还应有不小于3%的横向排水坡。

地铁隧道内混凝土整体道床与地面碎石道床相连时,衔接处应设置弹性过渡段。

碎石道床按国家现行有关规定设置防爬装置。

隧道内的轨道结构可分为有砟(有碎石)道床和无砟(无碎石)道床两种。

(1)有砟道床同土路基上道床一样,施工简单,防噪声性能好,但需要增加隧道的开挖量,而且维修工作量较大,一般城市轨道交通中不采用。

(2)无砟道床最为普遍的是混凝土整体式道床,这种结构利用扣件把钢轨和混凝土基础直接连接在一起。

整体式道床采用就地连续灌注混凝土基床或纵向承轨台,简称PACT型轨道,结构简单,减振性能较好,但施工较为复杂。此外也可以把预制好的混凝土枕与混凝土道床浇筑成一个整体。或者采用预制的钢筋混凝土支承块与混凝土道床浇注成一体,这被我国铁路隧道广为采用。

(3)高架桥上的道床与隧道内相似,也分为碎石道床和混凝土整体道床。碎石道床与前述土路基上道床相同。桥上整体道床结构也称无砟无枕梁结构,通过扣件直接把钢轨和混凝土桥面连接起来。应用较广泛的是在混凝土梁上二次浇注混凝土纵向承轨台。

4. 减振垫层与扣件

由于整体道床轨道结构没有碎石道床提供必要的弹性,因而一般要配用弹性较好的扣件以减小振动和噪声。

(1)减振垫层:为压缩型橡胶垫板,在钢轨与承轨台之间,能显著减小车辆振动,降低噪声。

(2)扣件:是连接钢轨与轨枕间的中间零件,其作用是将钢轨固定在轨枕上,保持轨距并阻止钢轨的横纵向移动。

三、道岔

道岔是一种能使机车车辆从一股道转入另一股道的线路连接设备,是在线路上大量使用的基础设备,如图1-4所示。道岔构造复杂,零件较多,过车频繁,技术标准要求高,是城市轨道交通线路设备的薄弱环节之一,道岔对城市轨道交通运输有较大的影响。

图1-4 道岔

掌握道岔的基本结构、类型、操作技能和故障处理及合理选用道岔等知识,对城市轨道交通运营管理人员具有重要意义。

1. 道岔组成及分类

道岔的主要形式有线路连接、线路交叉及线路连接与交叉三种形式。常见的线路连接有普通单开道岔、单式对称道岔及三开道岔。线路交叉有直角交叉及菱形交叉。

普通单开道岔(见二维码2)是各种道岔中的主要形式,在城市轨道交通中应用最为普遍。单开道岔主线为直线,侧线由主线向左侧或右侧岔出,分为左开及右开两种形式,如图1-5所示。单开道岔由尖轨和转辙器、辙叉和护轨以及连接部分组成,如图1-6所示。

二维码2

主线
侧线
α

a) 右开单开道岔

侧线
主线
α

b) 左开单开道岔

图1-5 单开道岔

(1)转辙器

转辙器由两根尖轨、两根基本轨、连接零件(包括连接杆、滑床板、垫板、轨撑、顶铁、尖轨跟端结构等)和转辙机械组成。操作转辙机械可以改变尖轨的位置,确定道岔的开通方向,引导机车车辆进入不同方向。

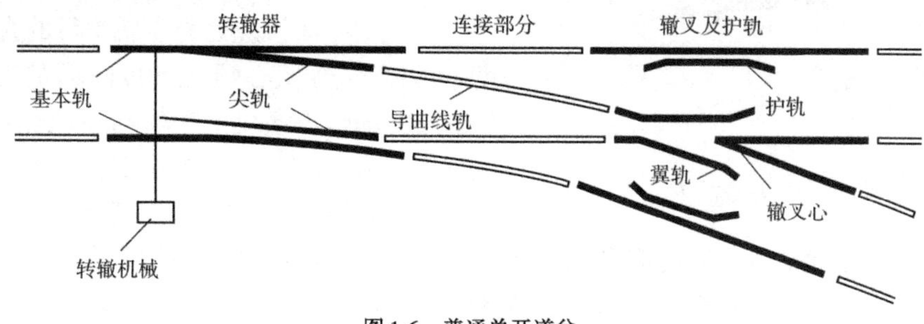

图 1-6　普通单开道岔

(2)辙叉及护轨

辙叉及护轨包括辙叉心、翼轨、护轨、主轨及其他连接零件。作用是保证车轮安全通过两股轨线的相互交叉处。

辙叉与护轨组成一个整体,共同配合发挥作用。辙叉按其构造分为锰钢整铸式和钢轨组成式;按翼轨与心轨的相对关系分为固定式和可动心轨式;按平面形状分为直线式、曲线式以及钝角辙叉、锐角辙叉等。

二维码 3

辙叉号数也称道岔号数,是表示辙叉角大小的一种方式。因为辙叉角是以度(°)、分(′)、秒(″)表示的,运用很不方便,故在实际工作中都以辙叉号数 N 表示。相关教学资源见二维码 3。

我国规定,以辙叉角的余切值表示辙叉号数,如图 1-7 所示。

$$N = \cot\alpha = \frac{AC}{BC}$$

式中:N——辙叉号数(道岔号数);

α——辙叉角;

BC——叉心工作边任一点 B 至另一工作边的垂直距离;

AC——由叉心理论尖端至垂足 C 的距离。

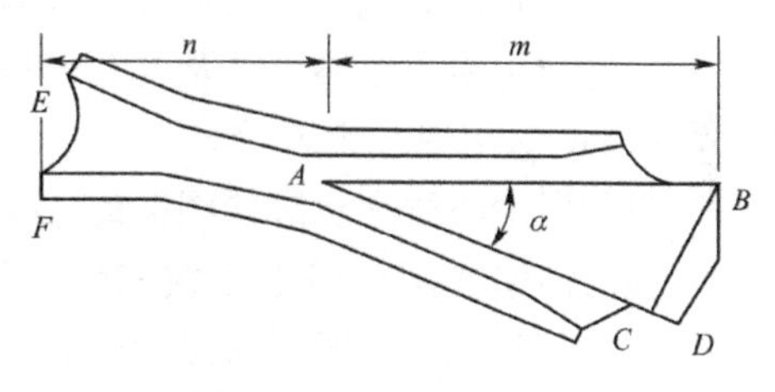

图 1-7　辙叉号数示意图

显然,辙叉角越大,道岔号数越小;反之,辙叉角越小,道岔号数越大。

现场有很多鉴别道岔号数的方法,一般可以采用以下两种较简便的方法。

①在图 1-7 中,分别测量前开口 EF、后开口 BD 及辙叉全长 BF,则

$$N = \frac{BF}{EF + BD}$$

二维码 4

②先在辙叉心轨顶面上找出一脚长的宽度处,由该处向前量至辙叉心轨理论尖端处,实量几脚就是几号道岔。

护轨必须与辙叉配合使用,护轨有两方面的作用:一是控制车轮的运行方向,使之正常通过“有害空间(见二维码 4)”而不错入轮缘槽;二是保护辙叉尖端不被轮缘冲伤。

二维码 5

道岔的有害空间(见二维码 5)是指从辙叉咽喉至实际尖端的一段轨线中断的距离。道岔的有害空间是限制列车过岔速度的一个重要因素。为消灭有

害空间，适应列车高速运行的要求，可采用活动心轨道岔，辙叉心轨和尖轨是同时扳动的，当尖轨开通某一方向时，活动心轨的辙叉心轨就与开通方向一致的翼轨密贴，与另一翼轨分开，从而消灭了有害空间，如图 1-8 所示。

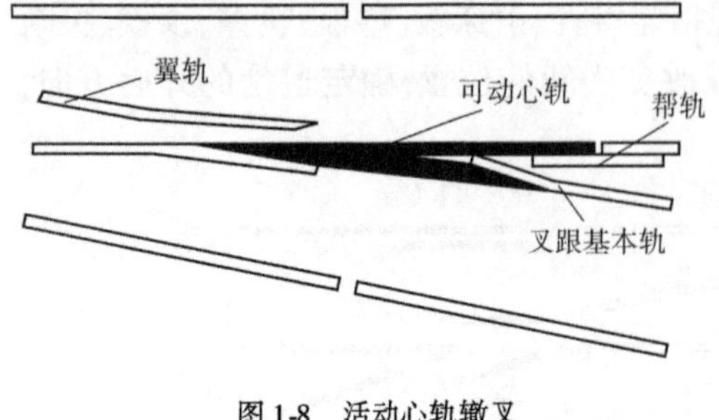

图 1-8　活动心轨辙叉

护轨的中间段应是与主轨平行的直线，其长度是由咽喉至叉心顶宽 50mm 间的距离加上 100 ~ 300mm，该直线上护轨与主轨轮缘槽间的宽度为 42mm。两端各向轨道内侧弯折一段长度，称为过渡段或缓冲段，其弯折角应约等于尖轨的冲击角，使车轮进入护轨时起到缓冲和引导作用。护轨末端的外侧面，将轨头在 150mm 长度内斜切去一部分，形成喇叭口，该处的宽度规定为 90mm。

护轨是用普通钢轨经过刨切弯折而成的，并用间隔铁、螺栓等零件与主轨连接。间隔铁为可调整宽度的双螺栓型，以便在护轨侧面达到磨耗限度时，调整轮缘槽的宽度。

(3) 连接部分

连接转辙器与辙叉的部分称为连接部分，作用是连接转辙器、辙叉及护轨部分，使之成为一组完整道岔。它包括两股直线钢轨和两股曲线钢轨。

钢轨长度是根据道岔号数及导曲线半径大小经过计算确定的，其最短长度不应小于 4.5m。导曲线平面形式一般为圆曲线。其半径大小与道岔号数、道岔长度及侧向过岔速度等因素有关。为了保持导曲线的位置和圆顺度，除可在连接部分铺设支距垫板外，还可在导曲线钢轨的外侧安装一定数量的轨撑，必要时对小号道岔还可增设轨距杆。

由于连接部分的四根钢轨都被钉在同一根岔枕上，导曲线一般不设超高，所以导曲线是限制侧向过岔速度的因素之一。

二维码 6

2. 道岔用中心线表示法及其几何要素

(1) 道岔用中心线表示法

道岔用中心线表示法如图 1-9 所示。相关教学资源见二码 6。

在已知道岔两线路中心线的交点和辙叉号数、道岔类型时，可按选定的比例尺用单线把道岔表示出来。

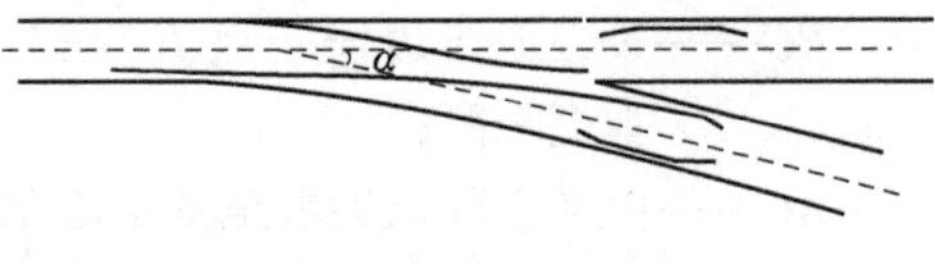

图 1-9　道岔用中心线表示法

(2) 道岔几何要素

单开道岔主要几何要素如图 1-10 所示。

图中 O 表示道岔中心（直线线路中心线与侧线线路中心线的交点）；a 表示道岔前部实际长度（从道岔始端轨缝中心至道岔中心的水平距离）；b 表示道岔后部实际长度（从道岔终端轨缝中心至道岔中心的水平距离）；$L_{全}$ 表示道岔全长（道岔始端至道岔终端的水平投影长度）；a_0 表示道岔前部理论长度（尖轨尖端至道岔中心的水平距离）；b_0 表示道岔后部理论长度（道岔中心至辙叉心轨理论尖端的水平距离）；q 表示尖轨尖端前的基本轨长度；m 表示辙叉跟长。

(3) 其他类型道岔与交叉设备

①双开道岔：道岔衔接的两条线路各自向两侧分岔，如图 1-11 所示。

②三开道岔：可以同时衔接三条线路，如图 1-12 所示。

③交分道岔：四组单开道岔和一副菱形交叉设备的结合体。

④交叉设备：只有辙叉而无转辙器部分，机车车辆通过交叉设备时，只能沿着原来的线

路继续运行而不能转线。

⑤交叉渡线：由四副单开道岔和一组菱形交叉设备组合而成。

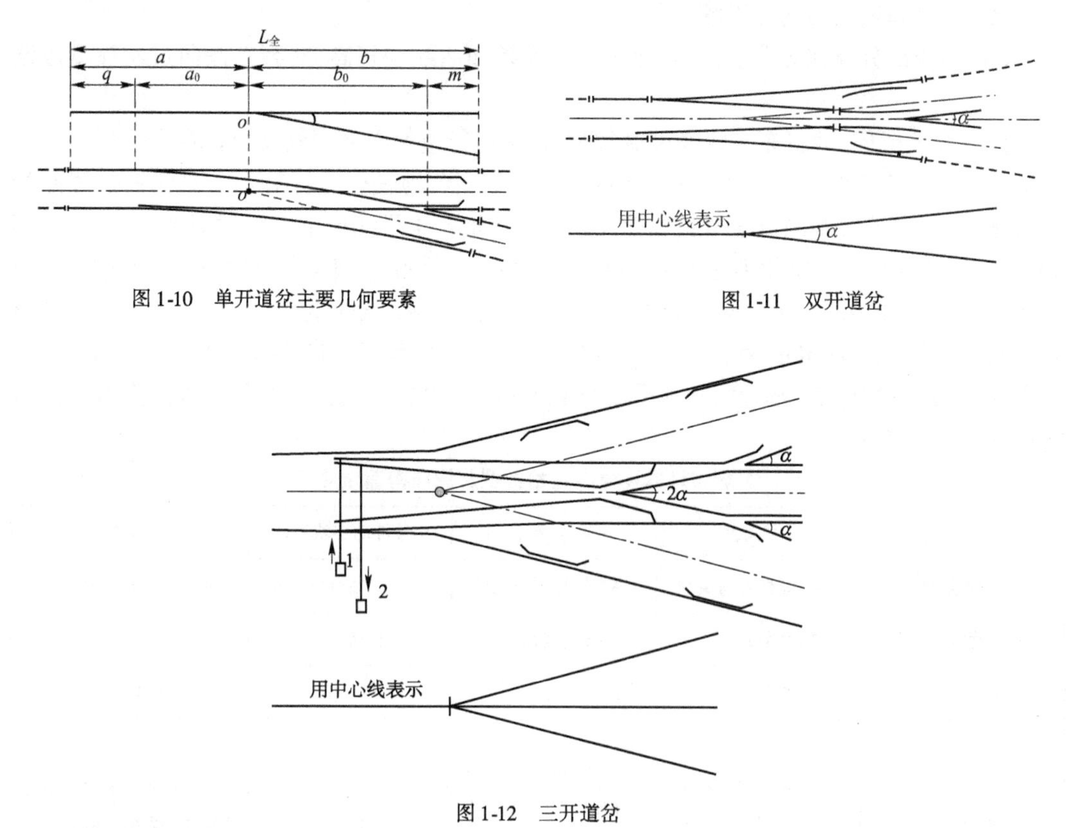

图 1-10　单开道岔主要几何要素

图 1-11　双开道岔

图 1-12　三开道岔

3. 人工转换道岔

一般情况下，列车或调车车列在城市轨道交通运行的路径称为进路，进路上道岔的位置决定列车或调车车列的运行方向。如果进路上道岔位置不正确，则会导致列车进入异线或挤岔。因此需按要求将进路上的道岔转换至规定位置。一般城市轨道交通运用联锁设备转换道岔，当联锁设备故障时，需城市轨道交通站务人员人工下轨道手摇道岔，将进路上的道岔人工手摇至列车或调车车列进路所需的位置。

一般城市轨道交通现场手摇道岔主要包括六个步骤，简称手摇道岔“六部曲”，具体内容为：

一看：看道岔开通位置是否正确，尖轨及辙叉心处是否有杂物，是否需要改变位置；

二开：打开盖孔板及钩锁器的锁，拆下钩锁器；

三摇：摇道岔转向所需的位置，在听到“咔嚓”的落槽声后停止；

四确认：手指尖轨，口呼“尖轨密贴开通 X 位”，并和另一人共同确认；

五加锁：另一人在确认道岔位置开通正确后，用钩锁器锁定道岔尖轨，盖上盖孔板并上锁；

六汇报：向站控室汇报道岔开通位置正确，人员出清。

4. 道岔对行车速度的影响

道岔是轨道的薄弱环节，当列车运行速度超过道岔的允许通过速度时，轻者会造成脱轨，严重者会引起列车颠覆。

道岔对行车速度的影响在于以下因素：

(1)道岔存在有害空间。

(2)尖轨和道岔结构不平顺。

(3)连接部分存在导曲线，在导曲线上不设缓和曲线和超高，对列车侧向过岔速度限制较大。

由于以上原因，故机车车辆经过道岔时，列车运行速度会受到较大的影响。

目前全国没有统一的地铁行车组织规则，一般是各地铁企业针对每一具体地铁线路的设备条件，制定该线路的行车组织规则。如某城市地铁4号线行车组织规则规定，正线采用60kg/m钢轨的9号固定辙叉、9号可动心轨道岔及12号道岔，车场试车线采用60kg/m钢轨的9号道岔，其他采用50kg/m钢轨的5号道岔，道岔类型及侧向构造速度等见表1-1；地铁5号线行车组织规则规定正线采用60kg/m钢轨的9号固定辙叉、12号固定辙叉，车场试车线采用60kg/m钢轨的9号道岔，其他采用50kg/m钢轨的7号和5号道岔。道岔类型及侧向构造速度等见表1-2。

某城市地铁4号线道岔类型及侧向构造速度 表1-1

道岔类型	5号道岔	9号道岔	9号可动心轨道岔	12号道岔
尖轨类型	AT弹性可弯尖轨	AT弹性可弯尖轨	AT弹性可弯尖轨	AT弹性可弯尖轨
辙岔类型	高锰钢整铸	高锰钢整铸	可动心轨	高锰钢整铸
钢轨类型	50kg/m	60kg/m	60kg/m	60kg/m
铺设位置	车场内道岔，调车、车辆进出车场，共49组	正线、试车线及辅助线，全线47组，其中试车线1组，正线及辅助线46组	正线W1402道岔	正线W1406、W1408、W1410、W1412道岔，共4组
侧向速度(km/h)	20	35	50	50

某城市地铁5号线道岔类型及侧向构造速度 表1-2

道岔类型	5号道岔	7号道岔	9号道岔	12号道岔
钢轨类型	50kg/m	50kg/m	60kg/m	60kg/m
铺设位置	车场内道岔，共44组	车辆段及综合基地10组7号道岔，1组7号交叉渡线	正线及辅助线、试车线；全线设置38组9号道岔，文冲站1组9号道岔4.6m间距交叉渡线，车辆段1组9号道岔	滘口站采用1组12号道岔4.4m间距交叉渡线
侧向速度(km/h)	20	25	35	50

四、线路标志

城市轨道交通线路上应设置百米标，坡度标，制动标，圆曲线和缓和曲线始点及终点标，曲线标、竖曲线始点及终点标，水准基点标，限速标，警冲标，停车位置标志等。

地铁隧道内百米标、限速标、停车位置标志应设在行车方向的右侧;警冲标应设在两会合线间,其位置应根据设备限界及安全量确定,隧道外的标志可按国家现行有关规范的规定设置。其中停车标设于各车站站台端部对开的隧道壁位置和存车线、折返线、信号机前，在接近车站300m、200m分别设置接近车站预告标;100m位置设站名标,车挡表示器。

五、限界

限界的作用是确保机车车辆在城市轨道交通线路上运行的安全,防止机车车辆撞击邻近的建筑物或其他设备。一切建筑物,在任何情况下,不得侵入建筑限界;地铁一切设备,在任何情况下,不得侵入地铁设备限界;机车、车辆无论空、重状态,均不得超出机车、车辆限界。

城市轨道交通限界包括车辆限界,设备限界,隧道建筑限界,接触网、接触轨限界。

1. 车辆限界(相关教学资源见二维码7)

二维码7

车辆限界是指限制机车车辆横断面最大容许尺寸的轮廓。当机车车辆停留在平直铁道上,车体的纵向中心线和线路的纵向中心线重合时,机车车辆的任何部位,在正常情况下(特殊情况除外)都不得超出机车车辆限界规定的尺寸。

车辆限界应根据车辆主要尺寸等有关参数,并考虑在静态和动态情况下所达到的横向和竖向偏移量及偏转角度,按可能产生最不利情况进行组合计算确定。

2. 设备限界

设备限界是指邻近线路的设备(与机车车辆相互作用的设备除外)不得侵入的最小横断面尺寸轮廓。应根据车辆限界、轨道状态不良引起车辆偏移和倾斜,并计及适当的安全量等因素计算确定。

3. 隧道建筑限界

隧道建筑限界是指邻近线路的建筑物不得侵入的最小横断面尺寸轮廓。区间直线地段各种类型的隧道建筑限界与设备限界之间的间距,应能满足各种设备安装的要求。其他类型与施工的隧道建筑限界,应按照《地铁设计规范》(GB 50157—2013)规定要求进行加宽与加高。

主要包括车站站台、屏蔽门与线路中心线之间的净距、高架车站安全门与线路中心线之间的净距、疏散平台、感应板等的规定。

4. 接触网、接触轨限界

二维码8

接触网、接触轨限界应根据受流器的偏移、倾斜和磨耗、接触轨安装误差、轨道偏差、电间隙等因素确定。

与铁路不同,由于城市轨道交通线路的车辆类型、运行速度不同,城市轨道交通限界目前没有统一的规定值。以某地铁线路为例,其限界如图1-13、图1-14所示。相关教学资源见二维码8。

六、线间距(相关教学资源见二维码9)

二维码9

线间距是指相邻线路中心线间的距离。作用是保证行车安全、站内作业安全。两线间一般装设行车设备。

线间距影响因素包括车辆限界、设备限界、建筑限界、线间设备计算宽度和线间办理作业性质需要的安全量等。

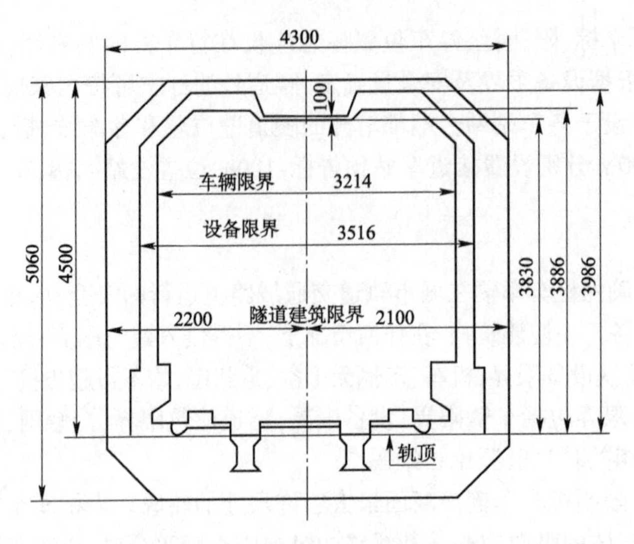

图 1-13　某地铁线路区间直线段矩形隧道、设备及车辆限界(尺寸单位:mm)

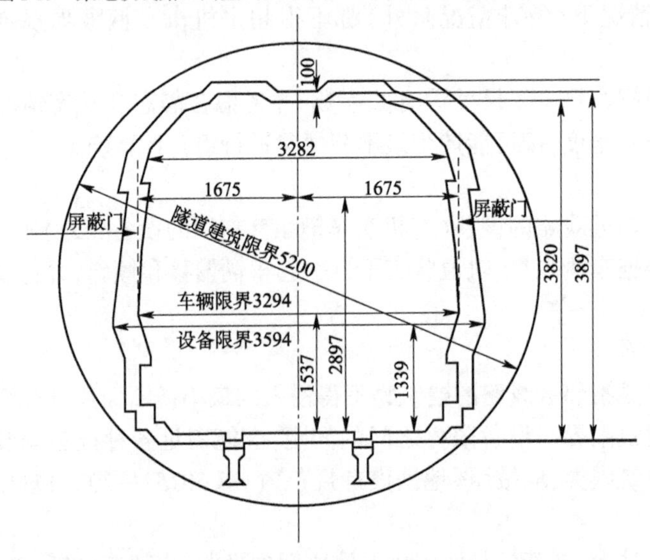

图 1-14　某地铁线路区间直线地段圆形隧道、设备及车辆限界(尺寸单位:mm)

知识拓展

1. 城市轨道交通桥隧建筑物

(1)地下铁道

在城市轨道交通中占有较大比重的是地下铁道。地下铁道由于在地下运行,对地面上的其他交通工具无干扰,其运输能力不受气候影响,也避免了地面轻轨和高架交通所产生的噪声对城市的污染,在战争期间还可作为民用防空设施,所以地下铁道的优点非常明显。但是地下铁道造价昂贵,应充分进行技术经济比较后,分区段确定线路方案。

地下铁道的区间隧道与铁路隧道基本相同。地层的工程地质、水文地质资料是隧道设计的重要依据。因此,必须收集和积累沿线的有关技术资料,包括勘探和试验资料、数据等。地层情况的变化直接影响到施工方法的确定,不同的施工方法对应的投资差别较大。

区间隧道的开挖大多在闹市区的街道下面,开挖必然引起地面沉降,如何控制地面沉降量,不致影响既有建筑物的安全,是城市地下铁道施工所面临的一大课题。

区间隧道开挖的施工方法有明挖法和暗挖法。

①明挖法隧道:当城市地面空间足够时,可以采用放坡大开挖法修筑隧道,放坡率可以根据地质情况确定,对应的区间隧道一般采用框架结构,上部设计荷载以回填土重加路面荷载来考虑,侧面荷载考虑侧土压力。明挖法施工的造价较低,但土方工程量较大,且影响地面交通。

②暗挖法隧道:暗挖法隧道主要分盾构法隧道、矿山法隧道和新奥法隧道等。

(2)高架结构工程

①高架结构工程的特点:高架结构工程是城市永久性建筑的一部分,结构寿命一般能保证50年以上,因而城区高架结构可以作为城市景观的一部分,与城市的其他建筑相协调。另外在城区施工,要求速度快,对现有的交通干扰小。

②高架桥上应考虑的因素:高架桥上应考虑的因素包括管线设置或通过要求,设有紧急进出通道,有防止列车倾覆的安全措施,在必要地段设置防噪屏障,应设有防水、排水措施等。

③高架结构工程的结构分类:高架结构工程的结构一般分槽形梁结构、脊梁结构和超低高度板结构。

④高架桥的墩台形式:高架桥的墩台除具有足够的强度和稳定性以承受荷载外,还需要考虑美观,并与城市环境相协调。墩台形式一般有倒梯形桥墩、"T"形桥墩、双柱形桥墩和"Y"形桥墩等形式,如图1-15所示。

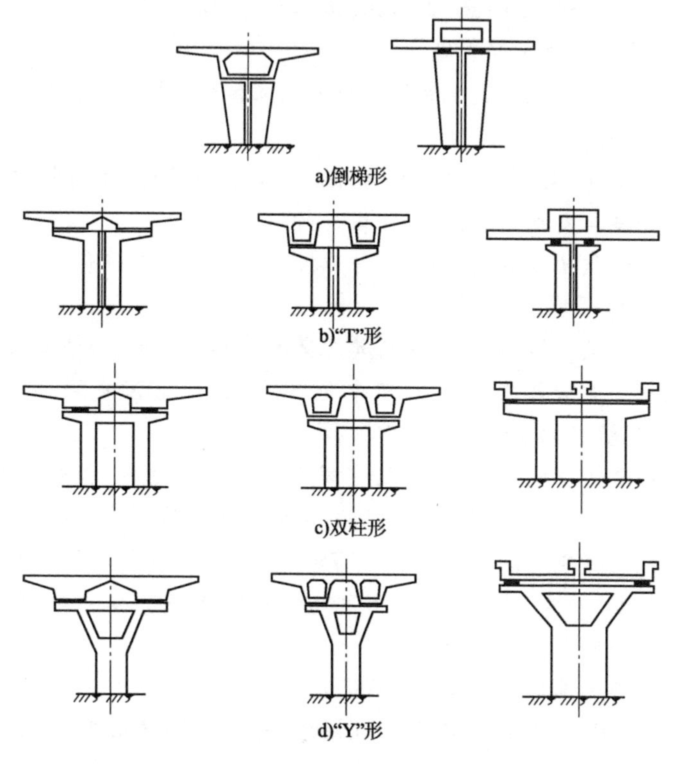

图1-15　桥墩形式

2. 道岔的选用

由于地铁列车在市区运行,常遇到小半径曲线,而且中间站通常不设配线。在设有渡线和折返线的车站,必须设置道岔来实现车辆的转线;在车场内,股道则通过道岔逐级与走行线连接。由于车辆的运行条件规定,其最小通行半径为25m,考虑运行速度及节约用地要求,应在不同场合选用不同的辙叉号数和道岔结构。

城市轨道交通道岔辙叉号应根据以下三个原则确定。

(1)道岔的直股设计速度:当动车最大运行速度为80km/h时,道岔直股结构应满足80km/h通过的要求,如留有安全储备,道岔的直股设计速度为100km/h。如用于车场道岔,由于无较高的速度要求,采用40km/h作为道岔的直股设计速度。

(2)道岔侧股的允许通过速度:主要取决于动车通过道岔侧股的运行速度要求。在折返站,动车在出发前由邻线转入,以改变运行方向,属于调车性质,最高运行速度可定为25km/h。用于车场的道岔,动车通过道岔侧股均为调车,考虑节约用地,最高运行速度可定为15km/h。

(3)动车以最高运行速度通过道岔侧股时,最大允许的未被平衡超高值(欠超高),比照区间线路,定为90mm。

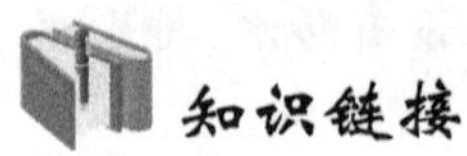

知识链接

《地铁设计规范》(GB 50157—2013)节选

6　线路

6.1　一般规定

6.1.1　地铁线路应按其运营中的功能定位,分为正线(干线与支线)、配线和车场线。配线应包括车辆基地出入线、联络线、折返线、停车线、渡线、安全线。

6.1.2　地铁选线应符合下列规定:

1.应依据线路在城市轨道交通规划线网中的地位和客流特征、功能定位等,确定线路性质、运量等级和速度目标;

2.地铁线路应以快速、安全、独立运行为原则。当有条件时,也可根据需要在两条正线之间或一条线路上干线与支线之间,组织共线运行;

3.支线在干线上的接轨点应设在车站,并应按进站方向设置平行进路;接轨点不宜设在靠近客流大断面的车站;

4.地铁线路之间交叉,以及地铁线路与其他交通线路交叉时,必须采用立体交叉方式;

5.地铁线路应符合运营效益原则,线路走向应符合城市客流走廊,应有全日客流效益、通勤客流规模、大型客流点的支撑;

6.地铁选线应符合工程实施安全原则,宜规避不良工程地质、水文地质地段,并宜减少房屋和管线拆迁,宜保护文物和重要建、构筑物,同时应保护地下资源;

7.地铁线路与相近建筑物距离应符合城市环境、风景名胜和文物保护的要求。地上线必要时应采取针对振动、噪声、景观、隐私、日照的治理措施,并应满足城市环境相关的规定;地下线应减少振动对周围敏感点的影响。

6.1.3　线路起、终点选择应符合下列规定:

1.线路起、终点车站宜与城市用地规划相结合,并宜预留公交等城市交通接驳配套条件;

2.线路起、终点不宜设在城区内客流大断面位置;也不宜设在高峰客流断面小于全线高峰小时单向最大断面客流量1/4的位置;

3.对穿越城市中心的超长线路,应分析运营的经济性,并应结合对全线不同地段客流断面和分区OD的特征、列车在各区间的满载率和拥挤度,以及建设时序的分析,合理确定线路运行的起、终点或运行的分段点；

4. 每条线路长度不宜大于35km，也可按每个交路运行不大于1h为目标。当分期建设时，初期建设线路长度不宜小于15km；

5. 支线与干线贯通共线运行时，其长度不宜过长。当支线长度大于15km时，宜按既能贯通、又能独立折返运行设计，但应核算正线对支线客流的承受能力。

6.1.4 车站分布应符合下列规定：

1. 车站分布应以规划线网的换乘节点、城市交通枢纽点为基本站点，结合城市道路布局和客流集散点分布确定；

2. 车站间距在城市中心区和居民稠密地区宜为1km；在城市外围区宜为2km。超长线路的车站间距可适当加大；

3. 地铁车站站位选择，应结合车站出入口、风亭设置条件确定，并应满足结构施工、用地规划、客流疏导、交通接驳和环境要求。

6.1.5 换乘车站线路设计应符合下列规定：

1. 换乘站的规划与设计，应按各线独立运营为原则，宜采用一点两线形式，并宜控制好换乘高差与距离；当采用一点三线换乘形式时，宜控制层数，并宜按两个站台层设置；一个站点多于三条线路时，其换乘形式应经技术经济论证确定；

2. 换乘车站应结合换乘方式，拟定线位、线间距、线路坡度和轨面高程；相交线路邻近一站一区间宜同步设计；

3. 当换乘站为两条线路采用同站台平行换乘方式时，车站线路设计应以主要换乘客流方向实现同站台换乘为原则；

4. 当多条线路在中心城区共轨运行并实行换乘时，接轨（换乘）站应满足各线运行能力和共轨运行总量需求，并应符合6.1.2条第三款的规定，确定线路配线及站台布置。

6.1.6 线路敷设方式应符合下列规定：

1. 线路敷设方式应根据城市总体规划和地理环境条件，因地制宜选定。在城市中心区宜采用地下线；在中心城区以外地段，宜采用高架线；有条件地段也可采用地面线；

2. 地下线路埋设深度，应结合工程地质和水文地质条件，以及隧道形式和施工方法确定；隧道顶部覆土厚度应满足地面绿化、地下管线布设和综合利用地下空间资源等要求；

3. 高架线路应注重结构造型和控制规模、体量，并应注意高度、跨度、宽度的比例协调，其结构外缘与建筑物的距离应符合现行国家标准《建筑设计防火规范》（GB 50016）和《高层民用建筑设计防火规范》（GB 50045）的有关规定，高架线应减小对地面道路交通、周围环境和城市景观的影响；

4. 地面线应按全封闭设计，并应处理好与城市道路红线及其道路断面的关系，地面线应具备防淹、防洪能力，并应采取防侵入和防偷盗设施。

任务二 计算线路换算坡度

教学目标

1. 能力目标

能计算线路换算坡度，并评估线路平、纵断面对列车运行速度的影响。

2. 知识目标

掌握线路平、纵断面的组成要素,线路换算坡度的含义及计算方法。

3. 素质目标

严谨认真、准确计算,对列车运行有安全责任意识的城市轨道交通行车工作素质。

工作任务

城市轨道交通线路的曲线、坡度等平、纵断面参数对列车运行有什么影响?能否定量计算?通过本任务的学习,计算线路换算坡度,分析评估线路平纵断面参数对列车运行的具体影响。

所需设备

某一线路的实际平纵断面数据、计算器。

相关知识

一、线路的平面

线路的平面是指线路中心线在水平面上的投影,它表明线路的曲、直变化状态和走向。线路的平面由直线、圆曲线以及连接直线与圆曲线的缓和曲线组成。线路在空间的位置是用它的中心线来表示的。线路中心线是指距外轨半个轨距的铅垂线与两路肩边缘水平连线交点的纵向连线。

1. 曲线

线路在转向处所设的曲线为圆曲线,其基本组成要素有:曲线半径 R ,曲线转角 α ,曲线长 L ,切线长度 T,如图1-16所示。

在线路设计时,一般是先设计出 α 和 R,再按下式计算出 T 及 L:

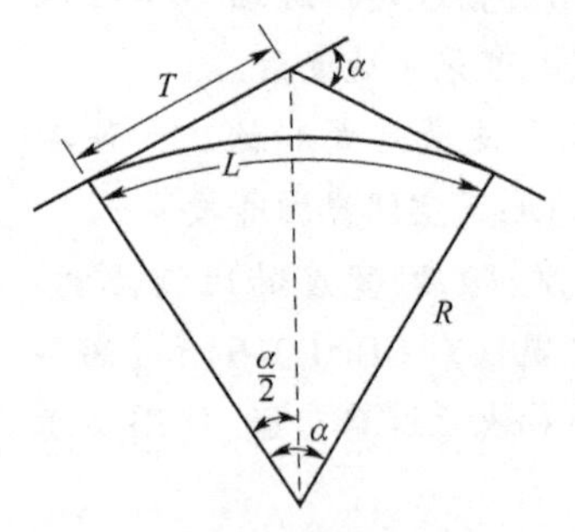

图 1-16　圆曲线要素

$$T = R \cdot \tan\frac{\alpha}{2}(\mathrm{m})$$

$$L = \frac{\pi}{180} \cdot R \cdot \alpha(\mathrm{m})$$

式中:T——切线长度,m;

R——曲线半径,m;

α——曲线转角;

L——曲线长,m。曲线半径越大,行车速度越高,但工程量越大,工程费用越高。

小半经曲线地段需要适当限速运行,当列车通过曲线时,为了提高运营安全性与乘车乘客的舒适性,在圆曲线地段应根据曲线半径和实测行车速度,在曲线外股钢轨合理设置超高 H,$H = 11.8v^2/R(\mathrm{mm})$($v$ 为列车平均运行速度,km/h),曲线超高一经设定则不能任意调整,《地铁设计规范》(GB 50157—2013)规定地铁最大超高为 120mm。

线路直线与圆曲线往往不是直接相连的,中间要加一段缓和曲线。地铁或轻轨曲线半径宜从大到小选择,最大不超过 3000m,当曲线半径小于 400m 时,轮轨磨损大、噪声大,应尽量避免选用。为了使列车按规定速度安全平稳运行,需要根据行车速度、车辆轮对有关尺寸等因素规定线路曲线的最小半径。线路曲线半径最小值是地铁主要技术标准之一，根据国家标准《地铁设计规范》(GB 50157—2013)规定：线路平面最小曲线半径应符合表1-3的规定。

地铁或轻轨线路平面最小曲线半径 表1-3

线路		一般情况(m)		困难情况(m)	
正线(km/h)	$v \leqslant 80$	350	300	300	250
	$80 < v \leqslant 100$	550	500	450	400
联络线、出入线		250	200	150	
车场线		150	110	110	

注：除同心圆曲线外，曲线半径应以10m的倍数取值。

2. 缓和曲线

为保证列车安全，使线路平顺地由直线过渡到圆曲线，或由圆曲线过渡到直线，以避免离心力的突然产生和消除，常需要在直线与圆曲线之间设置一个曲率半径变化的曲线，这个曲线称为缓和曲线，图1-17所示为设有缓和曲线的线路。

缓和曲线的特征为：从缓和曲线所衔接的直线一端起，它的曲率半径ρ由无穷大逐渐减小到它所衔接的圆曲线半径R。它可以使离心力逐渐增加或减小，不致造成列车横向强烈摇摆，这对改善运营条件、保证行车安全和平顺都有很大的作用，如图1-18所示。相关教学资源见二维码10。

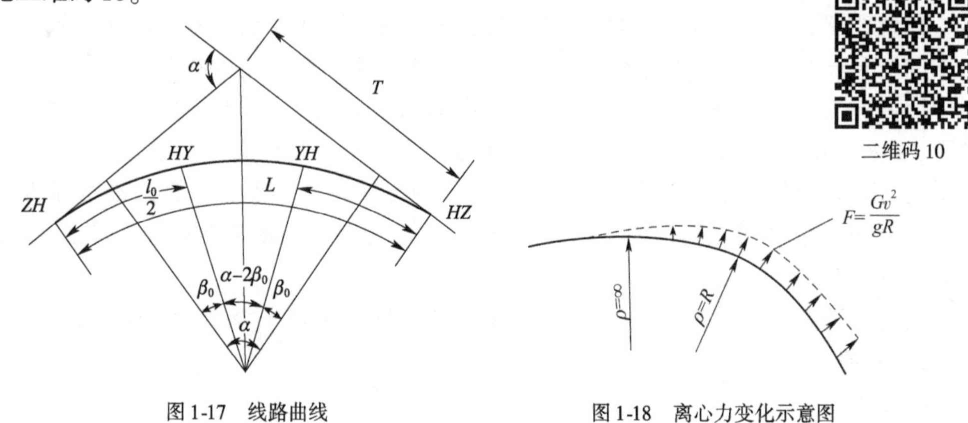

图1-17 线路曲线

图1-18 离心力变化示意图

《地铁设计规范》(GB 50157—2013)规定缓和曲线长度为20～75 m，即不短于一节车辆全轴距长。

3. 夹直线

两相邻曲线，转向相同，称为同向曲线；转向相反，称为反向曲线。两条相邻曲线间应设置一定长度的直线，以保证列车平稳运行。车辆运行在同向曲线上，因相邻曲线半径及超高高度不同，故车体内倾斜度不同；车辆运行在反向曲线上，因两曲线超高方向不同，故车体时而向左倾斜，时而向右倾斜。这两种情况都会造成车体摇晃震动，为了保证运营安全，提供平稳的行车条件，线路不宜设置连续曲线，并且必须保证曲线之间有足够长度的夹直线。

《地铁设计规范》(GB 50157—2013)规定：在正线与辅助线上夹直线长度不应小于20m，在车场线上夹直线长度不应小于3m。

二、线路纵断面

线路纵断面是指线路中心线展直后在铅垂面上的投影，表明线路的坡度变化。线路纵断面由平道、坡道及设于变坡点处的竖曲线组成。

二维码 11

1. 坡道的坡度(相关教学资源见二维码 11)

坡度是一段坡道两端点的高差 H 与水平距离 L 之比,用 i 表示,如图 1-19 所示。

即 $i = 1000\dfrac{H}{L} = 1000\tan\alpha$

式中:i——坡度值;

α—— 坡道段线路中心线与水平线夹角。

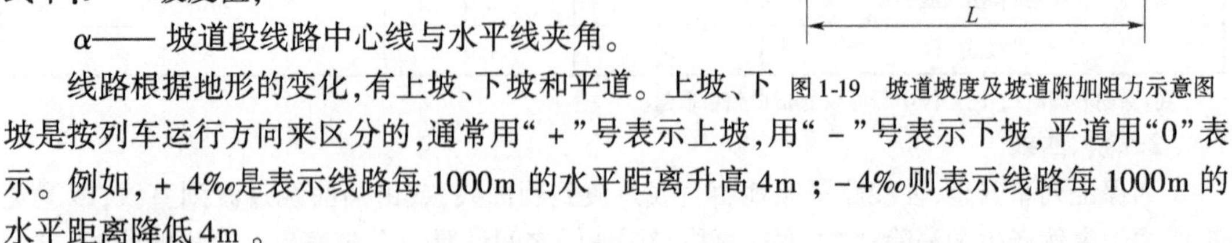

图 1-19 坡道坡度及坡道附加阻力示意图

线路根据地形的变化,有上坡、下坡和平道。上坡、下坡是按列车运行方向来区分的,通常用“+”号表示上坡,用“-”号表示下坡,平道用“0”表示。例如,+4‰是表示线路每 1000m 的水平距离升高 4m;-4‰则表示线路每 1000m 的水平距离降低 4m。

线路纵断面上坡度的变化点,叫作变坡点。相邻变坡点间的距离,叫作坡段长度。地铁或轻轨线路纵坡长度应不小于远期列车长度,还应满足两相邻竖曲线间的夹直线坡段长度不小于 50m。

地铁线路尽可能采用较平缓的坡度。一条线路最大坡度的确定,必须考虑各类车辆在最大坡道上停车时的启动与防溜,同时应考虑必要的安全系数。

最大坡度也是地铁设计主要技术标准之一,《地铁设计规范》(GB 50157—2013)规定:正线的最大坡度宜采用 30‰,困难地段可采用 35‰,辅助线的最大坡度宜采用 40‰。

地铁隧道线路考虑排水需要,正线最小坡度不宜小于 3‰,困难地段在确保排水的条件下,可采用小于 3‰的坡度。车站站台线路由于停车及站台面平缓要求宜设置在 3‰的坡道上,困难条件下可设置在 2‰或不大于 5‰的坡道上,但是要确保排水坡度不小于 3‰,以利于排水畅通。隧道内的折返线与存车线,应布置在面向车挡的下坡道上,其坡度宜为 2‰。

地面及高架桥上的车站站台线路不受排水影响宜设在平坡上,车场线可设在不大于 1.5‰的坡道上。

2. 竖曲线

车辆经过变坡点时,将产生振动和竖向加速度,容易引起乘客不舒适。同时,由于坡度变化,车钩会产生一种附加应力,车辆经过凸凹地点时,相邻车辆处在不同坡道上,易产生车钩上下错移。为保证列车运行平稳,防止脱钩、断钩,应在相邻坡段间用一圆顺曲线连接,使列车顺利地由一个坡段过渡到另一个坡段,这个纵断面上变坡点处所设的曲线,叫作竖曲线,如图 1-20 所示。

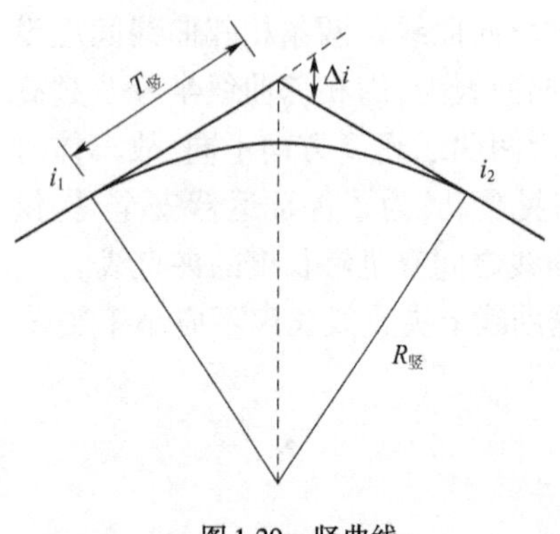

图 1-20 竖曲线

由图 1-20 可知,竖曲线切线长 $T_{竖}$ 为:

$$T_{竖} = R \cdot \tan\frac{\alpha}{2} = \frac{1}{2000}R_{竖} \cdot \Delta i(\mathrm{m})$$

式中:Δi——相邻坡段坡度代数差的绝对值。

竖曲线曲线长 $L_{竖} \approx 2T_{竖}$,m。

地铁或轻轨线路中,两相邻坡段的坡度代数差大于或等于 2‰时,应设竖曲线。竖曲线就是纵断面上的圆曲线,竖曲线的曲线半径采用见表 1-4。

竖曲线半径 表1-4

线别		一般情况(m)	困难情况(m)
正线	区间	5000	3000
	车站端部	3000	2000
辅助线		2000	
车场线		2000	

《地铁设计规范》(GB 50157—2013)规定:车站站台和道岔范围不得设置竖曲线,竖曲线离开道岔端部的距离不应小于5m。

3. 轨道的平顺

(1)直线地段轨道的标准轨距

我国规定的直线地段轨道的标准轨距为1435mm,用道尺测量轨距的允许误差为+6~-2mm,轨距变化率不得大于3‰。轮对宽度要略小于轨距,使轮缘与钢轨内侧保持必要的间隙,以利于在轨道上行驶的车辆轮对能顺利通过。轮对左右两车轮内侧面之间的距离加上两个轮缘厚度为轮对宽度。

(2)高低要求

直线地段两股钢轨顶面应保持同一高度,使两根钢轨负荷均匀,也允许有一定误差,可根据线路等级不同,分别不大于4~6mm。轨道在一段不太长的距离内不允许左右两轨高差交替变化,形成三角坑,以致引起列车剧烈摇晃,甚至引起脱轨事故。

轨道纵向的平顺情况称为高低,若高低不平,将增大列车通过时的冲击力,对轨道的破坏力增大。根据铁路规定,经过维修或大修的正线或到发线轨道,前后高低差用10m弦量不得超过4mm。

轨道方向应远视顺直,若直线不直,方向不良,会造成列车蛇行运动。在无缝线路地段,还会诱发胀轨跑道。

(3)曲线外轨超高(相关教学资源见二维码12)

二维码12

曲线地段轨道的内、外股钢轨的顶面应保持一定高差,两轨间的距离要比直线路段宽,同时在曲线两端与直线连接处应设置缓和曲线。

车辆进入曲线轨道时,因惯性作用,仍然要保持原来的行驶方向,当前轴外轮碰到外轨,受到外轨引导时,才沿着曲线轨道行驶。这时车辆的转向架与曲线在平面上保持一定的位置和角度。车辆运行在曲线上,可能会出现三种情况:第一种情况,当轨距足够宽时,只有前轴外轮的轮缘受到外轨的挤压力(也称导向力),后轴则居于曲线半径方向,两侧轮缘与钢轨间有一定的间隙,行车阻力最小;第二种情况,当轨距不够宽时,后轴的内轮轮缘也将受到内轨的挤压,产生第二导向力,行车阻力较前者大为增加;第三种情况,轨距更小时,前后轴均同时受内外轨挤压,车轮被楔在两轨之间,不仅行车阻力大,甚至可能把轨道挤开。

为此,在小半径曲线上的轨距必须加宽,确定轨距加宽的原则是保证最常用的车辆转向架能以第一种情况自由通过曲线,并保证轴距较长的多轴列车能以第二种情况通过,而不致出现第三种情况。

列车在曲线上行驶将产生惯性离心力,为了保持平衡和减轻钢轨的侧面磨耗,须将外轨抬高,利用车体内倾产生的重力水平力平衡离心力。外轨抬高的量称为超高,用下式估算:

$$H=\frac{7.6v_{max}^2}{R}(mm)$$

式中：v_{max}——列车设计最高运行速度，km/h；

R——曲线半径，m。

上式虽以列车最大时速表示，实际是代表列车平均运行时速的一近似估算式。所以当列车运行速度大于平均时速，由于超高不足（欠超高）而产生未被平衡的离心加速度，为满足乘客的舒适度，这一值不得超过 0.4 ~ 0.5m/s^2，对应的欠超高一般不超过 60 ~ 75mm，在特殊困难情况可达 90mm。

直线与圆曲线间要设置曲率渐变的缓和曲线，使圆曲线的轨距加宽及外轨超高在缓和曲线范围内逐渐完成，缓和曲线的曲率从零变至与圆曲线曲率相等时，是一个渐变的过程，相应的超高也是渐变的，车体在缓和曲线内所受的离心力和向心力也是渐变的。

三、曲线附加阻力

1. 基本阻力

基本阻力是指列车在空旷地段沿平、直轨道运行时所受到的阻力，包括车轴与轴承之间、轮轨之间以及钢轨接头对车轮的撞击阻力等。基本阻力在列车运行时总是存在的。

2. 附加阻力

附加阻力是指列车在线路上运行时，受到的额外阻力，如坡道阻力、曲线阻力、起动阻力等。附加阻力随列车运行条件或线路平、纵断面情况而定，阻力方向与列车运行方向相反。

3. 曲线附加阻力

当列车通过曲线时，由于惯性力的作用，外侧车轮轮缘紧压外轨，使其磨耗增大。又由于曲线外轨长于内轨，外轮在外轨上的滑行等原因，运行中的列车所受阻力比在直线上所受阻力大，两者之差称为曲线附加阻力。

曲线附加阻力与列车重量之比，叫单位曲线附加阻力，用（N/kN）来表示，它的大小通常用试验公式求得：

当曲线长度≥列车长度，列车整列运行在曲线上［图 1-21a）］时：

$$\omega_{曲} = \frac{600}{R}(\text{N/kN}) \quad 或 \quad \omega_{曲} = \frac{10.5\alpha}{L_{曲}}(\text{N/kN})$$

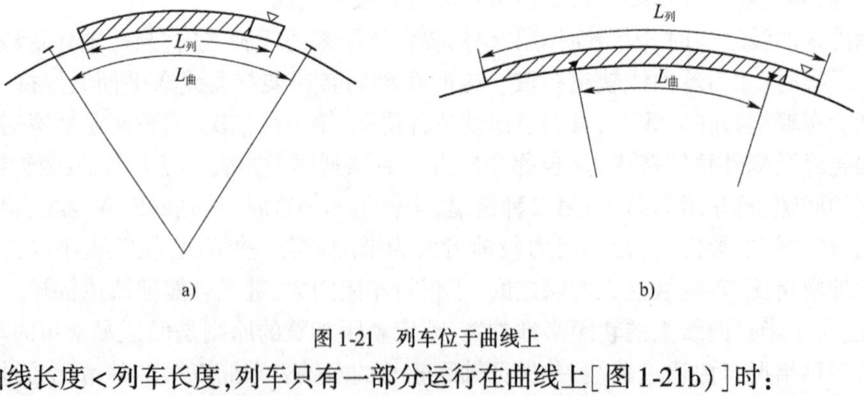

a)　　b)

图 1-21　列车位于曲线上

当曲线长度＜列车长度，列车只有一部分运行在曲线上［图 1-21b）］时：

$$\omega_{r} = \frac{600}{R} \times \frac{L_{曲}}{l} \quad (\text{N/kN}) \quad 或\ \omega_{r} = \frac{10.5\alpha}{L_{列}}(\text{N/kN})$$

式中：600——试验常数；

$L_{曲}$——曲线长度，m；

R——曲线半径，m；

$L_{列}$——列车长度,m 。

同理,列车同时运行在几个曲线上时:

$$\omega_r = \frac{600}{R_1} \times \frac{L_{r1}}{l} + \frac{600}{R_2} \times \frac{L_{r2}}{l} + \cdots\cdots (\text{N/kN})$$

从式中可知,曲线阻力与曲线半径成反比。曲线半径越小,曲线阻力越大,运营条件就越差,说明采用大半径曲线对列车运行的影响较小。而小半径曲线亦具有容易适应地形困难的优点,对工程条件有利。因此,在设计地铁路线时必须根据地铁线路所允许的载客列车的最高运行速度,由大到小合理地选用曲线半径。

根据 $\omega_r = 600/R$ 可知,曲线半径越小,曲线附加阻力越大,还会给运营工作带来以下不利影响:

(1)限制行车速度。从列车通过曲线的最大允许速度 $v_{max} = \sqrt{\frac{R(h + \Delta h)}{11.8}} \approx 4.3\sqrt{R}$ 可知,列车通过曲线的最大允许速度与曲线半径的平方根成正比。曲线半径越小,列车通过曲线的速度受到的限制就越大。

(2)增加轮轨磨耗。列车运行在曲线上时,由于内侧与外侧钢轨长度不等,使车辆的内轮与外轮在钢轨上产生相对纵向滑行,钢轨与轮缘磨耗增加。曲线半径越小,这种磨耗越严重。

(3)增加轨道设备。列车运行在曲线上时,为防止外轮对外轨挤压而引起的轨距扩大,以及钢轨带动轨枕在道床上的横向移动,对小半径曲线地段的轨道应增加轨枕根数,加设轨距杆、轨撑。

(4)增加轨道养护维修费用。小半径曲线地段的轨距、水平、方向都极易发生变位,因此养护维修工作量较大,增加了养护维修费用。

四、坡道附加阻力(相关教学资源见二维码 13)

二维码 13

列车在坡道上行驶时其重力 Q 可以分解为 F_1 和 F_2 两个分力(图 1-19),F_2平行于坡面即为坡道的坡度引起的坡道附加阻力,用 ω_i 来表示。

$$F_2 = Q \cdot \sin\alpha(\text{kN}) = Q \cdot \tan\alpha(\text{kN}) = Q \cdot 1000\tan\alpha(\text{N}) = Q \cdot i(\text{N})$$

坡道附加阻力与列车重力之比,叫作单位坡道附加阻力,用 ω_i 来表示。

当列车整列位于坡道上时:

$$\omega_i = \frac{F_2}{Q} = \frac{Q \cdot i(\text{N})}{Q(\text{kN})} = i(\text{N/kN})$$

当列车一部分位于坡道上,而另一部分位于平道上时:

$$\omega_i = \pm i \times \frac{L_i}{l}(\text{N/kN})$$

列车在线路上运行,有时上坡,有时下坡,所以坡道附加阻力也有正、负。上坡时,坡道附加阻力与列车运行方向相反,坡道附加阻力为正;下坡时,坡道附加阻力与列车运行方向相同,坡道附加阻力为负,负阻力也就是加速力。

五、换算坡度

如果在坡道上有曲线,列车在坡道上运行时所遇到的单位附加阻力,应为单位曲线附加

阻力与单位坡道附加阻力之和。由于曲线附加阻力无负值,而坡道附加阻力有正、负之分,所以总单位附加阻力:

$$\omega_{总}=\omega_{r}+\omega_{i}(\mathrm{N/kN})$$

根据前述的 $\omega_{i}=\pm i(\mathrm{N/kN})$ 的对应关系,将总的单位附加阻力换算为坡度,则有

$$i_{换}‰=(\omega_{r}+\omega_{i})‰=(i_{r}\pm i)‰$$

如此求得的坡度,称为换算坡度,又称加算坡度。由此可知,当坡道上有曲线时,列车上坡运行时坡道就显得更陡;而下坡运行时,坡道则显得平缓了。

【例 1-1】 试按图 1-22 所示资料(列车长 800m),求列车运行在 BC 段的换算坡度。

解:列车上坡运行时的换算坡度

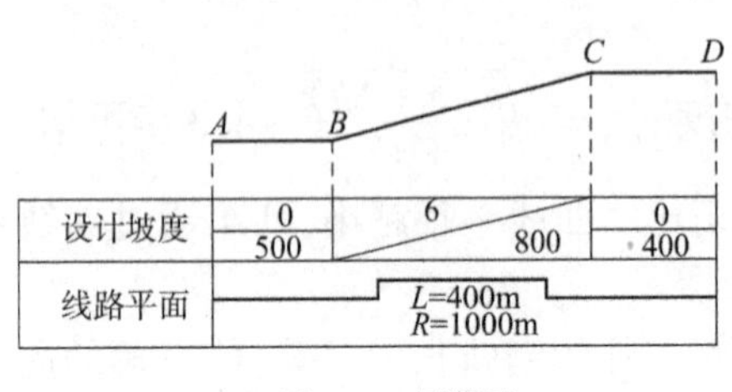

图 1-22 例题图

$$i_{换}^{BC}‰=(\overline{\omega}_{r}+\overline{\omega}_{i})‰=\left(\frac{600}{1000}\times\frac{400}{800}+6\right)‰=6.30‰$$

列车下坡运行时的换算坡度

$$i_{换}^{BC}‰=(\overline{\omega}_{r}-\overline{\omega}_{i})‰=\left(\frac{600}{1000}\times\frac{400}{800}-6\right)‰=-5.70‰$$

则:BC 段的换算坡度上坡时为 6.30‰,下坡时为 5.70‰。

知识拓展

轨道的几何形位

轨道几何形位是指轨道的几何形状、相对位置和基本尺寸。轨道几何形位的正确与否,对机车车辆的安全运行、乘客的旅行舒适度及设备的使用寿命和养护维修费用等起着决定性的作用。轨道直接承受来自机车车辆的荷载,并引导机车车辆的运行。为确保列车的安全运行,轨道的两股钢轨之间,应保持一定的距离;两股钢轨的顶面应位于同一水平线上,或保持一定的相对高差;轨道的轨向在直线上应保持顺直,曲线上应保持圆顺;为使钢轨顶面与车轮锥形踏面相吻合,以使轨顶受力均匀,两股钢轨均应向内侧倾斜等。轨道结构的几何尺寸标准,是根据机车车辆的有关尺寸和性能确定的。因此,研究轨道结构时,必须分析并了解机车车辆的走行部分。

1.机车车辆走行部分

(1)轮对

轮对由一根车轴和两个车轮压装而成,车轮随车轴一起转动,如图 1-23 所示。车轮由轮心及轮箍两部分组成。

(2)车轮踏面

车轮在钢轨上滚动的面称为车轮踏面,车轮踏面为圆锥形。图 1-24 所示为机车及车辆的踏面外形和尺寸。踏面的斜坡由 1:20 和1:10两段组成。1:20 的一段是经常与钢轨顶面接触的部分,1:10 的一段只在小半径曲线上才与钢轨顶面接触。车轮踏面的主要部分做成 1:20 圆锥面后,可以减少横向水平力对车轮的影响,增加车辆行驶的平稳性,同时可使直线地段上行驶的车辆在偏向轨道一侧时,由于左右车轮滚动半径的不同,仍然能返回到轨道中线。

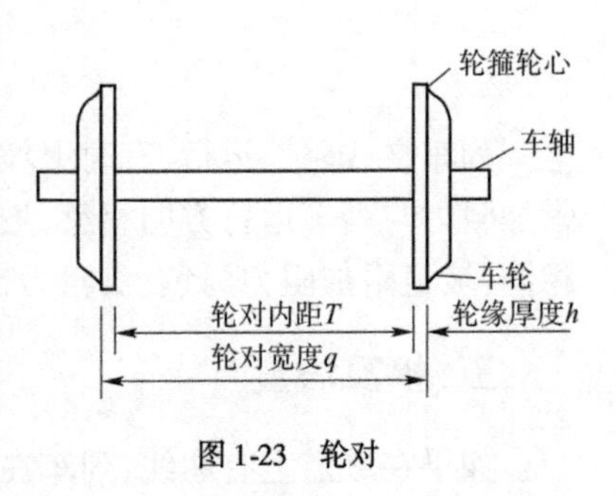

图 1-23 轮对

(3)轮缘

轮缘是为了防止车轮沿钢轨滚动时不致脱轨而在车轮踏面内侧制成的凸缘，如图 1-24 中左侧突起的部分。轮缘厚度用 h 表示，规定机车轮缘厚度在距轮缘顶 18mm 处测量，其正常厚度为 33mm；车辆轮缘厚度在距轮缘顶 15mm 处测量，其正常厚度为 32mm，见表 1-5。机车轮缘正常高度规定为 28mm；车辆轮缘正常高度规定为 25mm。

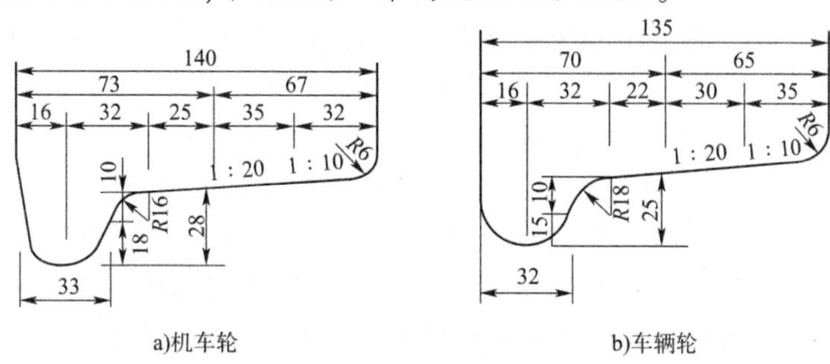

图 1-24　轮踏面外形和尺寸(尺寸单位：mm)

轮对几何尺寸(单位：mm)　　表 1-5

名称	轮缘高度	轮缘厚度 h		轮背内侧距 T			轮对宽度 q		
		最大(正常)	最小	最大	正常	最小	最大	正常	最小
机车轮	28	33	23	1356	1353	1350	1422	1419	1396
车辆轮	25	32	22	1356	1353	1350	1420	1417	1394

(4)轮对尺寸

轮缘内侧的竖直面称为车轮内侧面，轮踏面外侧的竖直面称为车轮的外侧面，内、外侧面间的距离称为车轮宽度。轮对两车轮内侧面的距离称轮背内侧距，用 T 表示，轮对宽度(用 q 表示)等于轮背内侧距 T 加上两个轮缘厚度($2h$)，即

$$q = T + 2h$$

轮对尺寸见表 1-6。

由于蒸汽机车的轴箱装在车轮内侧，在荷载作用下车轴向下挠曲，轮对宽度会有所增加；内燃、电力机车及车辆的轴箱装在两轮外侧，在荷载作用下车轴向上挠曲，轮对宽度会有所减少。其增减值均按 2mm 考虑。

(5)固定轴距和全轴距

在同一车架或转向架上，始终保持平行的最前位和最后位车轴中心间的水平距离，称为固定轴距。同一机车或车辆最前位和最后位的车轴中心间的水平距离，称为全轴距，如图 1-25 及图 1-26 所示。

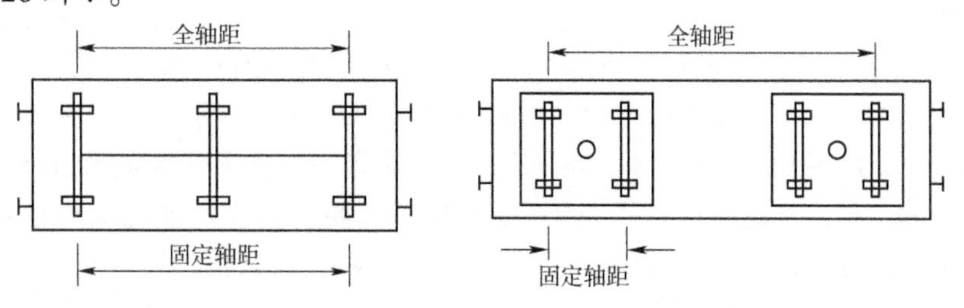

图 1-25　机车轴距　　图 1-26　车辆轴距

2. 直线轨道几何尺寸

轨道的几何形位按静态与动态两种状况进行管理。静态几何形位是轨道不行车时的状

态,用道尺等工具测量检查。动态几何形位是在行车条件下的轨道状态,须用轨道检查车进行动态检查。下面主要介绍在静态条件下,轨道几何形位的有关规定。

(1)轨距

轨距是指两股钢轨头部内侧轨顶面以下16mm处两作用边之间的最小距离。目前世界上采用的轨距分为标准轨距、宽轨距和窄轨距三种。大部分国家采用标准轨距,标准轨距尺寸为1435mm。大于标准轨距的称为宽轨距,常用的有1524mm、1600mm和1670mm等,采用的国家有俄罗斯、印度、蒙古等。比标准轨距窄的称为窄轨距,有1067mm、1000mm、762mm和610mm等,东南亚一些国家采用窄轨距。我国铁路轨距绝大多数为标准轨距,仅在云南省境内尚保留有1000mm的轨距,台湾省既有铁路采用1067mm轨距。

轨距用道尺(也叫轨距尺)进行测量。在日常检查时,通常每6.25m检查一处。容许偏差管理值参见有关参考书。另外,轨距变化应和缓平顺,其变化率在正线、到发线上不得大于2‰(规定递减部分除外),允许速度大于120km/h的线路不得大于1‰。

为了使列车在轨道上顺利运行,轨距应略大于轮对宽度,两者之间应留有一定的空隙,称为游间。当轮对中的一个车轮轮缘与钢轨贴紧时,另一个车轮轮缘与钢轨之间的间隙(游间)δ为:

$$\delta = S - q$$

式中:S——轨距,mm;

q——轮对宽度,mm。

游间过小时,轮对易被两股钢轨楔住,增加行车阻力和轮轨间的磨耗。但游间也不能过大,以免列车运行时产生剧烈的摇摆,影响行车的平稳性和轨道的稳定性。

设S_0为标准轨距,q_0为正常轮对宽度,则正常游间δ_0为:

$$\delta_0 = S_0 - q_0$$

设S_{max}及S_{min}分别为最大及最小轨距,q_{max}及q_{min}分别为最大及最小轮对宽度,则最大及最小游间分别为:

$$\delta_{max} = S_{max} - q_{min}$$

$$\delta_{min} = S_{min} - q_{max}$$

表1-6为直线轨道的最大、正常及最小游间。

直线轨道游间 表1-6

车轮类型	最大游间	正常游间	最小游间
机车轮	45	16	11
车辆轮	47	18	13

为了提高列车运行的平稳性和线路的稳定性,减少轮轨磨耗和动能损失,确保行车安全,需要把游间限制在一个合理的范围内。根据我国现场测试和养护维修经验,适当减小直线轨距,改道时轨距按1434mm或1433mm控制,尽管轨头有少量侧磨发生,但达到轨距超限的时间得以延长,有利于提高行车平稳性,延长维修周期。随着行车速度的日益提高,目前世界上一些国家正致力于通过试验研究以寻求游间δ的合理取值。

(2)水平

水平是指线路上左右两股钢轨顶面的相对高差。在直线地段,两股钢轨顶面应置于同一水平面上,使两股钢轨受力均匀,保持列车平稳运行。为确保行车平稳与安全,两股钢轨顶面的水平误差应控制在一定范围内。

两股钢轨顶面水平的容许偏差管理值参见表4-2。水平用道尺或其他工具测量，结合轨距检查，每6.25m检查一处。在日常管理上，直线部分按里程前进方向，以左股为标准股，道岔以直线上股为标准股，标准股高计为正，反之计为负；曲线以下股为标准股，外股较内股高出的数值减去规定的外轨超高值即为水平偏差值。

两股钢轨顶面的水平偏差值，沿线路方向的变化率不可太大，在1m距离内，这个变化不能超过1mm，否则即使两股钢轨的水平偏差不超过允许范围，也将引起机车车辆的剧烈摇晃。因此，规定水平的变化率不得超过1‰。

实践中有两种性质不同的钢轨水平偏差，对行车的危害程度也不相同。一种偏差称为水平差，就是在一段较长的距离内，一股钢轨的顶面始终比另一股高。另一种称为三角坑，其含义是在一段不太长的距离内，先是左股钢轨高于右股，后是右股钢轨高于左股，两股钢轨在立面上出现扭曲，即水平差出现正、负交替。日常对三角坑的检查，是在检查水平时按前后两检查点(每6.25m检查一处)的水平相对差来表示三角坑的大小，连续两处水平误差符号相同或有一处为零时不需要计算三角坑，只有在连续两处水平误差为一正一负时才需要计算。

在一般情况下，线路上出现超过容许限值的水平差，只是引起车辆摇晃和两股钢轨的不均匀受力，并导致钢轨不均匀磨耗。但如果出现三角坑，将会使同一转向架的四个车轮中，只有三个正常压紧钢轨，另一个形成减载或悬空。如果恰好在这个车轮上出现较大的横向力，就可能使浮起的车轮只能以它的轮缘贴紧钢轨，在最不利的情况下甚至可能爬上钢轨，引起脱轨事故。因此，三角坑一旦超过容许值就必须立即消除。

(3)轨向

轨向是指轨道中心线在水平面上的平顺性，也称方向。为了使行车安全与平稳，直线轨道应当顺直，曲线轨道应当圆顺。但实际上经过运营的直线轨道并非直线，而是由许多波长为10~20m的曲线所组成，因其曲度很小，故通常不易察觉。若直线不直则必然引起列车的摇晃和蛇行运动。相对轨距来说，轨道方向往往是行车平稳性的控制性因素。只要方向偏差保持在容许范围以内，轨距变化对车辆振动的影响就处于从属地位。特别是在行驶快速列车的线路上，线路方向对行车的平稳性更具有重要的影响。

在无缝线路地段，若轨道方向不良，还可能在高温季节引发胀轨跑道事故，严重威胁行车安全。

直线方向必须目视平顺，用10 m弦测量最大矢度，其允许偏差管理值见表4-2。

测量直线线路方向时，检查者首先跨站一股钢轨或站在一股钢轨的里侧，目视前方，找出方向不良的位置，然后在该处拉10m弦线，在钢轨顶面以下16mm处测量轨头内侧与弦线间的最大矢度，即为该处方向偏差。如轨向是向轨道内凹入者，应使用等高的两块木垫块将弦线两端垫离轨头，测得的最大矢度减去木垫块高即为该处的方向偏差。轨向偏向轨道外侧时计为“+”，偏向道心时计为“-”。

(4)高低

一股钢轨顶面纵向的高低差，叫作线路的前后高低，简称高低。高低反映的是钢轨顶面纵向的平顺情况。钢轨顶面的高低不平顺，会使列车通过时冲击动力增加，使道床变形加快，反过来又扩大不平顺，从而使列车对轨道的破坏力更大，形成恶性循环。这种破坏作用往往同不平顺(坑洼)的深度成正比，而同它的长度成反比，即长度越短，破坏力越大。

新铺或刚大修过的线路，轨面应目视平顺，但经过一段时间列车运营后，由于路基下沉、道床捣固不实、扣件松动、轨枕失效、钢轨不均匀磨耗等原因，轨面会出现高低不平，轨底与垫板、垫板与轨枕之间出现间隙（间隙超过2mm时称为吊板）或轨枕与道床顶面间出现间隙（间隙超过2mm时称为空板或暗坑）。列车通过时，有吊板或暗坑的地方下沉就大，将引起列车的剧烈振动，加速道床的变形，继而又引起更加剧烈的振动，形成恶性循环，对行车极为不利。

前后高低应目视平顺，用10m弦测量轨顶最大矢度，其允许偏差管理值见表4-2。

在日常检查时，先俯身目视钢轨下颚线的高低平顺情况，找出高低不良处所，然后用10m弦线在钢轨顶面中部测量最大矢度，弦线应置于能测量出最大矢度的位置上。如钢轨是向上凸起的，应使用相同厚度的垫块将弦线两端垫高，垫块厚度一般可采用20mm或30mm，将测得的结果减去垫块厚即为高低差。对直线地段两股钢轨的高低应分别进行检查，对曲线地段只检查里股钢轨的高低。为减小误差，还应考虑弦线的挠度，一般按1mm考虑。

（5）轨底坡

由于车轮踏面主要部分为1:20的圆锥面，故在直线上的钢轨不应竖直铺设，而要适当地向道心倾斜，钢轨向轨道中心的这种倾斜度称为轨底坡。如果钢轨保持竖直，车轮的压力将离开钢轨的中心线而偏向道心一侧，且微向外斜，其结果使钢轨头部磨损不均，腰部弯曲，轨头与轨腰连接处易发生纵裂，甚至折损。

设置轨底坡后，不但可以使车轮压力更集中于钢轨的中轴线，减少荷载的偏心矩，降低轨腰应力，而且还可以减小轨头由于接触应力而产生的塑性变形。

在我国铁路运营的实践中，规定轨底坡为1:40。这是因为在机车车辆的动力作用下，轨道被弹性挤开，轨枕产生挠曲和弹性压缩，加上垫板与轨枕不密贴，道钉的扣压力不足等原因，以及车轮踏面经过一段时期的运行后，原来1:20的踏面也被磨耗为接近1:40的坡度，故将直线轨道的轨底坡标准定为1:40。

轨底坡是否正确，可以从钢轨顶面的光带位置来判断，光带如偏向内侧，则说明轨底坡不足，光带如偏向外侧，则说明轨底坡过大。在任何情况下，轨底坡不应大于1:20或小于1:60，否则，都会使轨头偏磨，故应及时进行调整。

循环次数的对数。道床永久变形积累与通过运量间的关系十分密切。在机车车辆荷载的压力与冲击振动作用下，引起道床松动和不均匀下沉，逐渐形成不平顺的轨面，反过来又加剧机车车辆对轨道的冲击，增加了轨道的养护工作量。还应指出，货车的运行对道床和路基的影响，要比大型机车和客车严重得多，因此，在货运量较大的线路上，必须采用较强的轨道结构。

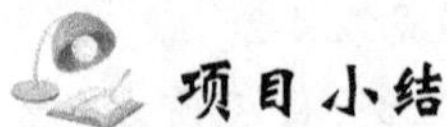

项目小结

线路是行车的基础，是重要的行车设备，从事运营管理的人员必须认知线路设备，掌握线路对运营工作的影响。线路平、纵断面和线路标志、高架结构与地下隧道、轨道、限界等知识，是从事轨道交通运营管理人员必须掌握的基础知识，其中手摇道岔等职业技能是运营管理人员必须掌握的关键技能之一。

本项目重点学习如下内容：

（1）线路的组成，常见的路基横断面。

（2）线路的平面，内容包括线路平面的概念、组成、作用和曲线要素的计算及其与行车速度的关系；为更好地理解和掌握线路的平面与运营工作的相互关系，增加了曲线附加阻力的计算，分析了曲线给运营工作带来的不利影响等拓展知识。此外，介绍了轨道交通线路的分类和选线等知识。

(3)线路的纵断面,内容包括线路纵断面的概念和组成要素,以及不同线路及其平纵断面对行车的影响;为更好地理解和掌握线路的纵断面与运营工作的相互关系,增加了坡道附加阻力和换算坡度的计算方法等拓展知识。

(4)轨道的组成及各部分的作用,除介绍钢轨的组成和曲线外轨超高等知识外,重点讲述了道岔的定义、组成和道岔用中心线表示法及道岔的几何要素,道岔的选用方法,道岔对行车速度的影响等知识。

(5)限界,学习限界的概念、分类和限界图,简要介绍了地下隧道和高架结构工程。

复习思考题

1. 城市轨道交通线路由哪几部分组成？其分类是怎样的？

2. 什么是限界？城市轨道交通线路限界包括哪几种？

3. 单开道岔由哪几部分组成？各部分的作用分别是什么？画出一副普通左开单开道岔示意图,并在图上标注各组成部分和主要部件。

4. 道岔对列车运行有何影响？

5. 轨道主要由哪些部件组成？轨道的作用是什么？什么是曲线附加阻力？

6. 简述手摇道岔“六部曲”。

7. 线路平面的组成要素有哪些？

8. 线路纵断面的组成要素有哪些？

9. 什么是线路换算坡度？

10. 图1-27为某地铁正线坡道示意图,其中 $H=1$,$L=40$,请计算出该坡道的坡度 i。

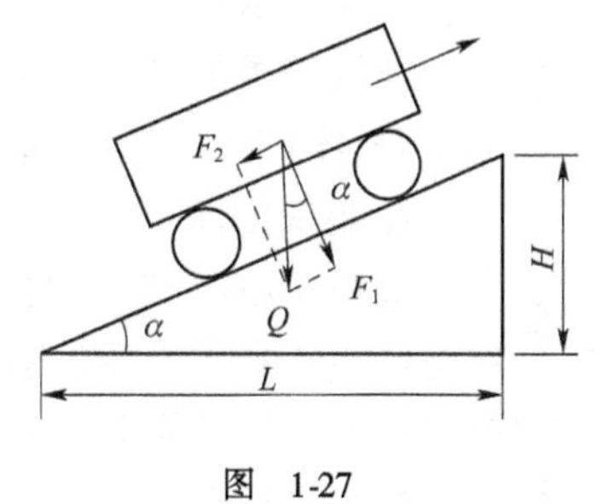

图 1-27

11. 为什么曲线地段轨道的内、外股钢轨的顶面应保持一定高差,两轨间的距离要比直线路段宽,同时还要在曲线两端与直线连接处设置缓和曲线？

12. 什么是轨距？世界上的不同国家的轨道采用哪些规格的轨距？我国的轨道采用什么规格的轨距？

项目二 车 站

项目描述

车站是城市轨道交通系统的重要建筑物，又是客流集散的场所，它具有供乘客候车、乘降、换乘、人防的功能，某些车站还需要提供折返、停车检修、临时待避功能。为保证上述功能的实现，车站通常有通风、照明、卫生、防灾等设备，并努力为乘客提供安全、舒适、整洁的环境。通过本项目的学习，使学生对城市轨道交通的车站功能、布局有一个全面的了解。本项目设两个典型工作任务，工作任务一，考察一条城市轨道交通线路的车站，分析不同车站技术设备对车站工作的影响；工作任务二，学习考察城市轨道交通车站，以具体车站为例，绘制车站站厅、站台层平面示意图，标注乘客进出站流线。

教学目标

1. 能力目标

能画简单的车站站场平面示意图，并标注正线、站线；能分析车站布局，以具体车站为例，绘制车站站厅、站台层平面示意图，标注乘客进出站流线。

2. 知识目标

掌握车站组成、分类及分布等，明确不同线路在车站运营工作中的使用，能绘制车站线路布置平面示意图，掌握线路编号和道岔编号、线间距；明确车站功能，掌握车站布局对进出站乘客流线、紧急疏散乘客流线的影响。

3. 素质目标

精通车站的理论知识，对相关知识有一定的了解，能熟练掌握车站运营中的各项操作技能，适应工作岗位的需要。培养学生具备的良好的工作习惯，并掌握一定的劳动操作技能和安全生产知识。

任务一 车站技术设备对车站工作的影响

教学目标

1. 能力目标

能绘制车站站场平面示意图，并标注正线、站线。

2. 知识目标

掌握车站组成、分类及分布等，明确不同线路在车站运营工作中的使用，能绘制车站线路布置平面示意图，掌握线路编号和道岔编号、线间距。

3. 素质目标

精通车站的理论知识，对相关知识有一定的了解，能熟练掌握车站运营中的各项操作技能，适应工作岗位的需要。

工作任务

车站是城市轨道交通系统向外界展示的窗口，也是其运营组织的重要组成部分。车站线路等技术设备的配置和使用，不仅是车站运营组织（包括列车行车组织和客流组织）的基础，也是车站所在城市轨道交通网络的行车组织和车站客流组织及调度的重要节点。通过本任务，掌握车站组成，绘制车站线路布置平面示意图，掌握线路编号和道岔编号、线间距。

相关知识

一、城市轨道交通车站设计原则

1. 站址的选择

应满足城市轨道交通线路设计及运营的要求，同时考虑城市公共交通组织和城市规划的要求。因此，需要城市轨道交通的主管部门、城建管理部门以及设计部门互相协调，使站间距适宜。

地下铁道的车站在整个城市轨道交通系统中，土建投资所占的比重较大，同时又是客流汇集场所，要求具有良好的通风、照明和卫生设施，所以要合理设计好车站。

2. 车站规模

车站规模指车站外形尺寸大小、层数和站房面积多少，它直接决定着车站的外形尺寸及整个车站的建筑面积等，决定车站规模的主要因素是客流量。根据预测出的近期和远期客流量，来估算车站乘客的集散量和设备容量。

一般车站在高峰期1h内，集中了全日乘降人数的10% ~15%，但由于车站所在地区的不同，如居民、商业区等，其乘降人数的集中程度不相同，所以在规划时要充分做好预测工作，并考虑城市轨道交通启用后客流分布所发生的变化。

3. 车站布置

车站布置要方便乘客使用，能组织乘客迅速进出站，并且要有良好的通风、照明、卫生、防火等设备条件，给乘客提供安全和舒适的乘降环境。

4. 建筑设计

地面、高架和地下车站所处的位置不同，其建筑设计应各具特色，因地制宜地考虑建筑风格，力求与城市景观相协调。在设计时，应力求规范化和标准化，充分采用新技术、新工艺和新材料。

二、车站的数量及其分布

1. 车站分布原则

（1）应尽可能靠近大型客流集散点，为乘客提供方便的乘车条件。

（2）在城市交通枢纽、地铁线路之间与其他轨道交会处设置车站，使之与道路网及公共交通网密切结合，为乘客创造良好的换乘条件。

(3)应与城市建设密切结合,与旧城房屋改造和新区土地开发结合。

(4)尽量避开地质不良地段,尽可能减少对周围环境的干扰。

(5)兼顾各车站间距离的均匀性。

2. 影响车站分布的因素

(1)大型客流集散点。

(2)城市规模大小。

(3)城区人口密度。

(4)线路长度。

(5)城市地貌及建筑物布局。

(6)轨道交通线网及城市道路网状况。

(7)对站间距离的要求。

3. 车站分布对市民出行时间的影响

车站数目的多少,直接影响市民乘地铁出行的时间。车站多,市民步行到站距离短,节省步行时间,可以增加短程乘客的吸引量;车站少,提高了交通速度,减少乘客在车内的时间,可以增加线路两端乘客的吸引量。市民出行对交通工具的选择,快捷省时条件排在第一位。例如,芝加哥市滨湖线的不同站间距比较,结果是大站距(1.6 km)比小站距(0.8km)多吸引客流量3%。

4. 车站分布比选

由于城市轨道交通车站造价高,车站数量对整个城市轨道交通的工程造价影响较大,在进行线路规划时,一般要做2~3个车站数量与分布方案的比选,比选时要分析乘客使用条件、运营条件、周围环境以及工程难度和造价等几个方面,通过全面、综合地评价,确定推荐方案。

三、车站位置与路口关系

1. 跨路口站位(图2-1)

跨路口站位便于各个方向的乘客进入车站,减少了路口人流与车流的交叉干扰,而且与地面公交线路能良好地衔接。在有条件时应优先选用。

2. 偏路口站位(图2-2)

偏路口站位偏路口一侧设置,施工时可减少对城市地面交通以及对地下管线的影响,高架时,较容易与城市景观相协调。不过,其缺点是路口客流较大时,容易使车站两端客流不均衡,影响车站的使用功能。一般在高架线或路口施工难度较大时采用。

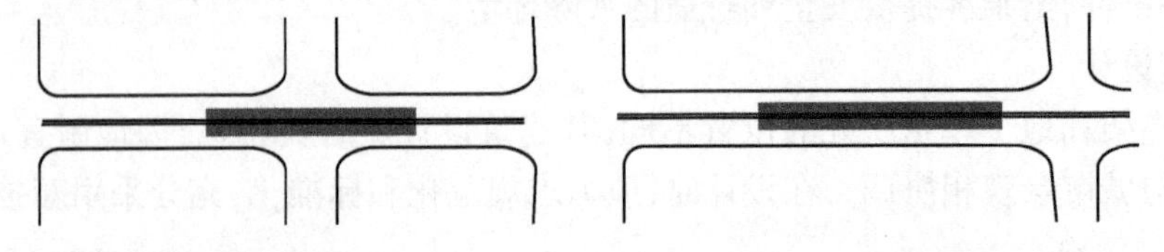

图2-1　跨路口站位　　　　图2-2　偏路口站位

3. 位于道路红线以外站位

典型的包括设于火车站站前广场或站房下的站位,以便客流换乘;与城市其他建筑同步实施,和新开发建筑物相结合;结合城市交通规划,建设城市综合交通枢纽等。

四、车站的分类

按不同的角度划分,城市轨道交通车站可分为不同的种类。

1. 按车站空间位置分类

按车站的空间位置分类，城市轨道交通车站分为地下站、地面站和高架站三种形式。

(1)地下站(图2-3)

受地面建筑群的影响，轨道交通线路设置于地下，其车站也随之设置于地下，主要为节省地面空间。一般由地面出入口、地下站厅及地下站台组成。地下车站中，站厅与站台不同层的车站较为常见。根据其埋深，又可分为：浅埋式车站和深埋式车站两种。在造价方面比较，埋深越大的车站，造价越高。

图2-3　地下站(出入口)

(2)地面站(图2-4)

设置在地面层。由于占用地面空间，最容易造成轨道交通线路所经过的地面区域分割，所以，一般在城乡接合部采用此类型的车站，它最大的优点是造价很低。

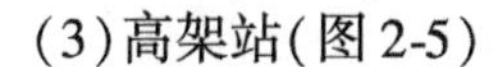

(3)高架站(图2-5)

高架站是轨道交通线路架空，置于高架桥梁桥面的车站。除了线路和站台架空在地面上以外，站厅、办公用房、生产用房等通常也设在地面上，一般位于线路和站台的下层，在结构上比较简单，造价大大低于地下站。

图2-4　地面站

图2-5　高架站

2. 按车站运营功能分类

按车站运营功能分类，城市轨道交通车站分为中间站、换乘站、区域站、枢纽站、联运站和终点站等，如图2-6所示。

(1)中间站

中间站功能单一，一般只供乘客乘降之用。有的中间站设有折返设备，可供列车折返和进行列车运行调整，以便在相邻区段上组织密度不同的行车和恢复正常的列车运行秩序。城市轨道交通线网中的车站大多属于中间站。

(2)换乘站

换乘站在城市轨道交通线网中起着重要作用，是位于两条及两条以上线路交叉点上的车站。除供乘客乘降之用外，还供乘客由一条线路换乘到另一条线路的列车上去。在设计换乘站时，应尽可能将换乘客流和到发客流分开。

换乘站按照布置形式的不同可分为平面换乘和竖向换乘。平面换乘方式指的是换乘车站的水平投影所分布的形式，一般有“十”字形、“T”形、“L”形换乘、平行换乘和通道换乘等。

(3)区域站

区域站又称为折返站，是设在两种不同行车密度交界处的车站。站内有折返线和设备，区域站兼有中间站的功能。

(4)枢纽站

枢纽站是指位于城市轨道交通线路分岔的地方，由此站分出另一条线路的车站。该站可接送两条线路上的乘客。

(5)联运站

联运站内设有两种不同性质的列车线路，可进行联运及客流换乘。联运站具有中间站及换乘站的双重功能。

(6)终点站

终点站是指线路两端的车站，除供乘客上、下车外，还能供列车折返、停留和临时检修用，一般设有多股停车线。

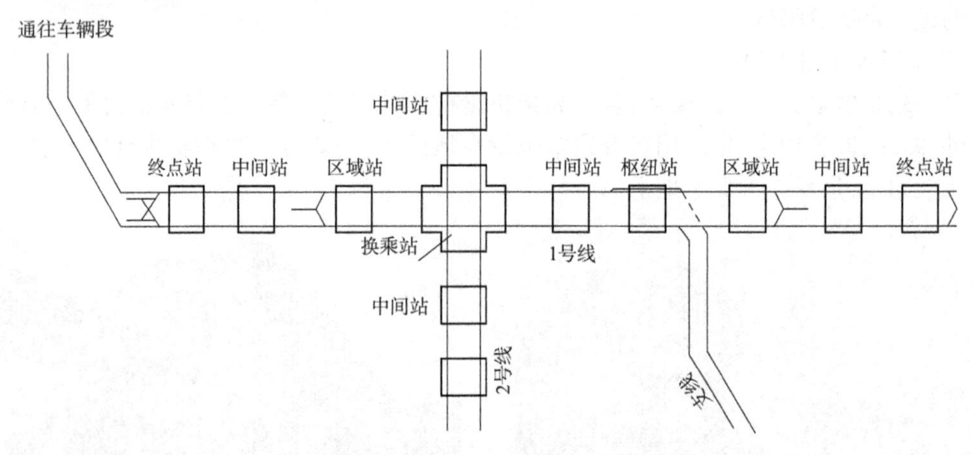

图 2-6　车站按其运营功能分类示意图

3. 按车站规模分类

车站规模主要指车站外形尺寸大小、层数及站房面积大小。

车站规模主要根据本站远期预测高峰小时客流量、所处位置的重要性、站内设备和管理用房面积、列车编组长度及该地区远期发展规划等因素综合考虑确定。其中客流量大小是一个重要因素。

车站规模一般分为 3 个等级。在大城市中，车站规模按 3 个等级设置；在中等城市中，其规模可以设为 2 个等级。客流量特别大且有特殊要求的车站，其规模等级可列为特等站。车站规模等级是车站设置相应机构和配备定员的基本依据之一。车站规模等级及适用范围见表 2-1。

4. 按信号系统功能分类

按信号系统功能分类，车站可分为联锁站和非联锁站。联锁站是指具有信号联锁设备，一般可以监控列车运行、排列列车进路以及对列车的运行进行控制的车站。联锁站通常有道岔，非联锁站通常无道岔。

此外，车站还可按车站施工方法分为明挖站、暗挖站；按车站结构横断面形式分为矩形断面车站、拱形断面车站和圆形断面车站等形式。

车站规模等级及适用范围　　表 2-1

规模等级	日均客流量(人)	适 用 范 围
特等站	>5 万	客流量特别大,有特殊要求的车站
一等站	3 万 ~5 万	适用于客流量大,地处市中心区的大型商贸中心、大型交通枢纽中心、大型集会广场、大型工业区及位置重要的政治中心地区
二等站	1.5 万 ~3 万	适用于客流量较大,地处较繁华的商业区、中型交通枢纽中心、大中型文体中心、大型公园及游乐场、较大的居住区及工业区
三等站	<1.5 万	适用于客流量小,地处郊区的车站

五、车站主要技术设备

1. 车站线路

车站线路包括正线、配线、折返线和存车线,是列车在站内到达、出发及停留,或进行折返作业的线路。考虑到城市轨道交通线路的行车特点,同时为了降低工程投资,车站配线非特别需要一般不设置。

在线路的终点站以及部分中间站上设置折返线及存车线(图 2-7),折返线的布置应尽可能地保证线路最大通过能力的实现。《地铁设计规范》(GB 50157—2013)规定:"线路的每个终点站和区段运行的折返站,应设置折返线或渡线,它的折返能力应与该区段的通过能力相匹配。当两折返站相距过长时,宜在沿线每隔 3 ~5 个车站的站端加设渡线或车辆停放线。"

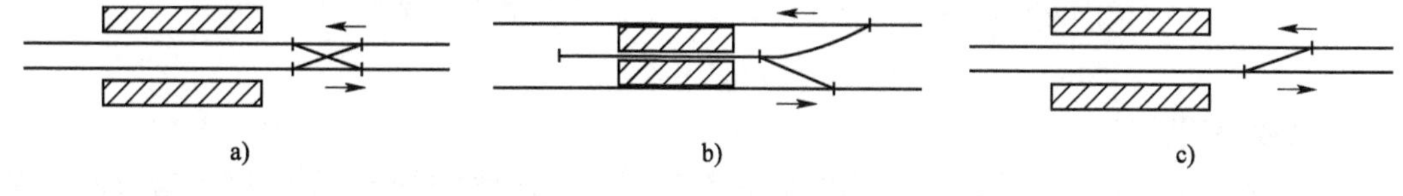

图 2-7　站前折返线

(1)线路种类

①正线:是指连接车站并贯穿或直股伸入车站的线路。它直接与站外区间线路连接,一般不用道岔。

②折返线:包括站前折返线站后折返线和环形折返线。

a. 站前折返线(图 2-7、二维码 14):指列车经由站前渡线折返。其优缺点为:

二维码 14

优点:站前折返时,列车空走少,折返时间较短,乘客能同时上下车,可缩短停站时间,减少费用。

缺点:这种方式存在一定的进路交叉,对行车安全有一定威胁,客流量大时,可能会引起站台客流秩序的混乱。

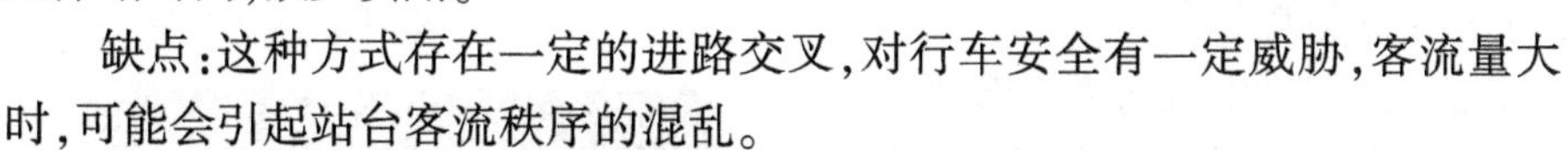

二维码 15

b. 站后折返线(图 2-8、二维码 15):站后折返由站后尽端折返线折返,可避免进路交叉。此外,列车还可采用经站后环线折返的方法。其优缺点为:

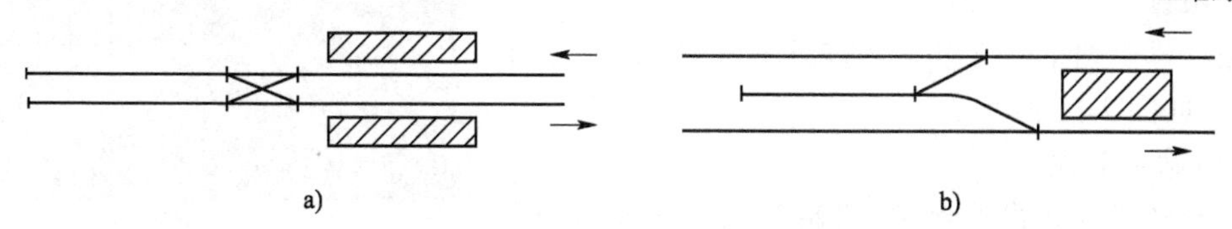

图 2-8　站后折返线

优点：安全性能好，站后列车进出站速度较高，有利于提高运行速度。

缺点：站后折返的不足是列车折返时间较长。站后渡线方法则可为短交路提供方便；环形线折返设备可保证最大的通过能力，但施工量大，钢轨在曲线上的磨耗也大。一般说来，站后尽端折返线折返是最常见的方式。

c. 环形折返线俗称灯泡线，如图 2-9 所示。

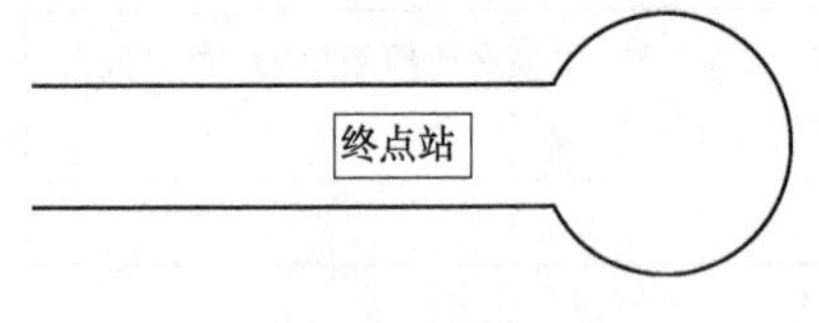

图 2-9　环形折返线

环形折返线实际上是将端点折返作业转化为沿一个环形单线区段运行的作业，实质上取消了折返过程，变为区间运行，有利于列车运行速度发挥，消除了因折返作业而形成的线路通过能力的限制条件，是一种对提高运营效率有利的折返方法。

环线折返的缺点在于环线占地面积较大，尤其是地下修建难度更大，投资较高；环线折返丧失了一端停车维护保养检查的机动线路，对车辆技术和运行组织要求更高，线路机动性下降，线路延伸可能性甚微，一般只适用于线路较短、线路延伸可能较小且该端点站又在地面的情况。

③存车线：可与折返线结合设置，也可单独设置，如图 2-10 所示。

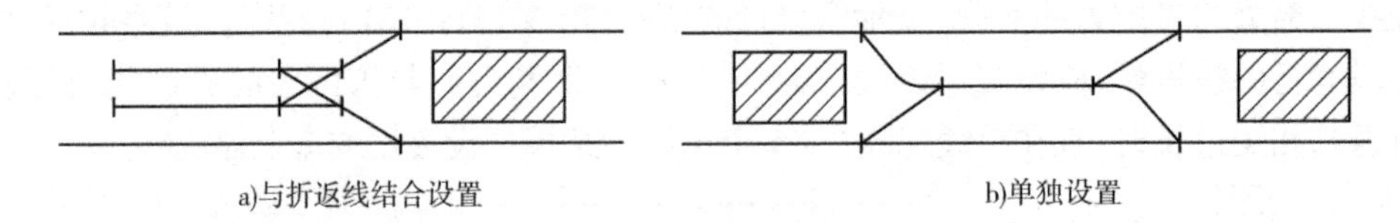

a)与折返线结合设置　　b)单独设置

图 2-10　存车线

(2)线路道岔编号

为便于车站或车辆段生产指挥作业的联系和对设备的维修管理，车站对车站所属线路和道岔会进行编号，同一车站(车场/车辆段)内的线路和道岔不得重复编号。

①线路编号：正线一般用罗马数字，其他线用阿拉伯数字表示。其中，上行正线一侧用双数，下行正线一侧用单数。先给主要线路编号，后给安全线等次要线路编号。

②道岔编号：一般从车站两端用阿拉伯数字由外向里依次编号，上行列车到达一端编为双数，下行列车到达端编为单数，同一渡线或梯线上的道岔应连续编号。

(3)线间距

线间距是指两相邻线路中心线之间的距离。线间距应能保证行车和车站工作人员工作时的安全，它是根据限界、线路是否通过装载超限货物的列车，以及股道是否装设信号机等设备，并考虑留有适当的余地来确定的。

站内正线与其他站线之间的最小线间距为 5m，复线区间正线的最小线间距规定为 4m，曲线部分的线间距应根据曲线加宽进行适当加宽。

2. 站台

站台是供列车停靠以及乘客候车、乘车及上、下车的地方，如图 2-11 所示。

图 2-11　地铁站台

(1)站台形式

站台形式有岛式站台、侧式站台和混合式站台三种，如图 2-12 所示。

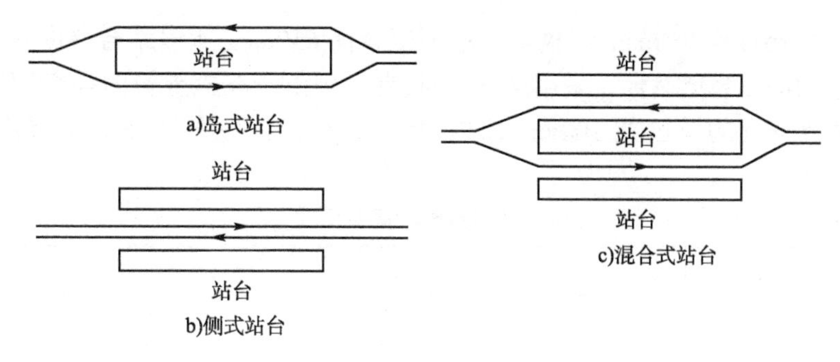

图 2-12　站台形式

车站采用的站台形式绝大多数为岛式站台与侧式站台两种。现将两种站台的优缺点比较列于表 2-2。

岛式站台与侧式站台优缺点比较　　表 2-2

项　目	岛 式 站 台	侧 式 站 台
站台使用	站台面积利用率高,可调剂客流,乘客有乘错车的可能	站台面积利用率低,不能调剂客流,乘客不易乘错车
站台设置	站厅与站台需设在两个不同高度上,站厅跨过线路轨道	站厅与站台可以设在同一高度上,站厅可以不跨过线路轨道
站内管理	管理集中,联系方便	站厅分设时,管理分散,联系不方便
乘客中途折返	乘客中途改变乘车方向比较方便	乘客中途改乘车方向不方便,需经天桥或地道
改扩建难易性	改扩建时,延长车站很困难,技术复杂	改扩建时,延长车站比较容易
站内空间	站厅、站台空间宽阔完整	站厅分设时,空间分散,不及岛式车站宽阔
喇叭口设置	设喇叭口	不设喇叭口
造价	较高	较低

(2)站台长度

站台长度根据远期列车长度确定,考虑到列车停车时位置的不准确和车站值班员、司机对确认信号的需要,站台长度一般还需预留 2 ~ 6m。站台长度应为远期列车编组长度加上允许的停车不准确距离。

对于远期列车编组在 6 ~ 8 辆的轨道交通系统,站台长度一般在 130 ~ 180m。

(3)站台宽度

站台宽度主要根据车站远期预测高峰小时客流量大小、列车运行间隔时间、结构横断面形式、站台形式、站房布置、楼梯及自动扶梯位置等因素综合考虑确定。同时,应扣除安全带及柱子、座椅等占用宽度。确定站台宽度的主要依据是高峰小时的客流量。在高峰小时内车站汇集了全日乘客人数的 10% ~ 15%,同时在高峰小时内客流也不均匀。

岛式站台宽度一般为 10 ~ 15m,侧式站台宽度一般为 4 ~ 6m。我国《地铁设计规范》(GB 50157 - 2013)中规定了车站站台的最小宽度尺寸,见表 2-3。

(4)站台高度

站台高度是指线路走行轨顶面至站台地面的高度,与车型有关。站台与车厢地板面同高,称为高站台;站台比车厢地板面低一两个台阶,称低站台。我国生产的轻轨样车,车厢地板面到轨顶面的高度为950mm,车辆第一踏面距轨面650mm,所以站台高度900mm为高站台400mm或650mm为低站台。采用高站台时,考虑到由于车辆弹簧的挠度,在最大乘车效率时,车厢地板下沉的范围在100mm以内,故高站台高度宜低于车厢地板面50～100mm为宜。

车站站台最小宽度尺寸 表2-3

车站站台形式		站台最小宽度(m)
岛式站台		8.0
多跨岛式车站的侧站台		2.0
无柱侧式车站的侧站台		3.5
有柱侧式车站的侧站台	柱外站台	2.0
	柱内站台	3.0

(5)轨道中心到站台边缘距离

轨道中心到站台边缘的距离由车辆的建筑限界决定,还应考虑站台的施工误差,一般施工误差为10mm。针对样车,当车体宽为2.6m,把轨道中心到站台边缘的距离定为1.4m。当车站设在曲线上时,应适当加宽。

二维码16

3. 站厅、通道、升降设备和跨线设施

(1)站厅(相关教学资源见二维码16)

站厅主要功能是集散客流和客运服务等,如图2-13所示。具体来说就是将乘客迅速、安全、方便地引导到站台乘车,或将下车的乘客引导至出入口出站。对乘客来说,站厅是上下车的过渡空间。乘客在站厅内需要办理上、下车的手续,因此,站厅内需要设置各种关于售票、检票、问询等为乘客服务的设施。此外,站厅一般还应有售检票、车站管理及小卖部等用房。

站厅规模大小,建筑特征要根据城市规划及交通的要求与地面建筑相协调,又要各具特色,达到简洁、明快、开朗、流畅、富于时代感。站厅面积根据高峰小时最大客流量及集散时间的要求计算确定。

图2-13 车站站厅

地铁站厅通常划分为付费区及非付费区两大区域。付费区是指乘客需要经购票、检票后方可进入的区域,然后到达站台。非付费区也称免费区或者公用区,乘客可以在本区内自由通行。付费区与非付费区之间应分隔。付费区内设有通往站台层的楼梯、自动扶梯、补票处,在换乘车站,尚需设置通向另一车站的换乘通道。非付费区内设有售票、问询、公用电话等,必要时,可增设金融、邮电、服务业等机构。

(2)通道

通道将站台、站厅和出入口连接起来,一般有斜坡式和阶梯式两种。

地下车站的出入口位置应根据车站位置的地形、地势等具体条件,并满足城市规划和交通的要求,可设在人行道上、街道拐角处、街道中心广场、街心花园处、建筑物内和建筑物边。

地下铁道车站的出入口及通道的数目和宽度应根据该地区的具体条件和客流量确定，并考虑紧急情况下，站台的乘客和停在列车内的乘客必须在6min内全部疏散出地下站并上到地面。

出入口及通道宽度应根据高峰小时客流量计算确定，采用宽度一般不小于2m，最小不得小于1.5m。地下通道净高一般为2.5m左右。

(3)升降设备

地下或高架车站还需设置楼梯和自动扶梯(图2-14)，即升降设备。站厅、通道和升降设备的通过能力应根据远期高峰客流的需要，适当留有余地的原则进行配备。

高架站和地下站与地面的联系必然通过垂直交通来疏导乘客，天桥或地道跨线设施也需要垂直交通。垂直交通的设计要求位置适宜，路线便捷，合理通畅的宽度。

图2-14　地铁自动扶梯

高架站的垂直交通布置，通常有两种方式：一种为街道两侧布置垂直交通，经天桥进入高架车站，即天桥进出方式；另一种是利用桥下空间，由楼梯通向休息平台，再通向两侧高架站台或岛式站台，即为桥下进出方式。

(4)跨线设施

由于列车的速度快、密度高，要求整个线路封闭程度较高。考虑乘客候车安全，侧式站台上、下行线间加防护栏杆隔开，所以有上下行越线问题。岛式站台乘客进站也有越线问题，而且行人过街也同样有越线问题。

对地面站来说，除了客流量小，一般均需设跨线设施。地面站的跨线设施可以是天桥或地道两种方案。天桥方案较经济，施工方便，对交通干扰少，应优先采用。

地下站跨线设施，可以在地下站内解决。

高架站的跨线设施如在高架桥上再设天桥，对于乘客来说会加重负担。安全感差，又占用较多高架站台面积，增加高架站结构的复杂性，提高了造价，也影响景观。因此，通常应该尽量利用高架桥面以下的结构空间解决跨线问题，也可以在解决高架站的垂直交通问题时，同时解决跨线问题。但要注意避开道路的交会路口，以满足道路上空的限高要求。

4. 作业或设备用房

车站作业或设备用房主要分为行车、客运作业用房、车站管理用房和各种设备用房三类。

5. 售检票设备

20世纪80年代以来，售检票已从过去的单一人工售检票方式发展为人工售检票和计算机集中控制的自动售检票两种方式。自动售检票方式具有能缓解进出站拥挤情况，推行吸引客流的计程、计时票价，统计客流信息，加强财务管理和杜绝无票乘车等优点。一般而言，自动售检票设备由自动售票机、半自动售票机、辅币兑换机、自动检票口和控制计算机等组成。从技术类型上分，自动售检票设备目前主要有磁卡自动售检票系统、接触式IC卡自动售检票系统和非接触式IC卡自动售检票系统三种。

6. 信号与通信设备

为保证行车作业安全，提高行车作业效率，在车站设置信联闭和通信设备。信号是对行车和其他有关作业人员发出的指示，联锁设备是保证车站范围内行车安全的设备，闭塞设备是保证区间内行车安全的设备。即使在采用先进的列车自动控制系统的情况下，仍需在有道岔车站上设置道岔防护信号机，在有折返线车站设置调车信号机，以及在有道岔的车站，设置具有自动排列进路和进路逐段解锁功能的微机联锁设备等。行车值班员可在控制台上对车站信联闭设备进行控制或监视。车站的通信设备包括调度电话、站间闭塞电话、行车自动电话、列车无线电话和广播设备等。

任务二　绘制车站站厅、站台层平面示意图

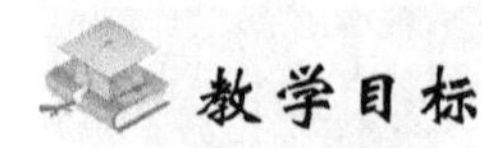

教学目标

1. 能力目标

能分析站台、站厅设备布置对乘客流线及客流控制的影响。

2. 知识目标

掌握车站整体布局，常见车站站厅、站台设备布置，掌握乘客流线。

3. 素质目标

培养学生具备良好的工作习惯，并掌握一定的劳动操作技能和安全生产知识。

工作任务

车站建筑总平面布局主要根据车站所在地周围的环境条件、城市有关部门对车站布局的要求，依据选定的车站类型，合理地布设车站出入口、通道、通风道等设施，以便使乘客能够安全、迅速、方便地进出车站。通过本任务的学习，使学生能掌握车站站厅、站台设备布置，掌握乘客流线，分析站台、站厅设备布置对乘客流线及客流控制的影响。

相关知识

一、地铁车站建筑的组成

地铁车站由车站主体（包括站台、站厅、生产、生活用房）、出入口及通道、通风道及地面通风亭及其他附属建筑等组成，如图2-15所示。

车站主体是列车在线路上的停车点，其作用是供乘客集散、候车、换车及上、下车。它又是地铁运营设备设置的中心和办理运营业务的地方。出入口及通道是供乘客进、出车站的上部建筑设施。通风道及地面通风亭的作用是保证地下车站具有一个舒适的地下环境。对地下车站来说，这几部分必须具备；高架车站一般由车站、出入口及通道组成；地面车站可以仅设车站和出入口。

地铁车站建筑一般由下列部分组成：

（1）乘客使用空间：主要包括站厅、站台、出入口、通道、售票处、检票口、问询、公用电话、小卖部、楼梯及自动扶梯等。乘客使用空间在车站建筑组成中占有很重要的位置，它是车站中的主体部分，此部分的面积占车站总面积50%左右，乘客使用空间是直接为乘客服务的场所。

（2）运营管理用房：主要包括站长室、行车值班室、业务室、广播室、会议室、公安保卫、清

扫员室。是为了保证车站具有正常运营条件和营业秩序而设置的办公用房。由进行日常工作和管理的部门及人员使用,是直接或间接为列车运行和乘客服务的,运营管理用房与乘客关系密切,一般布置在临近乘客使用空间的地方。

(3)技术设备用房:主要包括环控房、变电所、综合控制室、防灾中心、通信机械室、信号机械室、自动售检票室、泵房、冷冻站、机房、配电以及上述设备用房所属的值班室、防灾报警系统、环控系统、AFC 室、工区用房、附属用房及设施等。技术设备用房是整个车站的心脏所在地,能保证列车正常运行、保证车站内具有良好环境条件,以及在事故灾害情况下能够及时排除灾害,是不可或缺的设备用房,它直接和间接为列车运行和乘客服务。

(4)辅助用房:主要包括卫生间、更衣室、休息室、茶水间、盥洗室、储藏室等。这些用房均设在站内工作人员使用的区域内。辅助用房直接供站内工作人员使用,是为了保证车站内部工作人员正常工作生活所设置的用房。

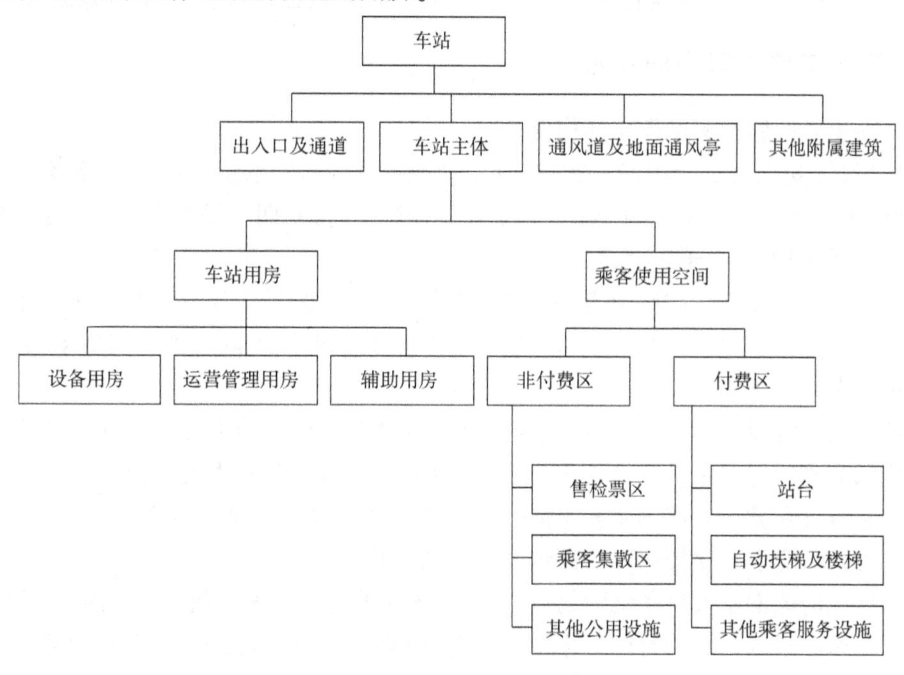

图 2-15 地铁车站建筑(设施)组成示意图

二、车站平面总体布置

车站由站台、站房、站前小广场、垂直交通及跨线设备等组成。其中站台是最基本的部分,不论车站的类型、性质有何不同,都必须设置。其余部分一般情况下都设置,但在某些特殊情况下,只要满足功能要求,其中的某些部分可能被省略。地铁乘客的构成比铁路、公路简单,乘客在车站停留时间短,且没有行李寄存与货物运输等问题。在一般车站中乘客运送方向也基本上是往返方向。因此,在车站乘客活动而形成的流线及车站服务设施都比较简单。在换乘站中客流流线就比较复杂,大型枢纽站更应认真分析乘客活动流线。

车站总体布局应按照乘客进出车站的活动顺序,合理布置进出站的流线,使其不发生干扰,要求流线便捷、通畅。地下铁道车站平面总体布置应贯彻紧凑、合理、适用的原则。能置于地面的辅助用房和设备,尽量不放入地下,既有利于人员的健康,也能节约投资。

车站平面布置原则为:

(1)站厅层布置应分区明确,依据出入口的位置和数量、楼梯与扶梯的位置和数量、售检票系统的位置和数量以及换乘要求对客流进行合理的组织,避免和减少进出站客流的交叉,合理布置管理、设备用房,应满足各系统的工艺要求。如站厅中部为公共厅,两侧为客运管理区、机电设备区。

(2)站台层布置需以车站上下行远期超高峰小时设计客流量来计算站台宽度,根据线路走向及换乘要求确定站台形式。根据车站需要布置设备或管理用房区。

(3)车站出入口应设置于道路两边红线以外或城市广场周边,需具有标志性或可识别性,以利于吸引客流,方便乘客出入。有条件的出入口应考虑地面人行过街的功能。出入口规模应满足远期预测客流量的通过能力,并考虑与其他交通的换乘和接驳大型公共建筑所引起的客流量。

(4)车站主要服务设施应包括自动扶梯、电梯、售票机、检票机、空调通风设施等。

三、车站主要建筑平面布置

1.车站出入口和地面通风亭的位置

《地铁设计规范》(GB 50157—2013)规定:"车站出入口的数量,应根据客流需要与疏散要求设置,浅埋车站不宜少于四个出入口。当分期修建时,初期不得少于2个。小站的出入口数量可酌减,但不得少于2个。"

车站出入口一般都选在城市道路两侧、交叉路口及有大量人流的广场附近。出入口宜分散均匀布置,出入口之间的距离尽可能大一些,使其能够最大限度地吸引更多的乘客,方便乘客进入车站。

车站出入口宜设在火车站、公共汽车站、电车站附近,便于乘客换车。车站出入口与城市人流路线有密切的关系。应合理组织出入口的人流路线,尽量避免相互交叉和干扰。车站出入口不宜设在城市人流的主要集散处,以便减少出入口被堵塞的可能。

车站出入口应设在比较明显的部位,便于乘客识别。

单独修建的地面出入口和地面通风亭,其位置应符合当地城市规划部门的规划要求,一般都设在建筑红线以内。如有困难不能设在建筑红线以内时,应经过当地城市规划部门的同意,再选择其位置。地面出入口的位置不应妨碍行人通行。单独修建的车站出入口和地面通风亭与周围建筑物之间的距离应满足防火距离的要求。如确有困难,不能满足防火距离要求时,应按规范规定采取分隔措施,加设防火墙、防火门窗。建筑物与车站出入口、地面通风亭之间的防火距离应根据建筑物的类别及耐火等级来确定。对一、二级耐火等级的多层民用建筑物,其间的防火距离不应小于6m;一、二级耐火等级的工业建筑物,其间的防火距离不应小于10m。与一、二级耐火等级的高层主体建筑的防火距离不应小于13m;一、二级耐火等级高层建筑的附属建筑物,其防火距离不应小于6m。

车站出入口和地面通风亭不应设在易燃、易爆、有污染源并挥发有害物质的建筑物附近,与上述建筑物之间的防火安全距离应符合有关规范的规定。

车站主要出入口应朝向地铁的主客流方向。大型商场、大型公交车站、大中型企业、大型文体中心、大型居住区等都是地铁乘客的主要来源地和主客流方向。有条件时,车站出入口可以与附近的地下商场等建筑物相连通,方便乘客购物和进入车站。车站出入口也可设在附近建筑物的首层,对乘客进、出车站十分方便。

2. 站厅的位置

站厅的位置与人流集散情况、所处环境条件、车站类型、站台形式等因素有关。站厅设计的合理与否，将直接影响到车站使用效果及站内的管理和秩序。站厅的布置有以下四种：

(1)站厅位于车站一端：这种布置方式常用于终点站，且车站一端靠近城市主要道路的地面车站。

(2)站厅位于车站两侧：这种布置方式常用于侧式车站。客流量不大者多采用。

(3)站厅位于车站两侧的上层或下层：这种布置方式常用于地下岛式车站及侧式车站站台的上层，高架车站站台的下层。客流量较大者多采用。

(4)站厅位于车站上层：这种布置方式常用于地下岛式车站和侧式车站。适用于客流量很大的车站。

3. 站台(相关教学资源见二维码 17)

二维码 17

岛式站台设于两股正线中间，上下行到站列车上下乘客均在同一站台集散，两端都设楼梯或自动扶梯与站厅连接；侧式站台分上、下行两个站台，设于两股正线外侧。在一个车站同时设有岛式站台及侧式站台时，称为混合式站台或侧岛式站台，通常按一岛两侧或一岛一侧设置，这种形式站台造价高，管理复杂，一般不宜采用。

在高架车站和地下车站中，侧式站台一般采用横列式布置，以便于施工和结构处理。

4. 车站主要设施布置

(1)楼梯：地铁车站中楼梯是最常用的一种竖向交通形式。在客流不大的车站，当两地面高差在 8m 以内时，一般采用楼梯；大于 8m 时，考虑乘客因高差较大，行走费力，宜增设自动扶梯。

(2)自动扶梯

《地铁设计规范》(GB 50157—2013)中规定，车站出入口的提升高度超高 8m 时，宜设上行自动扶梯，超过 12m 时，除设上行自动扶梯外，并宜设下行自动扶梯。站厅层与站台层的高差在 5m 以内时，宜设上行自动扶梯，高差超过 5m 时，除设上行自动扶梯外，并宜设下行自动扶梯。站厅层供乘客至站台层使用的自动扶梯应设在付费区内。

车站出入口设置自动扶梯时，如提升高度超过 12m 或客流量很大的车站，除设上下行自动扶梯外，还应设置一台备用自动扶梯，自动扶梯应为可逆转式。

(3)电梯

有无障碍设计要求及在车站站房区内，站厅层至站台层之间宜设垂直电梯，以方便残疾人并运送站内小型机具、设备和物件。电梯应设封闭室并符合防火规范要求。

(4)售、检票设施

图 2-16　地铁检票设施

售、检票设施(图 2-16)主要是指乘客使用的售、检票系统。售票口、自动售票机、检票口一般都设在站厅层，也有些车站的地面出入口面积比较大，并且与车站用房、通风亭组合成地面厅，因此，也可以将售票口、自动售票机设在地面厅内。在人工售票的车站内应设置售票室。

自动售票机设置的位置与站内客流路线组织、

出入口位置、楼梯及自动扶梯布置有密切的关系，应沿客流进站方向纵向设置。售票口、自动售票机应布设在便于购票、比较宽敞的地方，尽量减小客流路线的交叉和干扰。检票机应垂直与客流方向布置。

进站检票口、检票机应布置在通过站台下行客流方向的一侧；出站检票口、检票机应布置在站台层上行客流方向的一侧，宜靠近出入口。

知识拓展

地铁车站的功能

在城市轨道交通运输中，车站起着极其重要的作用。就运输企业内部而言，车站不仅是线路上供列车到、发及折返的分界点，保证行车安全和必要的通过能力；而且也是客运部门办理客运业务和各工种联劳协作进行运输生产的基地。就运输企业外部而言，车站是乘客旅行的起始、终到及换乘的地点，它是运输企业与服务对象的主要联系环节。

车站的运输生产主要由行车组织和客运组织两部分工作构成。车站行车组织工作包括接发列车作业和列车折返作业等。车站客运组织工作包括售检票、组织乘客乘降和换乘，以及文化、生活等其他方面的服务。车站工作的组织水平在很大程度上影响着运输工作的数量和质量指标。因此，车站作业的科学管理是提高轨道交通运输工作水平的重要环节。

车站的建筑布置，应能满足乘客在乘车过程中对其活动区域内各部位使用上的需要。将乘客进、出站的过程用流线的形式表示出来，这种流线叫作乘客流线。乘客流线是地铁车站的主要流线，也是决定建筑布置的主要依据。站内除乘客流线外，还有站内工作人员流线、设备工艺流线等。这些流线具体地、集中地反映出乘客乘车与站内房间布置之间的功能关系。

知识链接

《地铁运营安全评价标准》(GB/T 50438—2007)(节选16 土建评价)

1.一般规定

(1)土建评价包括地下、高架结构与车站建筑和车站设计2个项目，满分为100分。

(2)分别评价被评价地铁运营线路上的每个车站和区间隧道。

(3)土建评价可按表2-4的格式确定评价内容及其分值，制定评价表。

2.地下、高架结构与车站建筑

(1)地下、高架结构与车站建筑评价包括地下、高架结构与车站建筑1个分项。

(2)地下、高架结构与车站建筑评价应符合下列要求：

1)评价标准

①建立建筑结构设计缺陷(不符合现行建筑设计规范和防火规范)档案。

②建立维护和巡检制度，且切实落实。

③对建筑结构设计缺陷和劣化或破损制定对策措施。

2)评价方法

①查阅建筑结构设计缺陷档案。

②查阅维护和巡检记录、对策措施。

土建评价表

表 2-4

<table>
<tr><th>评价项目及分值</th><th>分项及分值</th><th>子项序号</th><th colspan="3">定性定量指标</th><th>分值</th></tr>
<tr><td rowspan="4">地下、高架结构与车站建筑（40）</td><td rowspan="4">地下、高架结构与车站建筑（40）</td><td>N01</td><td colspan="3">建立建筑结构设计缺陷（不符合现行建筑设计规范和防火规范）档案</td><td>5</td></tr>
<tr><td>N02</td><td colspan="3">建立维护和巡检制度，且切实落实</td><td>10</td></tr>
<tr><td>N03</td><td colspan="3">对建筑结构设计缺陷和劣化或破损由分析、监控、记录</td><td>10</td></tr>
<tr><td>N04</td><td colspan="3">针对建筑结构设计缺陷和劣化或破损制定对策措施</td><td>15</td></tr>
<tr><td rowspan="29">车站设计（60）</td><td rowspan="9">站台（20）</td><td>N05</td><td colspan="3">站台计算长度应采用远期列车编组长度加停车误差</td><td>3</td></tr>
<tr><td rowspan="6">N06</td><td colspan="3">站台宽度应按车站客流量计算确定，最小宽度并应满足下表</td><td rowspan="6">10</td></tr>
<tr><td colspan="2">名称</td><td>最小宽度（m）</td></tr>
<tr><td colspan="2">岛式站台</td><td>8</td></tr>
<tr><td colspan="2">岛式站台的侧站台</td><td>2.5</td></tr>
<tr><td colspan="2">侧式站台（长向范围内设梯的侧站台）</td><td>2.5</td></tr>
<tr><td colspan="2">侧式站台（垂直于侧站台开通道口）的侧站台</td><td>3.5</td></tr>
<tr><td>N07</td><td colspan="3">距站台边缘 400mm 处设置不小于 80mm 宽的纵向醒目安全线。采用屏蔽门时不设安全线</td><td>3</td></tr>
<tr><td>N08</td><td colspan="3">站台边缘距车辆外边之间空隙，在直线段宜为 80 ~ 100mm，在曲线段应不大于 180mm</td><td>4</td></tr>
<tr><td rowspan="16">楼梯与通道（25）</td><td rowspan="7">N09</td><td colspan="3">楼梯与通道的最大通过能力（每小时通过人数）应满足下表</td><td rowspan="7">8</td></tr>
<tr><td colspan="2">名称</td><td>每小时通过人数</td></tr>
<tr><td rowspan="3">1m 宽楼梯</td><td>下行</td><td>4200</td></tr>
<tr><td>上行</td><td>3700</td></tr>
<tr><td>双向混行</td><td>3200</td></tr>
<tr><td rowspan="2">1m 宽通道</td><td>单向</td><td>5000</td></tr>
<tr><td>双向混行</td><td>4000</td></tr>
<tr><td rowspan="8">N010</td><td colspan="3">楼梯与通道的最小宽度应满足下表</td><td rowspan="8">8</td></tr>
<tr><td colspan="2">名称</td><td>最小宽度（m）</td></tr>
<tr><td colspan="2">通道或天桥</td><td>2.4</td></tr>
<tr><td colspan="2">单向公共区人行楼梯</td><td>1.8</td></tr>
<tr><td colspan="2">双向公共区人行楼梯</td><td>2.4</td></tr>
<tr><td colspan="2">与自动扶梯并列设置的人行楼梯</td><td>1.2</td></tr>
<tr><td colspan="2">消防专用楼梯</td><td>0.9</td></tr>
<tr><td colspan="2">站台至轨道区的专用梯（兼疏散梯）</td><td>1.1</td></tr>
<tr><td>N011</td><td colspan="3">人行楼梯和自动扶梯的总量布置应满足站台层的事故疏散时间不大于 6min</td><td>9</td></tr>
<tr><td rowspan="2">车站出入口（5）</td><td>N012</td><td colspan="3">车站出入口的数量不少于 2 个</td><td>3</td></tr>
<tr><td>N013</td><td colspan="3">地下车站出入口地面高程应高出室外地面，并应满足防洪要求</td><td>2</td></tr>
<tr><td rowspan="2">对策措施（10）</td><td>N014</td><td colspan="3">建立车站设计缺陷档案</td><td>1</td></tr>
<tr><td>N015</td><td colspan="3">针对车站设计缺陷制定对策措施</td><td>9</td></tr>
</table>

3. 车站设计

(1)车站设计评价应包括站台、楼梯与通道、车站出入口、对策措施4个分项。

(2)站台评价应符合下列要求:

1)评价标准

①站台计算长度应采用远期列车编组长度加停车误差。

②站台宽度应符合《地铁设计规范》(GB 50157—2013)的有关规定。

③站台边缘设置安全线应符合《地铁设计规范》(GB 50157—2013)的有关规定。

④站台边缘距车辆外边之间的空隙应符合《地铁设计规范》(GB 50157—2013)的有关规定。

2)评价方法

①查阅车站相关资料。

②现场检查。

(3)楼梯与通道评价应符合下列要求:

1)评价标准

①楼梯与通道的最大通过能力应满足《地铁设计规范》(GB 50157—2013)的有关规定。

②楼梯与通道的最小宽度应满足《地铁设计规范》(GB 50157—2013)的有关规定。

③人行楼梯和自动楼梯的总量布置应满足站台层的事故疏散时间不大于《地铁设计规范》(GB 50157—2013)的有关规定值。

2)评价方法

①查阅车站相关资料。

②现场检查。

(4)车站出入口评价应符合下列要求:

1)评价标准

①车站出入口的数量应符合《地铁设计规范》(GB 50157—2013)的有关规定。

②地下车站出入口地面高程应高出室外地面,并应满足防洪要求。

2)评价方法

①查阅车站相关资料。

②现场检查。

(5)对策措施评价应符合下列要求:

1)评价标准

①建立车站设计缺陷档案。

②针对车站设计缺陷制定对策措施。

2)评价方法

①查阅车站设计缺陷。

②查阅制定的对策措施。

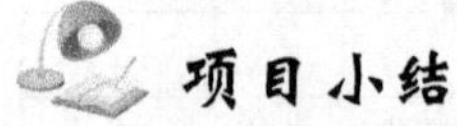

项目小结

本项目安排了两个典型工作任务,一是考察一条城市轨道交通线路的车站,分析不同车站技术设备对车站工作的影响;二是学习考察轨道交通车站,以具体车站为例,绘制车站站厅、站台层平面示意图,标注乘客进出站流线。

通过本项目的学习，要求学生能掌握车站组成、分类及分布等，明确不同线路在车站运营工作中的使用，会画车站线路布置平面示意图，掌握线路编号和道岔编号、线间距；明确车站功能，掌握车站布局对进出站乘客流线、紧急疏散乘客流线的影响。

复习思考题

1. 地铁车站建筑一般由哪几部分组成？
2. 地下车站由哪几部分组成？
3. 地下车站站台有哪几种类型？
4. 车站主要技术设备有哪些？
5. 影响车站分布的因素有哪些？
6. 地铁车站有哪些主要功能？

项目三　车　　辆

项目描述

车辆是地铁系统中最关键、也是最复杂的设备，它是多专业综合性的产品，涉及机械、电气、控制、材料等多领域，通过各个相对独立的子系统有机地构成在一起，共同来实现列车的安全，可靠、高品质运行。在本项目中，主要介绍城市轨道交通车辆的分类、编组、技术参数、车辆的机械结构、电气系统及车辆控制系统等内容。

教学目标

1. 能力目标

学生掌握城市轨道交通车辆的构造、分类与组成，在今后工作中具备识别城市轨道交通车辆的功能，参照书本知识能对车辆进行检修维护，能处理简单的车辆故障，有一定的故障应急处理的技能，今后为城市轨道交通运输提供状态优良的运用车辆。

2. 知识目标

学生掌握城市轨道交通车辆概况、车辆的分类、车体设备、机械系统、电气系统、车辆控制系统的组成及工作原理，对整个车辆设备系统有一定的了解。

3. 素质目标

学生在今后岗位中能保证车辆安全，顺利完成运送乘客任务，满足城市交通车辆检修的需要，按规定对车辆进行检修维护，对运营中的车辆故障及时排除处理，对疑难故障进行攻关，对存在的问题进行改造，最终为城市轨道交通运输提供数量充足和技术状况良好的车辆。

任务一　认知城市轨道交通动车组编组

教学目标

1. 能力目标

(1)练习并掌握城市轨道交通车辆的分类与组成的基本技能；

(2)练习并掌握具备识别城市轨道交通车辆的编组及标识的基本技能；

(3)练习并掌握具备识别城市轨道交通车辆的主要技术参数的基本技能。

2. 知识目标

通过学习本任务的有关内容，使学生掌握城市轨道交通车辆的分类、组成及特点，熟悉车辆的编组及标识，了解车辆的主要技术参数。

3. 素质目标

能清楚区分车辆的分类，了解车辆各子系统的组成及具备识别城市轨道交通车辆的编组及标识的能力。

工作任务

通过讨论和分析城市轨道交通车辆设备的构造、性能及工作原理，培养学生识别城市轨道交通车辆设备常见故障的能力，培养学生系统分析问题的思维能力、查阅资料的能力以及书面表达能力。

所需设备

地铁车辆的车体、转向架、车辆连接装置、制动装置、受流装置、电气系统、内部设备等仿真模具及现场参观车辆基地。

相关知识

一、城市轨道交通车辆的分类

1. 按牵引动力配置分类

城市轨道交通车辆按牵引动力配置分为动车和拖车。城市轨道交通列车均为电动车组，由动车和拖车组成。

动车自身具有动力装置(装有牵引电动机)，具有牵引与载客双重功能，可分为带有受电弓的动车和不带受电弓的动车。

拖车不装备动力装置，需要有动力牵引功能的车辆牵引拖带，仅有载客功能，可设置驾驶室，也可带受电弓。

2. 按驱动方式分类

城市轨道交通车辆按驱动方式分为旋转电动机驱动和直线电动机驱动。

旋转电动机驱动包括直流电动机驱动和交流电动机驱动，都是依靠轮轨黏着作用传递牵引力。直线电动机驱动，将传统电动机从旋转运动方式改为直线运动方式，由于取消了传统的旋转电动机从旋转运动转换成直线运动的机械变速传动机构，使转向架结构简单、重量轻。

3. 按车辆规格分类

为有利于我国城市轨道车辆制造、运营、维修的良性发展，车辆类型的规范化及主要技术规格的统一是十分必要的。根据我国各城市对城市轨道交通车辆选型的不同要求和城市轨道交通车辆的发展现状，建设部 1999 年颁布的《城市快速轨道交通工程项目建设标准》提出了 A、B、C 型车的概念，它主要是按车体宽度的不同进行分类。

《地铁车辆通用技术条件》(GB/T 7928—2003)中对用于地铁运营车辆的技术规格也做出了相应的具体规定。为了便于车辆的管理和维护，车辆提供商及运营公司对车辆又进行了分类。

上海地铁 1、2 号线的车辆分为三类，即：A、B、C 类车(与上述按车体宽度分类分为 A、B、C 型车不相同)。A 类车为拖车，一端设有驾驶室；B 类车为动车，车顶上装有受电弓；C 类车为动车,车下装有一套空气压缩机组。广州地铁1、2、3、4号线均采用此种分类方法。

4. 按车辆制作材料分类

城市轨道交通车辆按车辆制作材料分为钢骨车和新型材料车。

(1)钢骨车的车底架、车体骨架等受力部分采用钢材制作,其他部位采用木材或合成材料制作。

(2)新型材料车采用轻质合金材料,如铝合金、铁合金等,以降低车辆自重,提高承载能力和运输效率。

5. 按连接方式分类

城市轨道交通车辆按连接方式分为贯通式或非贯通式车辆。

贯通式的全列车载客部分贯通,乘客可沿全列车走动,以有效调节各个车辆的载客拥挤度,使其在全列车中均匀分布,也有利于在列车发生意外事故时疏散乘客。非贯通式车辆之间无通道贯通。

二、城市轨道交通车辆的组成

城市轨道交通车辆主要由车体、转向架、车辆连接装置、制动装置、受流装置、电气系统、内部设备等部分组成。

1. 车体

车体主要是容纳乘客和驾驶室的地方,又是安装与连接其他设备和部件的基础。近代城市轨道交通车辆车体均采用整体承载的钢结构或轻金属结构,以达到满足强度、刚度要求的同时最大限度地减轻自重。它由车顶、底架、端墙、侧墙、车窗、车门等组成。

2. 转向架

转向架位于车体与轨道之间,用来支撑车体,牵引和引导车辆沿着轨道行驶,承受与传递来自车体及线路的各种载荷并缓和其冲击作用。一般由构架、轮对轴箱装置、弹簧悬挂装置和制动装置等组成。转向架分为动力转向架和非动力转向架,动力转向架安装在动车上,非动力转向架安装在拖车上。

3. 车辆连接装置

车辆连接装置包括车钩缓冲装置和贯通道,车钩是连接车辆使其编组成列车,并传递纵向力的一套装置。通常在车钩的后部装设缓冲装置,在车钩传递纵向力时缓和车辆之间的纵向冲击。通过车钩还可将车辆之间的电路和空气管路进行连接。贯通道是车辆与车辆之间的客室连接通道。

4. 制动装置

制动装置是使车辆减速、停车,保证列车安全运行必不可少的装置。不管是动车还是拖车都设有制动装置,它可以保证运行中的列车按需要减速或在规定的距离内停车。车辆制动装置除常规的空气制动装置外,还有再生制动、电阻制动和磁轨制动等先进的装置。

5. 空调通风系统

随着城市轨道交通车辆服务质量的提高,为改善车厢的空气质量必须要有通风装置,目前均采用空调通风系统。

6. 受流装置

受流装置从接触导线或导电轨将牵引电流引入动车。接触网受流采用受电弓,接触轨受流采用轨道受流器。

受电弓受流器，属上部受流，受电弓可升可降，适用于列车速度较高的干线电力机车。

7. 车辆电气牵引系统

车辆电气牵引系统指车辆上的各种电气牵引设备及其控制电路。车辆电气牵引系统有直流电气牵引系统和交流电气牵引系统两种。随着电力电子技术和微电子技术的高速发展，目前几乎所有车辆都采用交流牵引电动机和交流调频调压(VVVF)控制的交流电气牵引系统。

8. 车辆内部设备

车辆内部设备包括服务于乘客的设备和服务于车辆运行的设备。服务于乘客的设备包括照明、广播、通风、取暖、空调、座椅、吊环、扶手等。服务于车辆运行的设备一般不占车内空间，吊挂于车底的有蓄电池箱、斩波器、逆变器、继电器箱、主控制箱、接触器箱、空气压缩机组和储风缸等，安装于车顶的有空调单元和受电弓等。

9. 列车控制和诊断系统

微机控制系统有自我监控和诊断功能，能对列车主要设备的运行状态和故障自动进行信息采集、记录和显示。

10. 乘客信息系统

城市轨道交通车辆乘客信息系统向乘客提供列车运行信息、安全信息和其他公共信息，在列车发生故障或事故时，向乘客提供回避危险的指挥、指导信息等。

三、城市轨道交通车辆的特点

1. 载客能力较强

由于城市轨道交通车辆服务于城市居民的市内交通，车内的平面布置有其特征，如座位少，车门多且开度大，内部设备十分简单等。每辆大型车辆可载客约310人。

2. 动力性能良好

为了适应城市轨道交通线路曲线半径小、坡度大、停站多的运营条件，城市轨道交通车辆的加速能力强，制动效果好。

3. 安全可靠性较高

城市轨道交通车辆设备先进，可靠性高，稳定性强，故障率低，在突发情况下适应性强(防火、紧急出口等)。

4. 环境条件优越

城市轨道交通车辆在设计上完善照明和空调，并且提供适量的座椅和大量的扶手。

四、城市轨道交通车辆的编组及标识

标识是指对车辆及其设备进行标记或编号。为了车辆运用和检修便于管理和识别，必须对车辆进行标识。

1. 列车编组

城市轨道列车中，动车和拖车通过车钩连接而成的一个相对固定的编组称为一个(动力) 单元，一个列车可以由一个或几个单元编组而成。

我国地铁列车编组形式为：六辆编组主要有“三动三拖”和“四动二拖”，四辆编组主要有“二动二拖”。

广州地铁1号线每一列车由六辆车组成，编组为：

—A ∗ B ∗ C = C ∗ B ∗ A—

A 车为拖车,一端设有驾驶室,车顶上装有受电弓,车下装有一套空气压缩机组。B 车和 C 车均为动车,结构基本相同。广州地铁 2 号线与 1 号线基本一样,只是受电弓装于 B 车车顶,而空气压缩机组装于 C 车车底。

上海地铁 1、2 号线近期每一列车由六辆组成,编组为:

—A = B ∗ C = B ∗ C = A—

上海地铁 1、2 号线远期每一列车由八辆组成,编组为:

—A = B ∗ C = B ∗ C = = B ∗ C = A—

"—"表示全自动车钩;"="表示半自动车钩;"∗"表示半永久车钩。车辆总体布置如图 3-1 所示。

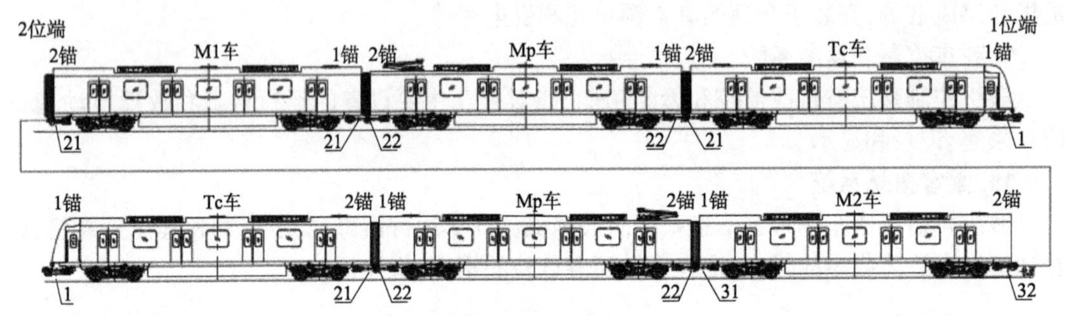

图 3-1 车辆总体布置

1-全自动车钩;21-半永久牵引杆 1;22-半永久牵引杆 2;31-半自动车钩 1;32-半自动车钩 2;Tc 车-带驾驶室的拖车;Mp 车-带受电弓的动车;M1 车-动车;M2 车-动车

2. 车辆编号

一般每节城市轨道交通车辆都有属于自己的固定编号,但各车辆制造商或运营商的编号方式不一样。

上海地铁 1、2 号线车辆编号由五位数组成,采用 YYCCT 形式,其中 YY 为车辆出厂的年份,CC 为出厂时这一年的同类型车辆的生产顺序号,T 为车辆类型代号,其中"1"为 A 车,"2"为 B 车,"3"为 C 车。

例如,"92082"表示 1992 年出厂的第 8 辆车,其车辆类型为 B 车。目前上海地铁列车的编组是固定的,编号后的车辆在列车中的编组位置没有变化。

广州地铁 1、2、3 号线车辆采用了同样的编号形式,其车辆编码包含信息有:车辆的所属线路(一个字母或数字的位置)、车辆的类型(A、B 或 C 车)、生产顺序号(同类型车辆的连续编号为 2 位数字),不同的车辆类型以新的顺序开始编号,如图 3-2 所示。

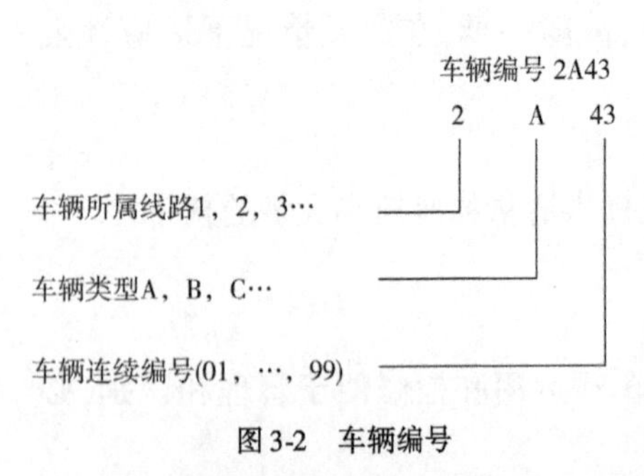

图 3-2 车辆编号

3. 车端、车侧、车门、座位等的标识定义

(1)车辆的车端、车侧的定义

①车端:每辆车的 1 位端按如下定义:A 车 1 位端是带有全自动车钩的一端;B 车 1 位端是与 A 车连接的一端;C 车 1 位端是连接半永久牵引杆的一端,另一端就是 2 位端。

②车侧:当观察者面对车辆的 1 位端时,观察者右侧的一侧就称为该车辆的右侧,另一端就定为车辆的左侧。

(2)列车车侧的定义

列车的车侧定义与车辆的车侧定义是不同的。它是以司机为主体,司机坐于列车驾驶端座位上,司机的右侧即为列车的右侧,左侧为列车的左侧。换句话说,是按列车的行驶方向来定义的,这与公路上汽车按行驶方向定义左右侧是相同的。

(3)转向架和车轴的编号

每辆车的转向架都分为转向架1和转向架2。转向架1在车辆的1位端,转向架2在车辆的2位端。

每辆车的四根轴从1位端开始至2位端,依次连续编号轴1至轴4。

(4)车门和车叶的编号

车叶的编号自1位端到2位端,沿着每辆车的左侧由小到大连续用奇数编号,即1、3、5、7、9、11…17、19;右侧由小到大连续用偶数编号,即2、4、6、8、10、12…18、20。

车门编号由车门两个车叶号码合并而成:自1位端到2位端,左侧车门编号为1/3、5/7、9/11…17/19,而右侧车门的编号2/4、6/8、10/12…18/20。

(5)空调单元编号

每辆车的车顶安装有两个空调单元,位于1位端的空调单元称作空调单元Ⅰ,位于2位端的空调单元称作空调单元Ⅱ。

(6)其他编号与标记

车窗、扶手、立柱、吊环、照明灯、指示灯、扬声器等设备也采用同样的编号方法,而车辆的重量、顶车位置、应急设备位置等必须用相关符号或文字在规定位置做出明确的标记。

知识拓展

长沙地铁1、2号线每一列车由六辆组成,编组为:

=A－B－C∗C－B－A=

车辆总体布置如图3-1所示。

任务二　认知城市轨道交通车辆技术参数

教学目标

1. 能力目标

掌握车辆的基本设计参数及列车载客容量计算的能力。

2. 知识目标

掌握车辆的主要尺寸、技术参数及车辆性能参数。

3. 素质目标

学生能从总体上了解车辆性能及结构的一些参数,对车辆设备技术参数有一定的了解。

工作任务

本次任务需要熟练掌握城市轨道交通车辆的主要技术参数的种类和用途;具备识别各种城市轨道交通车辆技术参数的能力。

所需设备

地铁车辆仿真模具。

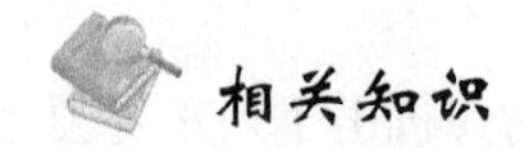

相关知识

一、车辆的主要技术参数

车辆技术参数是概括地介绍车辆技术规格的某些指标，是从总体上了解车辆性能及结构的一些参数，一般可分为性能参数与主要尺寸两大类。

1. 车辆性能参数

(1) 自重指车辆整备状态下的本身结构及设备组成的全部质量；载重指正常情况下车辆允许的最大装载质量，以吨(t)为单位。

(2) 最高运行速度，指车辆设计时，按照安全及结构强度等条件所决定的车辆最高行驶速度，要求连续以该速度运行时车辆具有足够良好的运行性能。

(3) 轴重，指按车轴形式及在某个运行速度范围内，车轴允许负担(包括轮对自身的质量)的最大质量。轴重的选择与线路、桥梁及车辆走行部设计有关。

(4) 通过最小曲线半径，指配用某种形式转向架的车辆在站场或场、段内调车时所能安全通过的最小曲线半径。当车辆在此曲线区段上行驶时不得出现脱轨、倾覆等危及行车安全的事故，也不允许转向架与车体底架或车下其他悬挂物相碰撞。

(5) 轴配置或轴列式，用数字或字母表示车辆走行部结构特点的方式。例如 4 轴动车，两台动力转向架，则轴配置记为 B—B；6 轴单铰轻轨车辆的两端为动力转向架，中间为非动力铰接转向架，其轴配置记为 B—2—B。

(6) 制动形式，指车辆获得制动力的方式，有摩擦制动、再生制动、电阻制动及磁轨制动等多种形式。

(7) 启动平均加速度，指在平直线路上，列车载荷为额定定员，自牵引电动机取得电流开始，至启动过程结束(即转入其自然特性时)，该速度值被全过程经历的时间所除得的商。

(8) 制动平均减速度，指在平直线路上，列车载荷为额定定员，自制动指令发出至列车完全停止的全过程，相应的制动初始速度(一般取最高运行速度)被全过程经历的时间所除得的商。

(9) 冲击率，指由于工况改变引起的列车中各车辆所受到的纵向冲击。在城市轨道交通车辆中，主要用于说明车辆本身电气及制动控制系统所应达到的冲动限制。

(10) 列车平稳性指标，是评定乘客舒适程度的主要依据，反映了车辆振动对人体感受的影响。因此评定平稳性的方法主要以人的感觉疲劳程度为依据，通常以平稳性指标表示。

2. 车辆的主要尺寸

(1) 车辆长度，指车辆处于自由状态、车钩呈锁闭状态时，两端车钩连接面之间的距离。区别于车体长度的概念，车体长度指不包含牵引缓冲装置或折篷的车体结构的长度。

(2) 车辆最大宽度，指车体横断面上最宽部分的尺寸。

(3) 最大高度，指车辆顶部最高点与钢轨顶面之间的距离。通常须说明与最高点相关的结构，如有无空调、受电弓的状态等。

(4) 车辆定距，同一车辆的两转向架回转中心之间的距离。

(5) 固定轴距，同一转向架的两车轴中心线之间的距离。

(6) 车钩中心线距离钢轨面高度，简称车钩高，它是指车钩连接面中点至轨面的高度，取新造或修竣后空车的数值。列车中各车辆的车钩高基本一致，是保证车辆正确连挂、列车运行中正常传递牵引力及不会发生脱钩事故所必需的。广州、上海地铁车辆的车钩高为720mm,天津轻轨车辆和北京地铁车辆为660mm。

(7)地板面高度,指车辆地板面与钢轨顶面之间的距离。地板面高度与车钩高一样,指新造或修竣后空车的数值。它将受到两方面的制约,一是车辆本身某些结构高度的限制,如车钩高及转向架下心盘面的高度;另一方面又与站台高度的标准有关,规定车辆地板面应与站台高度相协调。

二、广州地铁1号线主要技术参数

1. 车辆基本设计参数(表3-1)。

车辆基本设计参数　　表3-1

车辆基本设计参数	具体值	车辆基本设计参数	具体值
车辆的总体设计寿命	30年	列车平稳性指标	2.7
每辆车的平均轴重	≤16t	最高运行速度	80km/h
牵引电机额定功率	190kW	设计/结构速度	90km/h

列车载客容量如表3-2所示,车辆重量如表3-3所示。

列车载客容量　　表3-2

缩　　写	定　　义	每车乘客数(人)	列车乘客数(人)
AW0	无乘客	0	0
AW1	座客载荷	56	336
AW2	定员载荷/(6人/m^2)	310	1860
AW3	超员载荷/(9人/m^2)	432	2592

车辆重量　　表3-3

定　　义	乘客载荷(t)			车辆重量(t)			列车重量(t)
	A	B	C	A	B	C	
空载AW0	0	0	0	33	36	36	220
座客载荷AW1	3.36	3.36	3.36	37.36	41.36	41.36	240.16
定员载荷AW2	18.60	18.60	18.60	52.60	56.60	56.60	331.60
超员载荷AW3	25.92	25.92	25.92	59.93	63.92	63.92	375.52

2. 车辆主要尺寸

车辆主要尺寸如表3-4所列。

车辆主要尺寸　　表3-4

车辆主要尺寸		具体值	车辆主要尺寸	具体值
车辆长度(m)	A车	24.4	列车长度(m)	140
	B、C车	22.8	车辆宽度(m)	3.0
车轮直径(mm)	新轮	840	车辆高度(m)	3.8
	半磨耗轮	805	转向架中心距(m)	15.7
	磨耗轮	770	转向架固定轴距(mm)	2500
车钩中心线距轨面距离(mm)		720+8	车门全开宽度(mm)	1400

续上表

车辆主要尺寸	具体值	车辆主要尺寸	具体值
轨道至地板面高度(AW0)(mm)	1130^{+15}_{-5}	贯通道宽(mm)	1500
车辆最高点(含排气口)(mm)	3860	窗宽度(mm)	1300
受电弓最大升起高度(mm)	1700	轮对内侧距(AW0)(mm)	1353 +3
受电弓工作范围(mm)	175 ~1600	轮缘厚度(mm)	32
开、关门调整范围(mm)	1.5 ~4	开、关门时间(s)	3 ±0.5

知识拓展

B 型车车辆重量参数:

Tc 车总重——30.5t;

Mp 车总重——32.7t;

M 车总—— 32.56t。

任务三　认知车体结构、处理车门故障

教学目标

1. 能力目标

掌握城市轨道交通车辆各机械组成部分的构造、性能及操作方法,具备车门故障、转向架故障、车钩连接操作、制动装置故障、空调通风系统故障识别及故障处理技能。

2. 知识目标

掌握城市轨道交通车辆的车体与车门、转向架、车钩缓冲装置、制动装置、空调通风系统等子系统设备的组成与内容。

3. 素质目标

掌握城市轨道交通车辆的车体与车门的结构和功能,具备车门故障识别与故障应急处理的技能。

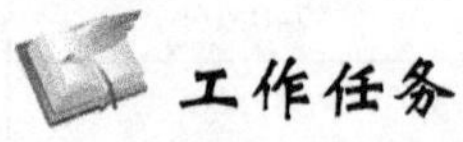

工作任务

通过讨论和分析城市轨道交通车辆的车体及车门的构造、性能及工作原理,培养学生识别城市轨道交通车辆车门设备常见故障的能力,培养学生系统分析问题的思维能力、查阅资料的能力以及书面表达能力。

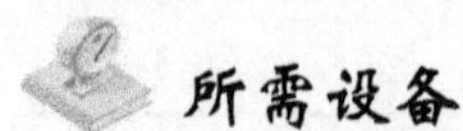

所需设备

城市轨道交通车辆的机械部分包括车体、车门、转向架、车钩缓冲装置、制动装置、空调通风系统等仿真模具。

相关知识

一、车体的结构和功能

车体是城市轨道交通车辆的主体结构。它支撑在转向架上,是车辆的上部结构,构成车辆的主体,用于搭载乘客。车体底架下部及车顶上部安装传动机构、电气设备和内装设施,要承受和传递各种动静载荷及振动,还要隔音、减振、隔热、防火,以便在事故状态下尽可能保证乘客的安全。

1. 车体的分类

按照车体所使用材料可分为碳素钢车体、铝合金车体和不锈钢车体三种,目前主要使用铝合金和不锈钢车体。

按照车体结构有无驾驶室可分为带驾驶室车体和无驾驶室车体两种;按照车体尺寸分为A型车车体、B型车车体和C型车车体;按照车体结构工艺不同可分为一体化结构和模块化结构。

2. 车体的基本特征

(1)车体一般为电动车组,且车体结构有其多样性,包括单节、双节、三节式车体等,还包括头车和中间车,以及动车与拖车。

(2)座位少,车门数量多,开度大,内部服务设备较简单。

(3)重量的限制较严格,轴重小,以降低线路工程投资。

(4)为使车体轻量化,对于车体承载结构一般采用大型中空截面挤压铝型材、高强度复合材料或不锈钢。

(5)城市轨道交通车辆是运行于地下隧道的车辆,一旦发生火灾后果不堪设想,因此在车体的结构及选材上必须进行防火设计和阻燃处理,采用了防火、阻燃、低烟和低毒的材料。

(6)对车辆隔音和减噪有严格要求,降低噪声对乘客和沿线居民的影响。

(7)车体有防撞功能。车底架的前端设有撞击能量耗散区,开有数排椭圆孔,当车辆受到迎面意外撞击时,它可能会产生较大的塑性变形,从而吸收纵向冲击能量。驾驶室前端安装防爬器,不仅可以起到车辆相撞时车辆之间防爬的作用,且通过对防爬器内部剪切部件的破坏实现能量的吸收,起到保护司机、乘客和车体的作用。

(8)车辆外观造型和色彩具有美化和与城市景观相协调的特点。

3. 车体的基本结构

车体按结构功能分为车体(壳体)、车门、车窗、贯通道和内装饰。

车体由底架、车顶、侧墙、端墙等部件组成整体承载结构,它是封闭筒形结构、整体承载方式,如图3-3所示。

(1)车体底架

车体底架由地板梁、牵引梁、枕梁、横梁、侧梁组成。每根地板梁由上下翼板、腹板和筋板组成中空截面挤压铝型材,将与车体等长的地板梁通过两侧的接口拼焊成车地板。每块地板梁下部有两对安装车下设备(各种机电设备、制动设备等)的吊挂座。牵引梁设在底架的两端,用来安装车钩缓冲装置。枕梁用来支承车体下两端的转向架。底架两端为横梁,两侧为侧梁,用来承重。车体底架采用上拱结构,即使在满载情况下车体也不会产生下挠度。

(2)车顶

车顶的两侧小圆弧部分采用形状复杂的中空截面铝型材,中部大圆弧部分为带有纵向加强杆件挤压成型的车顶板,其长度与车顶等长。车顶设受电弓。空调机组一般安装在车辆顶棚的上方,通风沿车顶两侧配置。

(3)车体侧、端墙

车体的左右侧墙各有5扇宽型车门和4个车窗,侧墙被车门和车窗分割成带窗框、窗下间壁及左右窗间壁,或门间壁的6块分部件(全车共12块),各块分部件亦为整体的挤压铝型材或焊接部件。在安装时分别与底架、车顶拼接。

车体两端的端墙由弯梁、贯通道立柱和墙板组成。

(4)驾驶室

一般驾驶室采用框架结构,外罩玻璃纤维增强塑料罩壳,用螺栓紧固在车体构架上。驾驶室前端设司机瞭望窗口,驾驶室内布置有驾驶台、转椅和有司机需要操作的各种电器的设备箱。驾驶室与载客部分隔离,后端墙设贯通门。在隧道运行的车辆前端还应设有乘客紧急安全疏散门。

车体是搭载乘客的地方,应采用美观、舒适的内部装饰。每侧有车门的传动装置。车体内还布置有座椅、扶手、立柱、乘客信息系统等各种乘客服务设施,以及车门紧急手柄、紧急对讲、灭火器等安全设施。车体上还安装了车辆电子、电器、机械等各种设备和部件。

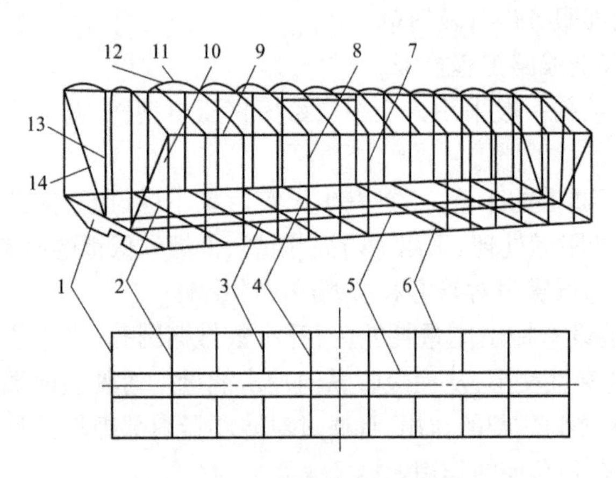

图3-3　车体整体承载结构

1-缓冲梁(端梁);2-枕梁;3-小横梁;4-大横梁;5-中梁;6-侧梁;7-门柱;8-侧立柱;9-上侧梁;10-角柱;11-车顶弯梁;12-顶端弯梁;13-端立柱;14-端斜撑

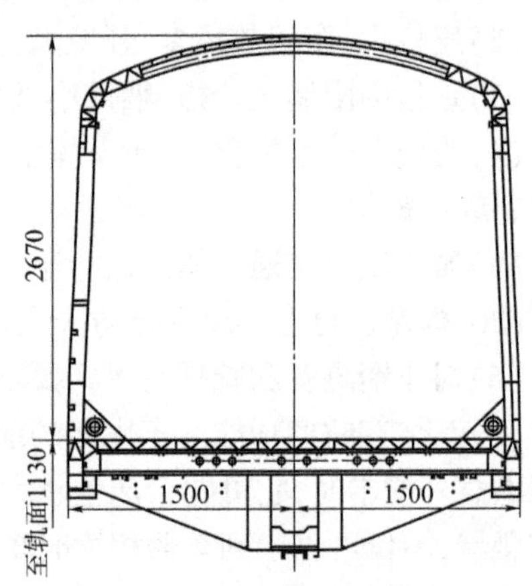

图3-4　地铁车辆铝合金车体断面(尺寸单位:mm)

4.铝合金车体结构

铝合金车体结构如图3-4所示。

(1)车顶

客室内顶板由三部分组成,中间为平板,平板两侧为多孔的通风口板。

(2)侧墙、端墙

客室内的侧墙、端墙都是阻燃的密胺树脂胶合板,具有隔热保暖的功能。

(3)地板

直流传动车的地板先在底板上纵向布置4mm厚的橡胶条,再铺设16mm厚的多层夹板,用螺钉将多层夹板固定在底架上,然后在多层夹板上粘贴2.5mm厚的灰色PVC材料地板。

交流传动车将多层夹板换成表面平坦的铝合金轻型型材,然后在铝合金型材表面直接粘贴PVC塑料地板,这就避免了塑料地板起泡和脱落的弊病。

5.车体的模块化结构

(1)一体化结构

就车体结构形式而言,国内外近几十年都是采用全组焊结构,即底架、侧墙、车顶和端墙均为焊接而成,这四个部件组装时也采用焊接工艺,这种车体结构称整体焊接结构,也称为一体化结构。

(2)模块化结构

模块化结构车体与整体焊接结构车体相比,最显著的特点就在于将模块化的概念引入到车体设计、制造与生产管理的各个环节之中。整体焊接结构车体是先制造车体结构的车顶、侧墙、底架、端墙、驾驶室等部件,然后进行整个车体总成焊接,车体总成后再进行内装、布管、布线。模块化车体设计是将整个车体分为若干个模块,在每个模块的制造过程中完成整车需要的内装、布管与布线的预组装,并解决相互之间的接口问题。各模块完成后即可进行整车组装。每一模块的结构部分本身采用焊接,而各模块之间的总成采用机械连接。如图3-5~图3-7所示。

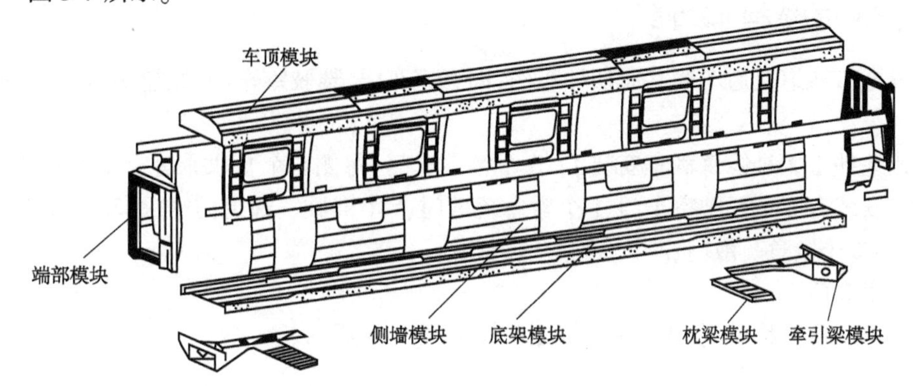

图3-5 车体模块化结构分解图

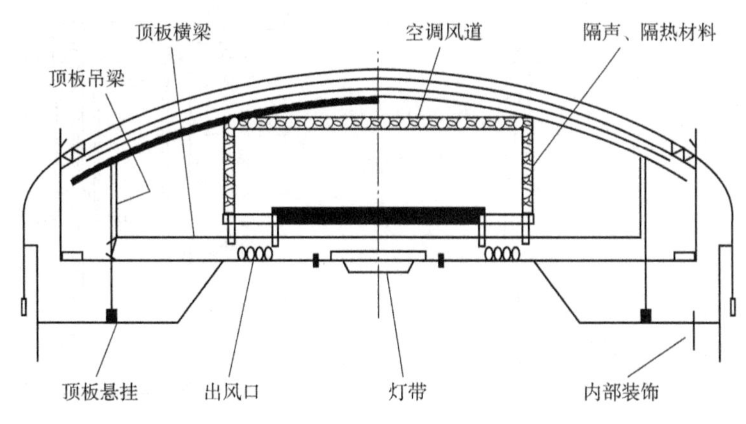

图3-6 车顶模块

①模块化结构的优点包括:

a. 在每个模块的制造过程中均注意验证其质量。模块制成后均须进行试验,整车总装后试验比较简单,整车质量容易保证。

b. 由于每个模块的制造可以独立进行,且解决了模块之间的接口问题,因此,复杂且技术难度大的模块和部件可以由国外引进,其余模块和部件在用户本地生产。另外,对总装生产线要求不高,这均有利于国产化的逐步实施。

c. 可以改善劳动条件,降低施工难度,提高劳动效率,保证整车质量。

d. 可以减少工装设备,简化施工程序,降低生产成本。

e. 在车辆检修中,可采用更换模块的方式,方便维修。

②从车体结构局部来分析,存在如下缺点:个别部件(如驾驶室框架)采用了部分钢材制造,各部件之间又采用了钢制螺栓连接,所以车体自重要比全焊结构稍重。

6. 车体的轻量化

车辆的轻量化不仅节约制造材料,可减轻车辆走行部分和线路的磨耗,延长使用寿命,而且在相同客流的条件下可以降低牵引动力的消耗,会带来巨大的经济效益,具有重要的现实意义。

车体轻量化的措施包括采用轻型材料,改进构件结构。车体承载结构一般采用大型中空截面铝合金挤压型材、高强度复合材料或不锈钢。车体其他辅助设施尽量采用轻型高科技新材料。另外,对车体其他辅助设施也尽量采用轻型化材料。

二、车门的结构和功能

一般城市轨道交通车辆共有四种车门,即客室车门、驾驶室车门、紧急疏散门、驾驶室通道门。

广州地铁1、2号线每辆车安装了10个客室车门(每侧5个),供乘客上下车使用。在A车驾驶室安装有2个驾驶室车门、1个紧急疏散门、1个驾驶室通道门,整列车共4个驾驶室车门,包括2个紧急疏散门、2个驾驶室通道门。

1. 客室车门

客室车门通常称车门,用于乘客上、下车,如图3-8所示。

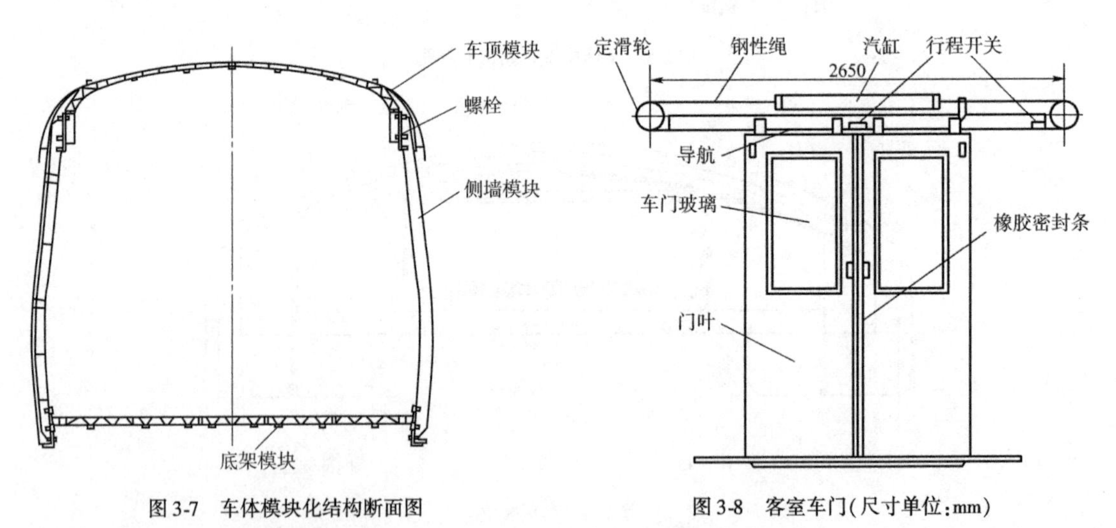

图3-7　车体模块化结构断面图

图3-8　客室车门(尺寸单位:mm)

(1)对车门的基本要求

根据城市轨道交通的特点,车门应有足够的有效宽度,要均匀分布,以方便乘客上、下车;数量足够,使乘客上、下车时间满足运行密度的要求;车门附近要有足够的空间和面积,方便乘客上、下车时周转,要确保乘客的安全,具有较高的可靠性。

(2)车门的驱动方式

按照驱动系统的动力来源,分为电动式车门(电动门)和气动式车门(风动门)。电动式车门的动力来源是直流电动机或交流电动机。气动式车门以压缩空气为动力,动力来源是驱动汽缸。城市轨道交通车辆一般采用气动式车门,也有采用电动式车门的。

(3)车门开启方式

按照车门的运动轨迹以及与车体的安装方式有内藏嵌入式侧移门、外挂式侧移门、塞拉门、外摆式车门四种形式。

①内藏嵌入式侧移门,简称内藏门。

在车门开关时,门叶在车辆侧墙的外墙板与内饰板之间的夹层内移动。传动系统设于车厢内侧车门的顶部,装有导轮的门叶可在导轨上移动,传动机构的钢丝绳、皮带或丝杠与门叶相连接,借助汽缸或电动机驱动传动机构,从而使钢丝绳或皮带带动门叶动作,从而实现车门的往复开关动作。

北京地铁采用了该种形式的车门,司机可操纵按钮通过电气控制系统实现对列车所有车门的同步动作,也可对没关好的车门单独进行再关门控制。它由机械传动系统和电气控制系统组成。机械传动系统包括传动汽缸、传动系统和电磁阀等;电气控制系统包括控制电路、信号监视电路等。气动门的风源由总风缸通过总风管供给,总风管压缩空气压力经减压阀减压,通过支管截断塞门、电磁阀充至传动汽缸内,推动活塞运动,再经钢丝绳、导轮、滚轮、导轨组成的机械传动部分使门动作。双向对开拉门开门时间约为 2 ~ 3s,关门时间约为 3 ~ 4s,门移动有快慢两挡速度,通过双重活塞双向作用式传动汽缸来实现,门翼快速运动时挤夹力为 740N,慢速运动时挤夹力为 320N。

②外挂式侧移门,简称外挂门,如图 3-9 所示它的门叶和悬挂机构始终位于侧墙的外侧,其传动机构的工作原理与上述内藏嵌入式车门的主要区别,仅在于开、关车门时门叶和悬挂机构始终处于侧墙的外侧,车门驱动机构的工作原理与内藏嵌入式车门相同。

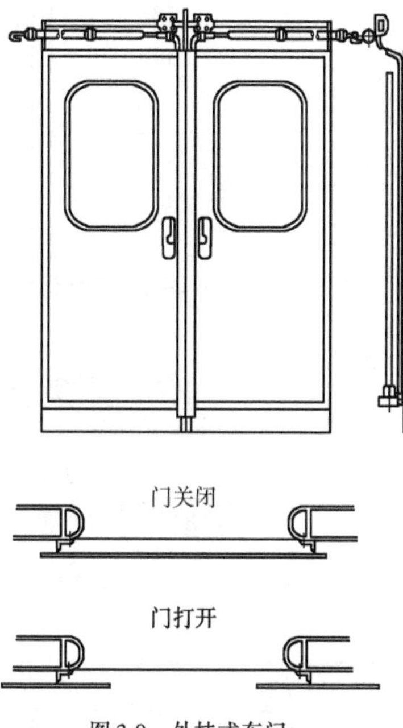

图 3-9　外挂式车门

③塞拉门,如图 3-10 所示。

门叶借助车门上方安装的悬挂机构和导轨导向作用,由电动机驱动机械传动机构使门叶沿着导轨滑移。车门在开启状态时,门叶贴靠在侧墙的外侧,

车门在关闭状态时,门叶外表面与车体外墙成一平面。这不仅使车辆外观美观,而且也有利于在高速行驶时减小空气阻力,车门不会因空气涡流产生噪声,也便于自动洗车装置对车体的清洗。

④外摆式车门,简称外摆门,如图 3-11 所示。

开门时通过转轴和摆杆使门叶向外摆出并贴靠在车体的外墙板上,门关闭后,门口外表面与车体外墙成一平面。这种车门的特点是在开启的过程中,门叶需要较大的摆动空间。

四种车门的性能比较见表 3-5。

(4)车门控制系统

以广州地铁 1 号线列车为例,车门通过中央控制阀来控制。以压缩空气为动力驱动双向作用的汽缸活塞前进和后退,再通过钢丝绳等组成的机械传动机构完成门的开关动作,机械锁闭机构可以使车门可靠地固定在关闭位置。

客室车门是通过操作电气控制系统中央控制阀上 3 个二位三通电磁阀 MV1(开门)、

MV2(关门)、MV3(解锁)的通、断来实现车门的开、关及锁定。调节中央控制阀上的调节旋钮可调整开、关门速度及缓冲速度。司机在驾驶室操纵按钮可以实现列车所有门的同步动作,也可对没关好的车门单独进行重开门控制。

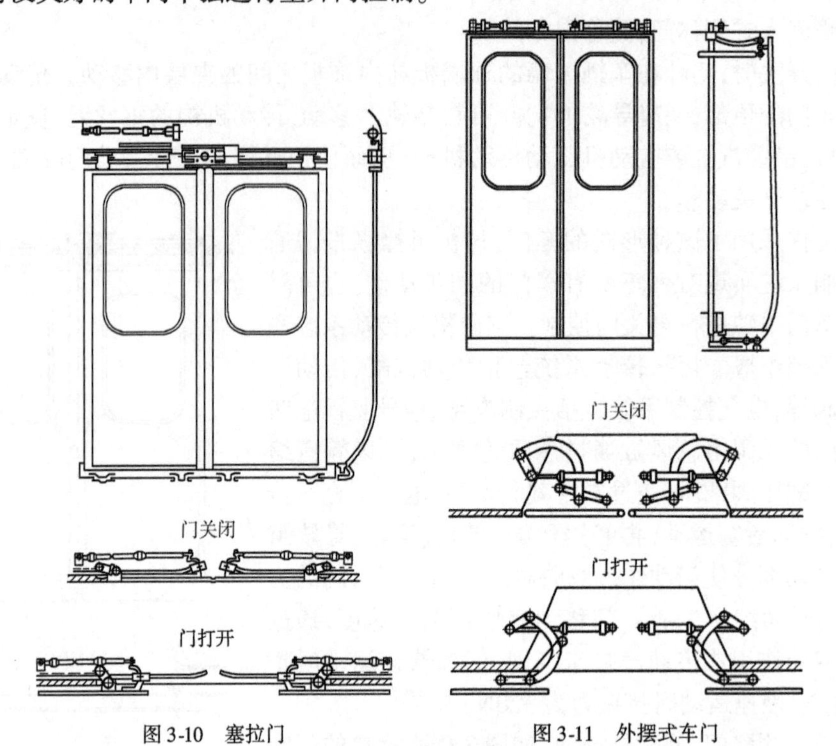

图 3-10　塞拉门　　　　图 3-11　外摆式车门

四种车门的性能比较　　　　表 3-5

标准	内藏门	外挂门	塞拉门	外摆门
隔音	差	很差	很好	好
隔热	差	差	好	好
隔空气动压差	差	差	很好	一般
乘客候车区无障碍	一般	一般	差	很差

广州、上海地铁车辆的车门既可在 ATO(列车自动驾驶系统)模式下自动打开,也可以由司机进行开关。无论是哪种方式,都要求符合以下三种情况:当列车速度大于 5km/h 时,列车上任何与外界联系的车门都不允许正常打开,一旦被强行打开,列车将紧急制动;当列车上任意与外界联系的车门处于开启或非正常关闭状态时,列车将不能启动;列车开门侧与站台侧要求严格对应。单个车厢门的开关操作见二维码 18。

二维码 18

①气动控制系统组成如图 3-12 所示。

a. MVl、MV2、MV3 三个均为二位三通电磁阀,分别为开门、关门、解锁电磁阀。

b. 节流阀有四个,分别为调节开门速度、关门速度、开门缓冲、关门缓冲。

c. 快速排气阀共有两个。主汽缸两端排气管是通过快速排气阀排向大气的,它相当于一个双向选择阀,它的排气口是常开的,当主汽缸通过它充气时,其阀芯将排气口关闭。

d. 汽缸:

门控汽缸,是开关门动作的执行元件,其中活塞是一个对称的、带有台阶的非等直径的活塞,其汽缸的内径也是非等直径的,这样的结构可使活塞变速运动。

解钩汽缸,是执行门钩解钩动作的。

e. 车门打开和关闭还设置了四个行程开关 S1、S2、S3、S4,分别对门钩位置、开门行程、门控切除及紧急手柄位置进行限制和位置显示。

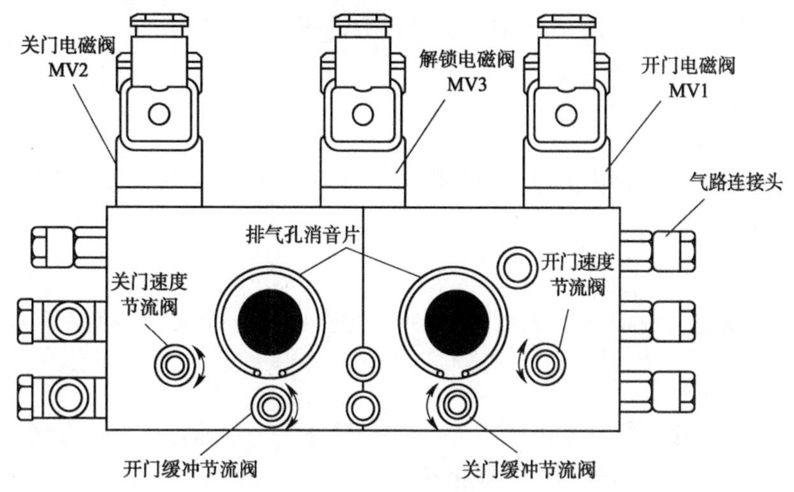

图 3-12　车门控制系统

②气动控制系统原理如图 3-13 所示。

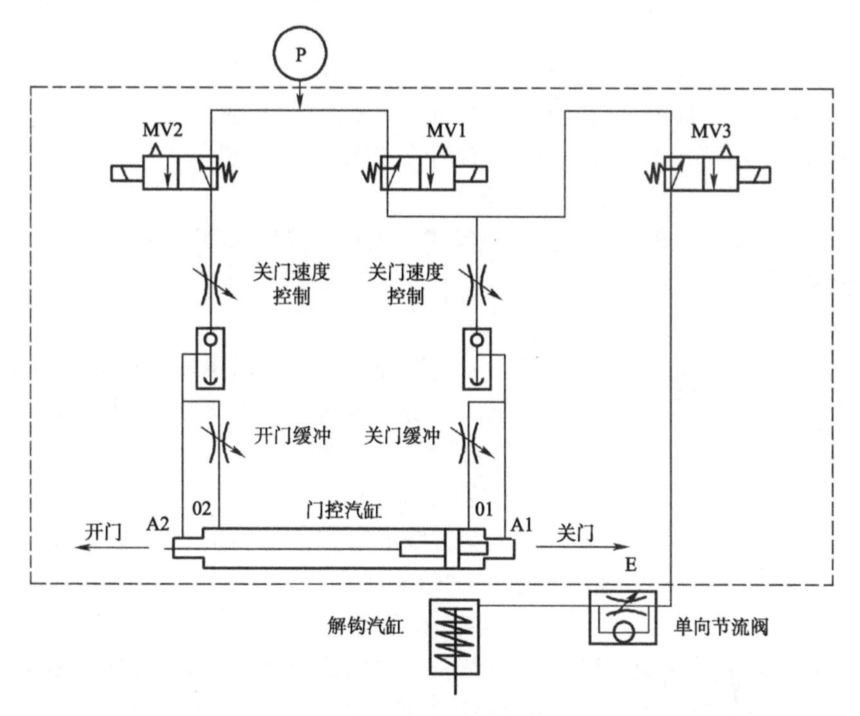

图 3-13　气动控制系统原理示意图

a. 开门。

进气的流程如下：

压缩空气 —得电→ MV1 —得电→ MV3 ——→ 节流阀 ——→ 解钩汽缸 —活塞伸出→ 顶开门钩

MV1 ——→ 开门节流阀 ——→ 主汽缸进气口 A1 ——→ 活塞左移

排气的流程如下：

活塞左移——→主汽缸排气口 A2 ——→开门缓冲阀——→快速排气阀——→大气

当活塞的左端头进入汽缸左端的小直径处，侧 A2 出口被封堵，大汽缸内的气体只能从02一个出气口并经过缓冲节流阀到快速排气阀，最终排至大气。由于 A2 出口被堵，整个排气速度就会大大降低，使开门的速度有了一个极大的缓冲。

b. 关门。

进气的流程如下：

失电
MV3——→门锁汽缸排气活塞缩回——→门钩复位（在扭簧作用下）

进气的流程如下：

失电
MV1
压缩空气→MV2——→开门节流阀→主汽缸进气口 A2→活塞右移
得电

排气的流程如下：

活塞右移→主汽缸排气口 A1→关门缓冲阀→快速排气阀→大气

关门缓冲的原理与开门缓冲的原理相同。

由于活塞杆的端头与一扇门叶及钢丝绳的一边相连接，而另一扇门叶与钢丝绳的另一边相连接，则使门叶在活塞杆运动时能同步反向移动。运动的速度则由快速至突然缓慢，最后使门叶完全关闭或打开。

③客室车门操作的主要设施包括：

a. 位于驾驶室左侧墙上的“左门开”“左门关”“重开门”按钮。

b. 位于驾驶室右侧墙上的“右门开”“右门关”“重开门”按钮。

c. 位于司机操纵台上的“强行开门”开关。

d. 位于司机操纵台上的车门开门操作模式选择开关，有“自动”挡及“手动”挡。

2. 驾驶室车门

（1）驾驶室侧门

图 3-14　驾驶室侧门

在驾驶室两侧墙上各有一扇单叶的内藏式滑动移门，如图 3-14 所示。其结构与客室车门类似，只是没有气动装置，用人工开关，以供司机上下车。

（2）驾驶室通道门

在驾驶室背墙中间有一通客室的通道门，是供司机走入客室的通道，如图 3-15 所示。

它在客室一侧没有开门把手，乘客是不能开启这扇门的。但在其上方有一红色紧急拉手，其用途是当乘客发现危险情况时，可以启用红色紧急拉手，开启通道门。

3. 紧急疏散门（相关教学资源见二维码 19）

紧急疏散门设在 A 车驾驶室中间的前端墙上（图 3-16），为可伸缩的套节式踏板，两侧设有扶手栏杆，中间铝合金踏板上涂有防滑漆，故乘客在上面行走时不会滑跌，乘客可通过此踏板疏散；其门锁在驾驶室内外都可开启，一旦门锁开启，车门能自动向前倒向路基;并且还有缓冲器,不致使倒下的加速度过大而使疏散门装置损坏。

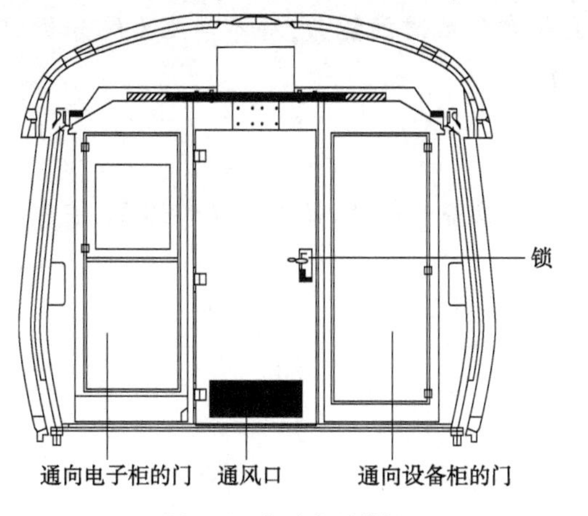

图 3-15　驾驶室通道门

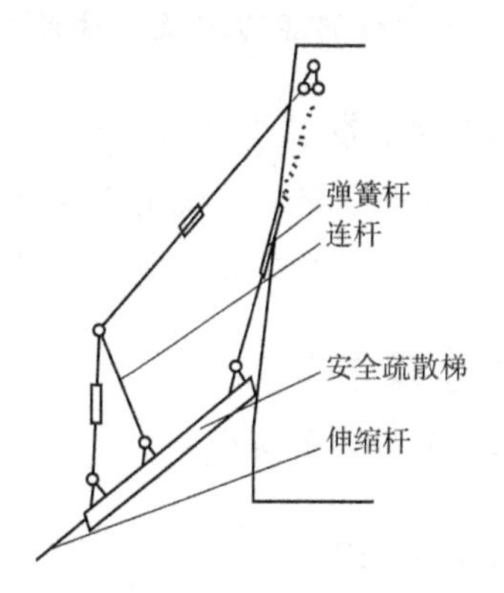

图 3-16　紧急疏散安全门传动机构

知识拓展

紧急解锁装置

每套门右侧均设有一个车内紧急出口装置,每节车每侧各设有一个紧急入口装置,如图 3-17 所示。

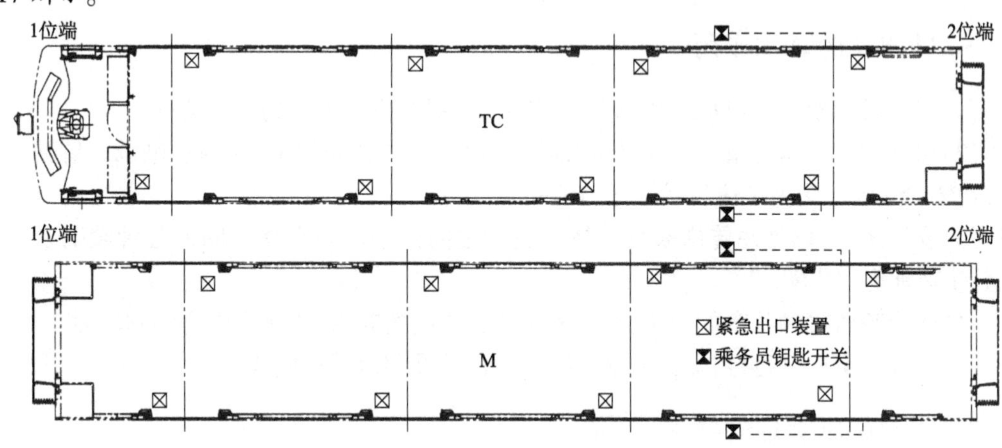

图 3-17　紧急解锁装置布置

任务四　认知转向架结构与功能

教学目标

1. 能力目标

了解城市轨道交通车辆转向架的作用、构造、技术性能及主要类型,掌握简单识别转向架故障的技能。

2. 知识目标

掌握转向架的组成、分类、基本作用的理论知识,着重掌握转向架各组成部件的组成及动作原理。

3. 素质目标

培养学生识别城市轨道交通车辆转向架常见故障的能力，培养学生系统分析问题的思维能力、查阅资料的能力以及书面表达能力。

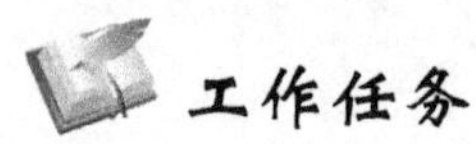

工作任务

通过讨论和分析城市轨道交通车辆转向架设备的构造、性能及工作原理，学生以任务为向导，分组准备、以PPT或者文字报告形式汇报。

所需设备

车辆转向架仿真模具。

相关知识

转向架是支承车体及其荷载并使车辆沿着轨道走行的装置，每辆车装有两台转向架。转向架是保证车辆运行质量、动力性能和运行安全的关键部件，转向架的结构是否合理，直接影响车辆的性能和行车安全。

城市轨道交通车辆运行于地下隧道或高架道路上，要求转向架具有较低的噪声和良好的减振性能，并且应有适应车辆载重量变化较大的能力。为降低工程造价，要求轮对的轴重尽可能的低。

一、转向架的基本作用

(1)采用转向架可以增加车辆的载重、长度和容积，提高列车的运行速度。

(2)保证在正常运行条件下，车体都能可靠地坐落在转向架上，并通过轴承装置使车轮沿着钢轨的滚动转化为车体沿线路运动的平动。

(3)支撑车体，承受并传递来自车体与轮对之间或钢轨与车体之间的各种载荷及作用力，并使轴重均匀分配。

(4)适应轮轨接触状态的变化，充分利用轮轨之间的黏着，传递牵引力和制动力。

(5)保证车辆安全运行，能灵活地沿线路运行及顺利地通过曲线。

二、转向架应满足的要求

(1)要求悬挂装置可以根据客流的变化调整其刚度，以保证车辆客室地板面与站台面的高度相协调，方便乘客的乘降，这对城市轨道交通车辆尤为重要。

(2)转向架的结构便于弹簧减振装置的安装，以使其具有良好的减振特性，缓和车辆和线路之间的相互作用，减小振动和冲击，提高车辆运行的平稳性和安全性。

(3)对动力转向架来说，还要便于安装牵引电动机及传动装置，以提供驱动车辆的动力。

(4)转向架是车辆的一个独立部件，在转向架与车体之间的连接件较少，结构简单，装拆方便，便于转向架独立制造和维修。

三、转向架的分类

各种转向架主要的区别在于：有无牵引电动机、所用车轴的类型、轴箱定位的方式、弹簧装置的形式、载荷传递的方式等。

1. 按有无牵引电动机分类

转向架有动车转向架和拖车转向架两种。为了检修方便、满足相同部件的互换性,动车转向架和拖车转向架基本结构相同,主要区别在于驱动系统。

动车转向架为动力转向架,其上装有两台牵引电动机和变速传动装置,装在动车上。拖车转向架为非动力转向架,没有牵引电动机和变速传动装置,装在拖车上。

2. 按轴箱定位方式分类

约束轮对与轴箱之间相对运动的机构称为轴箱定位装置,它对转向架的横向动力性能、抑制蛇行运动具有决定性作用。

常见的定位装置的结构形式有:拉板式定位、拉杆式定位、转臂式定位、层叠式橡胶弹簧定位、干摩擦式导柱定位。其中前四种均为无磨耗的轴箱弹性定位装置,可达到较为理想的定位性能。

(1)拉板式定位,指用特种弹簧钢材制成的薄片形定位拉板,其一端与轴箱连接,另一端通过橡胶节点与构架相连。

(2)拉杆式定位,指拉杆的两端分别与构架和轴箱销接,实现弹性定位。

(3)转臂式定位,指定位转臂的一端与圆桶形轴箱体固接,另一端以橡胶弹性节点与构架上的安装座相连接。

(4)层叠式橡胶弹簧定位,指在构架与轴箱之间装设压剪形层叠式橡胶弹簧,以实现良好的弹性定位。

(5)干摩擦式导柱定位,指构架上的导柱及轴箱弹簧托盘上的支持环均装有磨耗套,导柱插入支持环,当构架与轴箱之间发生上下运动时,两磨耗套产生干摩擦,通过导柱与支持环传递纵向力和横向力,再通过轴箱橡胶垫产生不同方向的剪切变形,实现弹性定位。

3. 按弹簧装置的形式分类

根据转向架所装设弹簧系统的多少可分为一系弹簧悬挂、二系弹簧悬挂。

(1)一系弹簧悬挂在车体与轮对之间,只设有一系弹簧减振装置。它可以设在车体与构架之间,也可以设在构架与轮对之间。

(2)二系弹簧悬挂在车体与轮对之间,设有两系弹簧减振装置,即在车体与转向架构架间设弹簧减振装置,两者相互串联,使车体的振动经历两次弹簧减震的衰减。

4. 按弹簧的横向跨距分类

根据悬挂装置中弹簧横向跨距的不同可分为外侧悬挂、内侧悬挂、中心悬挂。

(1)外侧悬挂指弹簧横向跨距大于构架两侧梁纵向中心线距离。

(2)内侧悬挂指弹簧横向跨距小于构架两侧梁纵向中心线距离。

(3)中心悬挂指弹簧横向跨距与构架两侧梁中心线距离相等。

5. 按车体与转向架之间的载荷传递方式分类

按车体与转向架之间的载荷传递方式可分为心盘集中承载、非心盘承载、心盘部分承载。

(1)心盘集中承载,指车体上的全部重量通过前后两个上心盘分别传递给前后转向架的两个下心盘。

(2)非心盘承载,指车体上的全部重量通过中央弹簧悬挂装置直接传递给转向架构架,或者通过中央弹簧悬挂装置与构架之间装设的旁承装置传递。

(3)心盘部分承载,指车体上的重量按一定比例分配,分别传递给心盘和旁承,使之共同承载。

6. 按转向架轴数分类

一般分为单轴转向架、两轴转向架和多轴转向架。城市轨道交通车辆多采用两轴转向架。

四、转向架的组成

转向架一般由构架、轮对、轴箱装置、弹簧减振装置和制动装置、中央牵引装置等组成。对于动力转向架还装设有牵引电动机及变速传动装置,如图3-18所示。

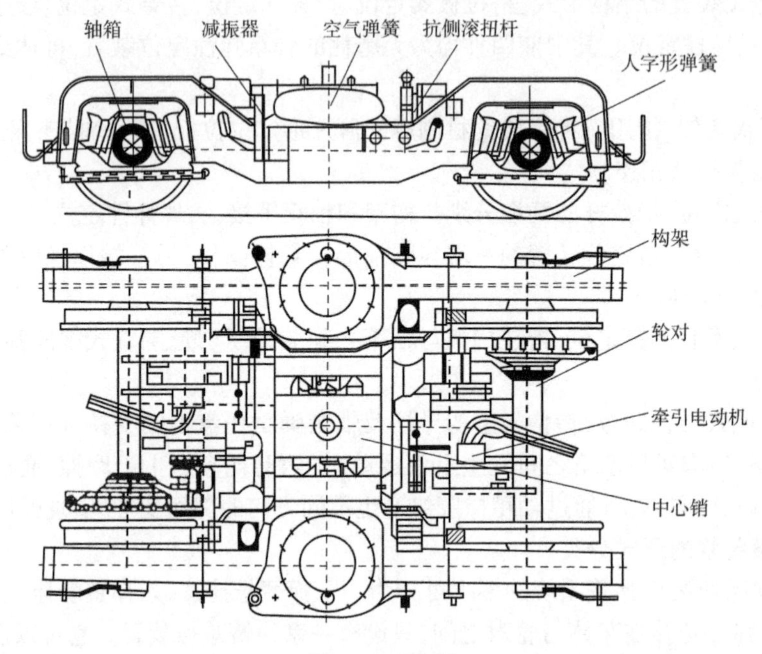

图3-18 转向架

1. 构架

构架是转向架的基础,它把转向架的零部件组成一个整体,故它不仅承受、传递载荷及作用力,而且它的结构、形状和尺寸都应满足零部件组装的要求。

2. 轮对及轴箱装置

轮对与轴箱装置是连接构架和轮对的活动关节,使轮对的滚动转化为车体沿着轨道的直线运动。轮对沿钢轨滚动的同时,除承受车辆的重量外,还传递轮轨之间的其他作用力,包括牵引力和制动力。

3. 弹性悬挂装置

为了保证轮对与构架、转向架与车体之间的连接,同时减少线路不平顺和轮对运动对车体的影响(如垂直振动、横向振动等),在轮对与构架、转向架与车体之间装设有弹性悬挂装置,前者称为轴箱悬挂装置,后者称中央悬挂装置,也可称一系悬挂装置和二系悬挂装置。弹性悬挂装置包括弹簧、减振器及定位装置等。

4. 制动装置

为对运行中的列车进行调速或使其在规定的距离内停车,必须安装制动装置。基础制动装置吊挂于构架上,它的作用是使制动缸的空气压力转化为闸瓦压向车轮的力,从而产生制动作用。

5. 牵引电动机与齿轮变速传动装置

这是动力转向架所特有的一套装置，非动力转向架没有此装置，动力转向架通过它使牵引电动机的扭矩转化为轮对或车轮上的转矩，利用轮轨之间的黏着作用，驱动车辆沿着轨道运行。

知识拓展

轮对组成及基本要求

每个转向架设有两个轮对，轮对由车轮和车轴压装而成，车轮车轴之间为过盈配合。轮对组装包括两个车轮、一根车轴和两个螺堵。车轮提供滚动踏面，引导列车安全地沿轨道运行。轮对组装保证了固定的轮距。轮对将静态和动态力从车体传递到轨道，特别是制动装置的制动力以及驱动单元的牵引力。动车转向架车轴和拖车转向架车轴相比多了齿轮箱的安装接口。转向架轮对如图3-19所示。

图3-19　轮对

1-动车轮对；2-拖车轮对；3-车轴；4-车轮；5-齿轮座

任务五　认知车钩缓冲装置结构与功能

教学目标

1. 能力目标

了解城市轨道交通车辆车钩缓冲装置的作用、构造、技术性能及主要类型，熟悉车钩连接与摘解的工作原理，并掌握车钩简单故障识别的技能。

2. 知识目标

掌握城市轨道交通车辆车钩缓冲装置的作用与功能，对车钩缓冲装置各配件的工作原理有一定了解。

3. 素质目标

学生通过对城市轨道交通车辆车钩缓冲装置的学习，学生在工作岗位中能通过理论学习结合实操，能高效的对车钩连接与摘解，并具备车钩简单故障识别的技能。

工作任务

通过讨论和分析城市轨道交通车辆车钩缓冲装置的构造、性能及工作原理，学生以任务为向导，分组准备、以 PPT 或者文字报告形式汇报。

所需设备

车辆车钩缓冲装置仿真模具。

相关知识

车辆连接装置包括：车钩缓冲装置和贯通道装置，通过它们使列车中车辆相互连接，实现相邻车辆之间的纵向力传递和通道的连接。

一、车钩缓冲装置的作用

车钩缓冲装置用来连接列车中各车辆，使之彼此保持一定的距离，并且传递和缓和列车在运行中或调车时所产生的纵向力或冲击力。

二、车钩缓冲装置的分类

车钩缓冲装置大体可分为非刚性车钩（图 3-20）和刚性车钩（图 3-21）。

（1）非刚性车钩允许两个相连接的车钩钩体在垂直方向上有相对位移。当两个车钩的纵轴线存在高度差时，两个车钩呈阶梯状，并且各自保持水平位置。由于钩体的尾端相当于销接，这就保证了车钩在水平面内的位移。因此，这种类型的车钩是一种非密接式连接，车钩间隙远大于 3mm。

（2）刚性车钩不允许两相连接车钩在垂直方向上有相对位移，且要求前后间隙限制在很小的范围之内。如果连挂之前两车钩的纵向轴线高度已有偏差，在连挂后，两车钩的轴线处在同一条直线上并呈倾斜状态。两钩体尾端具有完全的销接，能保证两连挂车辆之间具有相对的水平角位移和垂向角位移。所以；这种类型车钩为密接式连接，车钩间隙在 3mm 以下。

刚性车钩主要用于城市轨道交通车辆以及高速动车组上，我国地铁车辆普遍采用了密接式车钩。

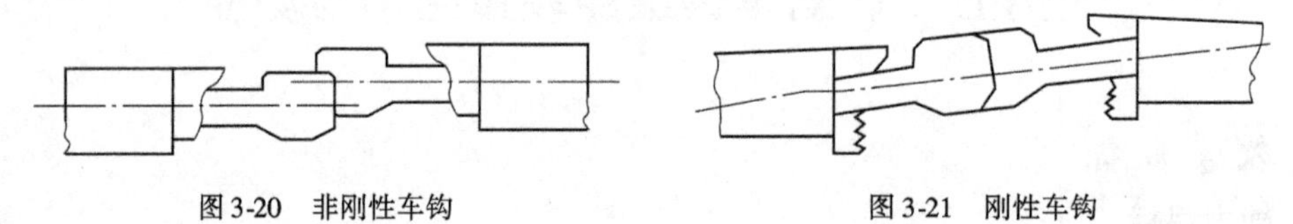

图 3-20　非刚性车钩　　　　图 3-21　刚性车钩

三、国产密接式车钩

国产密接式车钩主要由车钩钩头、橡胶缓冲器、风管连接器和电气连接器等组成，如图 3-22 所示。缓冲器位于钩头的后部，车辆连挂时依靠两车钩相邻钩头上的凸锥和凹锥孔的相互插入，实现两车钩紧密连接；同时自动将两车之间电路和空气通路接通。两车分解时，亦可自动解钩，自动切断两车之间电路和空气通路。

在车钩下面有车钩托梁，在缓冲器尾部通过十字头连接器与车体上的冲击座相连，可以实现水平和垂直方向的摆动。

1. 钩头结构

车钩前端为钩头，有一个凸锥和凹锥孔，内部还有钩舌、解钩杆、解钩杆弹簧和解钩风缸。

2. 作用原理

该车钩有待挂、连接和解钩三种状态。

(1)待挂状态:连接前的准备状态,此时钩舌定位杆被固定在待挂位置,解钩风缸活塞杆处于回缩状态,半圆形钩舌的连接面与水平面呈40°角。

(2)连挂状态:两钩连挂时,凸锥插进对方车钩相应凹锥孔中。这时凸锥的内侧面在前进中压迫对方的钩舌转动,使解钩汽缸的弹簧受压,钩舌沿逆时针方向旋转40°。当两钩连接面相接触后,凸锥内侧面不再压迫对方的钩舌,此时,由于弹簧的作用,使钩舌恢复到原来的状态,即处于闭锁位置。

(3)解钩状态:司机操纵解钩阀,压缩空气由总风管进入解钩汽缸,经解钩风管连接器送入相连挂的解钩汽缸,活塞杆向前推并带动解钩杆,使钩舌转动至开锁位置,此时两钩即可解开。两钩分解后,解钩汽缸的压缩空气迅速排出,解钩弹簧复原,带动钩舌顺时针转动40°恢复到原始状态,为下次连挂做好准备。

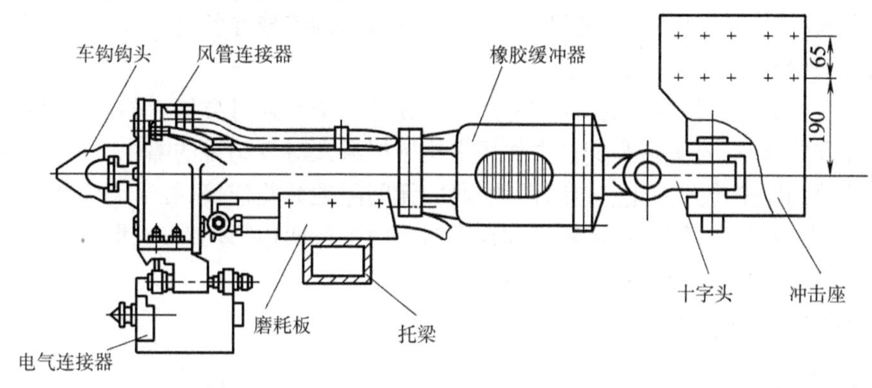

图3-22 国产密接式车钩

四、Scharfenberg 密接式车钩

Scharfenberg密接式车钩主要由车钩钩头、橡胶缓冲器、风管连接器、电气连接器和风动解钩系统等组成,如图3-23所示。连挂时依靠两钩头前端锥形喇叭口引导彼此精确对中,实现车钩紧密连接;同时自动将两车电气线路和空气通路接通。在两车分解时,由司机控制解钩电磁阀自动解钩,自动切断两车之间的电气线路和空气通路。

车钩下面有车钩支撑弹簧支撑,在缓冲器尾部通过转动中心轴与车体上冲击座相连,并可通过橡胶弹簧弹性变形及缓冲器与转动中心轴的相对转动实现垂直和水平方向的摆动。

1. 钩头结构

钩头壳体为焊接件,由两部分组成,如图3-23所示。前面为一带有锥体和喇叭口的凸出件,后面为连接法兰,将钩头与牵引缓冲装置连成一体。在钩头壳体中配有车钩锁闭零件和解钩风缸。

车钩的闭锁机构由钩舌和钩锁杆组成,两者通过销子彼此可摆动地相连接。

弹簧用来保持车钩处在闭锁位。弹簧一端钩在壳体的锥体上,另一端钩在钩锁杆上。当两钩连接时,前面的锥体和喇叭口用来作为引导对准之用,伸出在前面的爪把用来扩展车钩的连接范围。前端圆孔用来安置空气管路连接器,手动解钩装置设在钩头侧面,它由横杆通过两解钩杆与钩舌相连接。在该横杆的端部连有一钢丝绳并与手柄连接,手柄挂在钩头壳体的一侧。

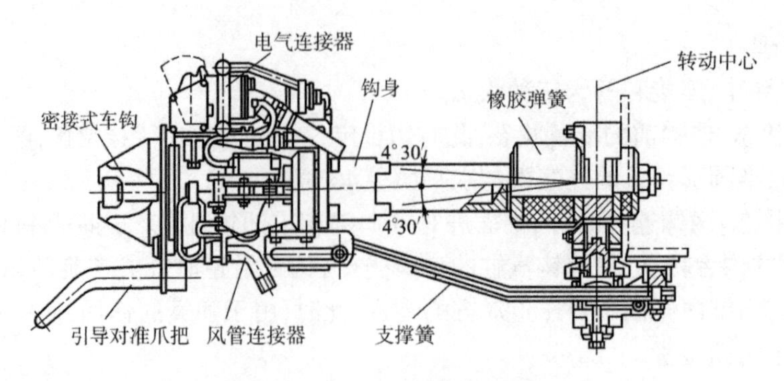

图 3-23　Scharfenberg 密接式车钩

2. 工作原理

(1) Scharfenberg 密接式车钩钩头待挂位,如图 3-24 所示。

这时钩头中的钩锁杆轴线平行于车钩的轴线,钩锁杆的连接销中心与钩舌中心销连接线垂直于车钩的轴线。弹簧处于松弛状态,该位置为车钩连挂准备位。

(2) 连挂闭锁位,如图 3-25 所示。

两钩相互接近并碰撞时,两钩向前伸出的钩锁杆由于受到对方钩舌的阻碍,各自推动钩舌绕顺时针方向转动,直至在弹簧拉力作用下钩锁杆滑入对方钩舌的嘴中,并推动钩舌绕逆时针方向返回到原来位置为止。这时两钩刚性、无间隙地彼此连接,处于闭锁状态。当两钩受牵拉时,拉力均匀地分配在由钩锁杆和钩舌组成的平行四边形两对边,即钩锁杆上。当两钩冲击时,冲击力由两钩壳体喇叭口凸缘传递。

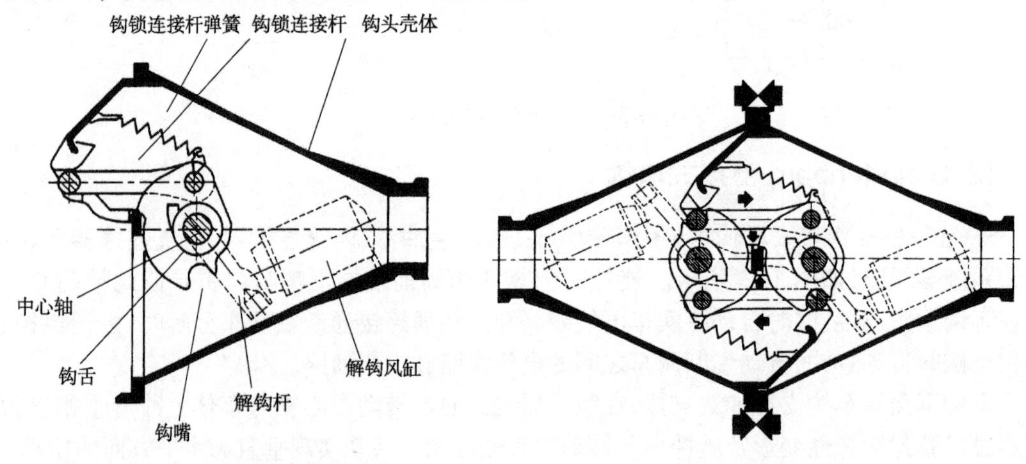

图 3-24　Scharfenberg 密接式车钩钩头

图 3-25　连挂状态

(3) 解钩状态,如图 3-26 所示。

①气动解钩:由司机操作解钩控制阀解钩。这时压力空气充入解钩风缸,推动活塞向前运动,压迫在解钩杆所设置的滚子上,两钩头中的钩舌被同时推至解钩位置。解钩后排气,风缸中受压弹簧使活塞返回原始位置。

②手动解钩:通过拉动钩头一侧的解钩手柄,经钢丝绳、杠杆和解钩杆使两钩的钩舌转动,直至钩锁杆脱出钩舌的嘴口,两钩脱开,处于解钩位。

五、缓冲装置

缓冲装置主要用来传递和缓和纵向冲击力。

1. 层叠式橡胶缓冲器

层叠式橡胶缓冲器由橡胶金属片、前从板、牵引杆、缓冲器后盖、滑套、缓冲器体、后从板等组成,如图3-27 所示。作用原理是当车辆受到压缩载荷时,缓冲器体和牵引杆受压力的传递方向为:牵引杆压缩后从板—橡胶金属片—前从板和缓冲器的前端。橡胶金属片受到压缩,起到缓冲作用。在牵引载荷工况下,缓冲体和牵引杆受拉,力的传递方向为:牵引杆上的滑套压缩前从板→橡胶金属片→后从板和缓冲体后盖,同样起到缓冲作用。

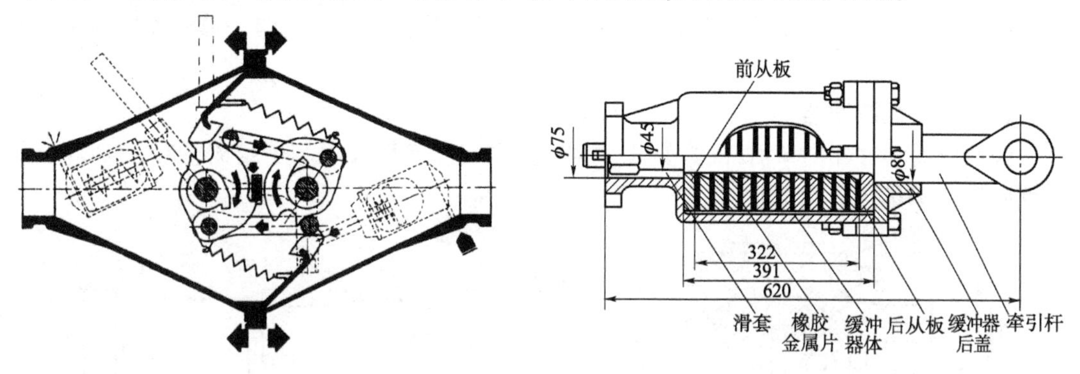

图 3-26　解钩状态

图 3-27　层叠式橡胶缓冲器(尺寸单位:mm)

2. 环弹簧缓冲器

环弹簧缓冲器由弹簧盒、弹簧前后座板、外环弹簧、内环弹簧、端盖、球形支座、牵引杆等组成,其中,外环弹簧共 7 片,内环弹簧由 5 片内环弹簧,1 片开口环弹簧和 2 片半环弹簧组成,如图 3-28 所示。

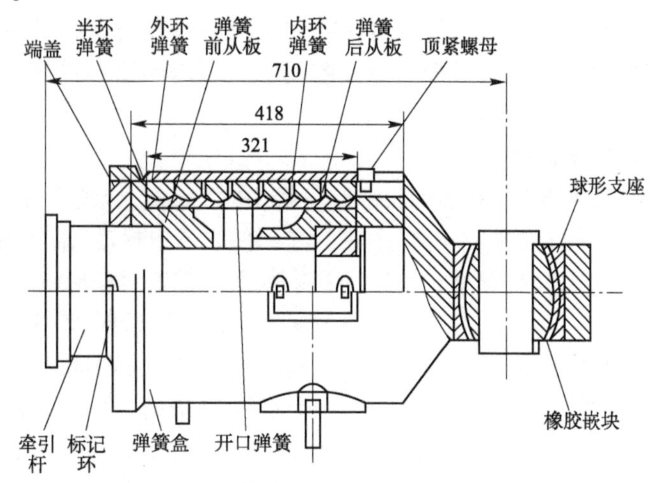

图 3-28　环弹簧缓冲器(尺寸单位:mm)

其作用原理是当车钩受冲击时,牵引杆推动弹簧前从板向后挤压环弹簧;当车钩受牵拉时,拧紧在牵引杆后端的预紧螺母带动弹簧后从板向前挤压环弹簧。所以不论车钩受冲击还是牵拉,环弹簧均受压缩作用。

由于内、外环弹簧相互接触的接触面均做成 V 形锥面,受压缩相互挤压时,外环扩胀,内环压缩,这样就产生了轴向变形,起到缓冲的作用。同时内、外环弹簧接触面产生相对滑动,摩擦力做功消耗了部分冲击能。

环弹簧缓冲器前端通过一组对开连接套筒与钩头连接,后端的球形支座通过销轴与车钩支撑座相连接。整个车钩缓冲装置在水平面内可绕销轴左右摆动 40°,在垂直面内借助于嵌有橡胶件的球形轴套,可上下摆动5°,以满足车辆运行于水平曲线和竖曲线的要求。由德国进口的上海地铁1号线车辆采用了这种缓冲装置。

3. 环形橡胶缓冲器

环形橡胶缓冲器主要由牵引杆、缓冲器体、环形橡胶弹簧等组成,如图3-29所示。属于免维护的橡胶缓冲装置,缓冲器安装在车钩安装座上,可吸收拉伸和压缩能量。半自动车钩和牵引杆均用相同方法安装固定。

缓冲装置允许车钩做垂向摆动和扭转运动。缓冲装置支撑座用四个螺栓固定在车体底架上。

4. 弹性胶泥缓冲器

弹性胶泥缓冲器由牵引杆、弹簧盒、内半筒、端盖和弹性胶泥芯子组成,如图3-30所示。弹性胶泥芯子是接受能量元件。

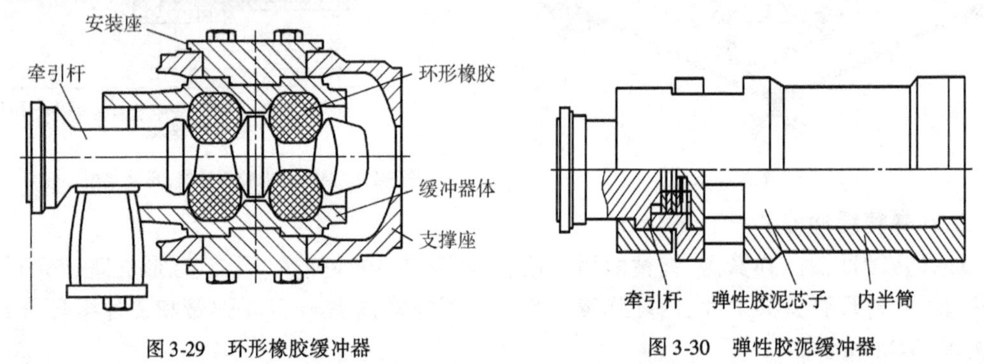

图3-29 环形橡胶缓冲器

图3-30 弹性胶泥缓冲器

车钩受拉时,纵向力传递顺序为:牵引杆→内半筒→弹性胶泥芯子→弹簧盒→车体;车钩受压时,纵向力传递顺序为:牵引杆→弹性胶泥芯子→内半筒→弹簧盒→车体。可见,无论车钩受拉或受压,缓冲器始终受压。

5. 带变形管的橡胶缓冲器

带变形管的橡胶缓冲器由拉杆、轴套、锥形环圈、法兰、垫圈、橡胶弹簧和变形管组成,如图3-31所示。轴套与钩头壳体用螺纹连接,由法兰紧固使之不致松动,轴套用来作为拉杆、锥形环圈和变形管支承和导向,拉杆穿过6和7两个弹簧,其端部通过蝶形螺母将弹簧压紧。

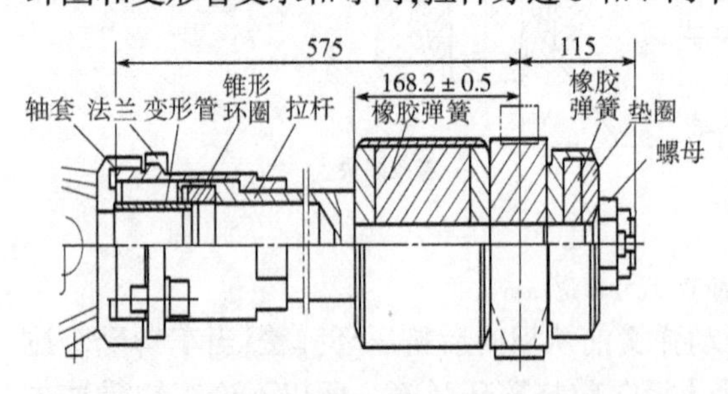

图3-31 带变形管的橡胶缓冲器(尺寸单位:mm)

在正常运行时,车辆之间所产生的牵引和压缩力主要由两橡胶弹簧来承担。当车辆受事故冲击时,车辆的碰撞速度超过5 ~ 8km/h,这时车钩所受到的冲击压缩力超过橡胶弹簧的承载能力,靠近钩头的冲击吸收装置起作用,变形管与锥形环圈彼此相互挤压,把冲击能转变为变形管和锥形环圈的变形功和摩擦功,变形管产生永久变形,吸收冲击功可达16.1kJ,从而达到对乘客和车辆的事故附加防护作用,如图3-32所示。

6. 可压溃变形管

车钩缓冲装置是车辆冲击能量吸收系统的一部分,可压溃变形管(图3-33)可作为车钩缓冲装置的重要部件,用来吸收车辆冲击能量。当两列车相撞时,将会产生可恢复的和不可恢复变形。

能量吸收可分为三级：

(1)第一级：速度最大为 8km/h 时，车钩内的缓冲、吸收装置吸收全部能量，产生的变形可以恢复。

(2)第二级：速度为 8 ~ 15km/h 时，可压溃变形管产生的变形不可恢复。

(3)第三级：速度超过 15km/h 时，自动车钩的过载保护系统产生不可恢复的变形，车辆前端将参与能量吸收以保护乘客。

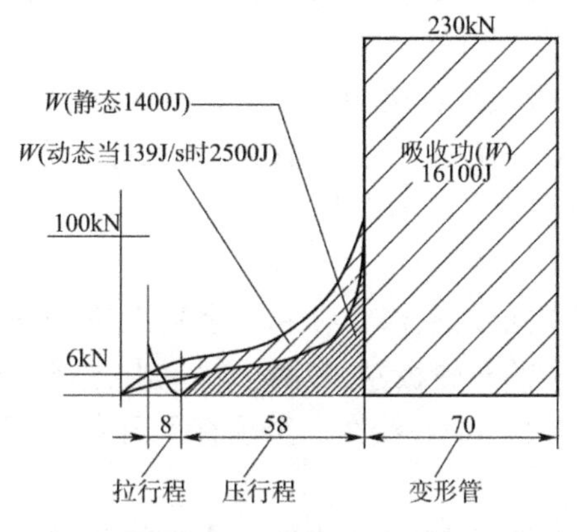

图 3-32　橡胶缓冲器冲击衰减力行程图(尺寸单位：mm)

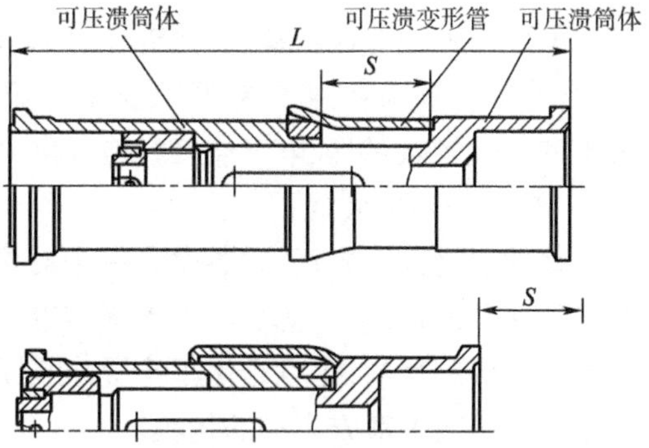

图 3-33　可压溃变形管

同时，通过可压溃变形管的能量吸收还可以保护车体钢结构免受破坏。冲击速度过大，导致可压溃变形管变形时，必须更换。撞车事故发生后，必须对车辆进行检查，尤其是电气连接和机械连接部分。

7. 附属装置

(1)风管连接器

①不带自闭装置的风管连接器，如图 3-34 所示。当车钩互相连挂时，密封圈互相接触受压，借助滑套、橡胶套和前弹簧使压力达到 70 ~ 160N，保证气路开通时不会泄漏。在制动主管连接器后端的管路上装有一个截止阀，正常解钩时，首先将截止阀关闭，以防止制动主管排风而产生紧急制动。

②自动开闭式风管连接器，如图 3-35 所示。

自动开闭式风管连接器具有自动开闭装置，当两车钩连挂时，顶杆与密封圈同时受压，密封圈防止泄漏的同时，顶杆压缩阀垫、滑阀和顶杆弹簧，阀垫和滑阀后退，使阀垫与阀体脱开，气路开通。解钩时由于密封圈和顶杆失去压力，在弹簧作用下，各部件恢复原位，风路断开。

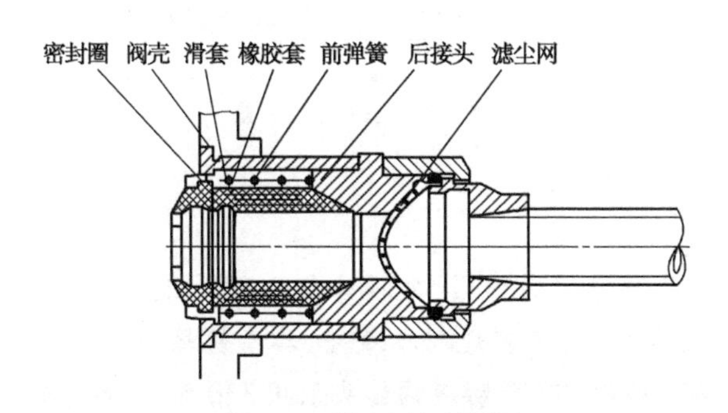

图 3-34　制动主管连接器

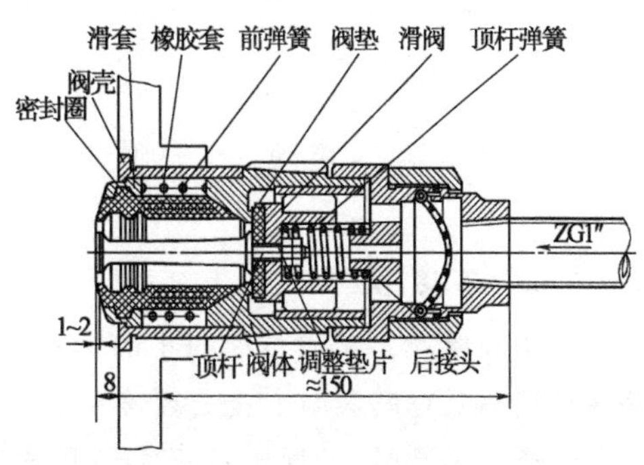

图 3-35　自动开闭式风管连接器(尺寸单位：mm)

(2)电气连接器,如图3-36所示。

通过悬吊装置使钩体与电气连接器成弹性连接。两车钩连挂时,箱体可退缩3~4mm,靠弹簧压力,保证良好接触;触头上焊有银片,以减小电阻,它与箱体成弹性连接,靠弹簧压力保证触头处于可伸缩状态,相互接触良好,保证电流畅通。箱体的一侧有一个定位销,对称侧有定位孔,连挂时定位销插入对应定位孔,保证触头准确连接;密封条防雨水和灰尘。

解钩时,将盖盖好,防止触头损坏。箱体内还设有接线板,使触头的引线和从车上来的引入线对应相连;在它后部有电线孔,为防止电线磨损,设有塑料套。

电气箱外装有保护罩,当两钩连接时,电气箱可推出使其端面高于车钩端面,此时保护罩自动开启;解钩后,电气箱退回至原位置,保护罩自动关闭。电气箱内的触点分别为固定触点和弹性触点,保证电气连接时连接可靠,主要应用于自动车钩上。

(3)车钩对中装置

缓冲器尾部下方正、右各设有一个对中汽缸,它的活塞头部安有一个水平滚轮,当汽缸充气活塞向外伸出时,能自动嵌入固定在一块呈桃形的凸轮板左、右两个缺口内,达到使车钩自动对中的目的,也就是使车钩缓冲装置中心线与车体中心线在一个垂直平面内,以便一个车钩钩头对准对方车钩的钩坑。

当车钩处于待挂状态时,对中汽缸充气使车钩自动对中;当车钩处于连接状态时,对中汽缸排气,车钩则可自由转动,有利于列车过弯道。

当车辆在弯道进行连挂时,必须将对中装置关闭,否则无法进行连挂。这时只需将车钩下方的进气阀门关闭,即可使对中汽缸排气,使车钩处于自由状态。而在进行连挂时可利用钩头前的导向杆进行对中,从而顺利地进行连挂。

(4)安装吊挂系统

安装吊挂系统(图3-37)的作用是为整个车钩缓冲装置提供安装和支撑,保证列车通过所有平竖曲线所需的各个方向自由度,保证整套装置在不连挂状态时保持水平,车钩中心线与车辆中心线重合,以便于连挂。车钩通过该装置时可以方便地调整车钩中心线的高度。

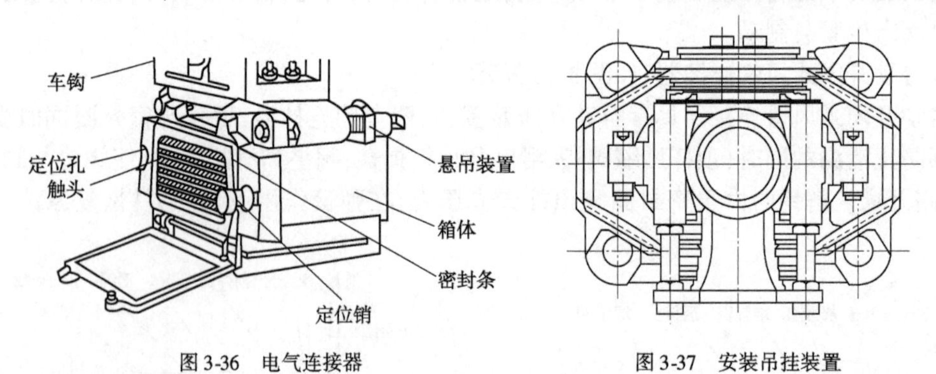

图3-36　电气连接器　　图3-37　安装吊挂装置

知识拓展

车钩和缓冲器用于传递列车的牵引力,吸收列车冲击能量,实现车辆之间的连接,并提供列车气路及电路接口。全自动车钩钩头采用330型,可实现列车救援,具有机械、电气、气路自动连挂的特性,并同时具有气动和手动解钩功能。半自动车钩钩头采用330型,机械、气路自动连挂,电路手动连挂,并同时具有气动和手动解钩功能。

任务六　认知制动装置结构与功能

教学目标

1. 能力目标

能区别各种城市轨道交通车辆制动装置,能区别各种城市轨道交通车辆制动模式的条件。

2. 知识目标

掌握城市轨道交通车辆制动装置的不同制动方式;掌握各种城市轨道交通车辆制动机的基本原理;了解城市轨道交通车辆制动装置的特点。

3. 素质目标

培养学生爱岗敬业、踏实肯干与认真好学的职业精神。

工作任务

该项任务主要包括:熟练掌握城市轨道交通车辆制动装置的作用、构造、技术性能及主要类型,熟悉制动机的工作原理,具备简单识别与判断制动机故障的技能。

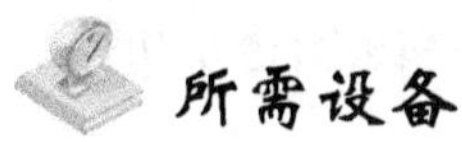

所需设备

城市轨道交通车辆制动装置模拟设备。

相关知识

一、城市轨道交通车辆制动装置与制动系统

在城市轨道交通车辆控制系统中,为对运行中的列车进行调速或使其在规定的距离内停车,必须安装制动装置。城市轨道交通车辆制动,是指人为地使城市轨道交通车辆减速或阻止其加速的过程。其中,使城市轨道交通车辆减速或阻止其加速的力称为制动力,而产生并控制这个制动力的装置叫作城市轨道交通车辆制动机,也称为城市轨道交通车辆制动装置。

现代轨道交通车辆的制动系统,由动力制动系统、空气制动系统与指令以及通信网络系统三部分组成的。

1. 动力制动系统

它一般与牵引系统连在一起形成主电路,包括再生反馈电路和制动电阻器,将动力制动产生的电能反馈给供电接触网或消耗在制动电阻器上。

2. 空气制动系统

它由供气部分、控制部分和执行部分等组成。供气部分有空气压缩机组、空气干燥器和风缸等;控制部分有电—空转换阀(EP)、紧急阀、称重阀和中继阀等;执行部分有闸瓦制动装置和盘形制动装置等。

3. 指令和通信网络系统

它既是传送司机指令的通道,同时也是制动系统内部数据交换及制动系统与列车控制系统进行数据通信的总线。

二、城市轨道交通车辆制动系统的制动模式

根据车辆的运行要求，制动系统采用以下几种制动模式。

1. 正常制动

正常运行下为调解或控制动车列车速度，包括进站停车所实施的制动，特点是作用缓和与制动力的可连续调节，制动过程中能够根据车辆载荷自动调整制动力，当常用制动力最大时即为常用全制动。

2. 紧急制动

紧急情况下为使列车尽快停止而施行的制动，特点是作用比较迅速，而且将列车制动能力全部使用，通过故障导致安全的设计原则为“失电制动，得电缓解”的紧急空气制动系统。紧急制动是在列车遇到紧急情况或发生其他意外情况时，为使列车尽快停车而实施的制动。其制动力与快速制动相同。紧急制动时考虑了脱弓、断钩、断电等故障情况，故只采用空气制动，而且停车前不可缓解，在尽可能减小冲动的情况下不对冲动进行具体限制。

3. 快速制动

为了使列车尽快停车而实施的制动，其制动力高于常用全制动（上海、广州快速制动力高于常用全制动22%）。这种制动方式是在紧急情况下、制动系统各部分作用均正常时所采取的一种制动方式，其特点是与常用制动相同，制动过程可以施行缓解。

受冲击率极限的限制，主控制器手柄回“0”位，可缓解，具有防滑保护和载荷修正功能。

4. 保压制动

保压制动是为防止车辆在停车前的冲动，使车辆平稳停车，通过 ECU 内部设定的执行程序来控制。

第 1 阶段：当列车制动到速度 8km/h，DCU 触发保压制动信号，同时输出给 ECU，这时，由 DCU 控制的电制动逐步退出，而由 ECU 控制的气制动来替代。

第 2 阶段：接近停车时（列车速度 0.5km/h），一个小于制动指令（最大制动指令的70%）的保压制动由 ECU 开始自动实施，即瞬时地将制动缸压力降低。如果由于故障，ECU 未接收到保压制动触发信号，ECU 内部程序将在 8km/h 的速度时自行触发。

5. 弹簧停放制动

为防止车辆在线路停放过程中，发生溜逸，城市轨道交通车辆设置停放制动装置。停放制动通常是将弹簧停放制动器的弹簧压力通过闸瓦作用于车轮踏面来形成制动力。库内停车时可以解决因制动缸压力会因管路漏泄，无压力空气补充而逐步下降到零，使车辆失去制动力的停放问题。在正常情况下，弹簧力的大小不随时间而变化，由此获得的制动力能满足列车较长时间断电停放的要求。弹簧停放制动的缓解风缸充气时，停放制动缓解；弹簧停放制动的缓解风缸排气时，停放制动施加；还附加有手动缓解的功能。停放制动是列车停车后，为使列车维持静止状态所采取的一种制动方式。

6. 停车制动

对于地铁列车来说，通常把停车前的这一段空气制动过程称为停车制动或保持制动。当停车制动使列车减速到极低速度以后。为减小冲动，制动力会有所降低，上海和广州地铁是在减速至 4km/h 左右，制动力降至 70kPa，停车制动具有常用制动的特点。

三、城市轨道交通车辆制动机分类

城市轨道交通车辆所采用的制动机，按车辆制动时动能的转移方式或制动力获得方式

的不同,可以分为摩擦制动、电气制动和电磁制动三类。

1.摩擦制动

通过摩擦副的摩擦将列车的运动动能转变为热能,消散于大气,从而产生制动作用。城市轨道交通车辆常用的摩擦制动方式主要有闸瓦制动、盘形制动和磁轨制动。

(1)闸瓦制动。又称踏面制动,它是最常用的一种制动方式。制动时闸瓦压紧车轮,轮、瓦之间发生摩擦,交列车的运动动能通过轮、瓦摩擦转变为热能,消散于大气中。闸瓦制动如图3-38所示。

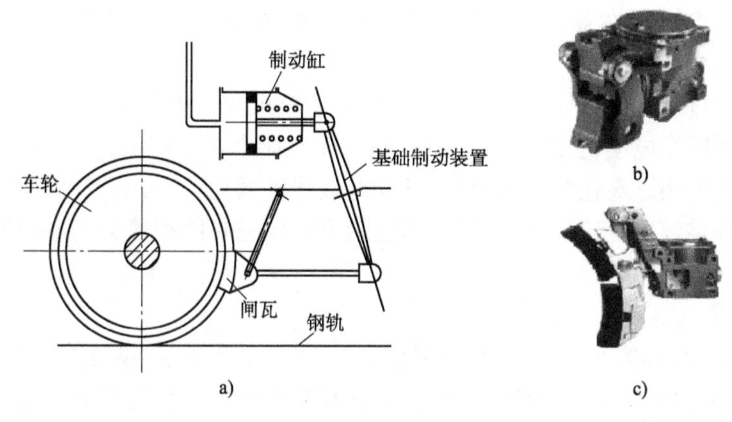

图3-38 闸瓦制动

(2)盘形制动。盘形制动是在车轴上或在车轮辐板侧面安装制动盘,用制动夹钳使用合成材料制成的两个闸片紧压制动盘侧面,通过摩擦产生制动力,把列车动能转化为热能,消散于大气从而实现制动。制动盘安装在车轴上称为轴盘式,制动盘安装在车轮侧面称为轮盘式。非动力转向架一般采用轴盘式,动力转向架由于轴身上装有齿轮箱,安装制动盘困难,所以采用轮盘式。盘形制动能双向选择摩擦副,可以得到比闸瓦制动大得多的制动功率。盘形制动如图3-39所示。

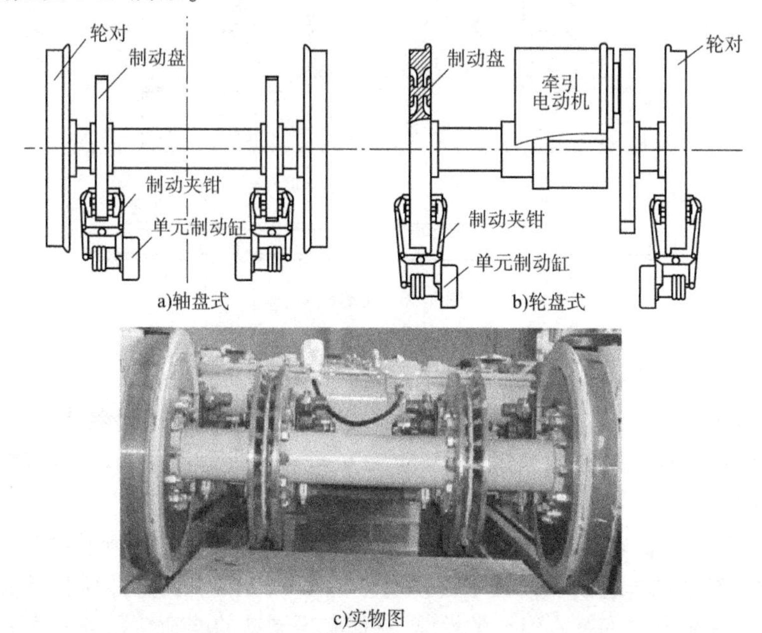

图3-39 盘形制动

2. 电气制动

电气制动也称电制动,列车制动时,将牵引电动机变为发电机,使动能转化为电能,对这些电能不同处理方式形成了不同方式的动力制动。城市轨道交通车辆上采用的动力制动的形式主要有再生制动和电阻制动,都是非接触式制动方式。

(1)再生制动

再生制动是把列车的动能通过电动机转化为电能后,再使电能反馈回电网。显然,再生制动比电阻制动更加经济,既节约能源,又减少制动时对环境的污染,并且基本上无磨耗。因此,20 世纪 90 年代后在各国的动车组和地铁车辆上获得了广泛应用。

(2)电阻制动

电力机车、电传动的内燃机车、带动力驱动的动车组和地铁车辆等,在制动时,使自励牵引电动机变为他励发电动机,将发出的电能消耗于电阻器上,采用强迫通风,使热量消散于大气而产生制动作用。高速时制动力大,低速时效率减低,所以与空气制动机同时采用。电阻制动一般能提供较稳定的制动力,但车辆底架下需要安装体积较大的电阻箱,增加了车辆自重。

3. 电磁制动

电磁制动如图 3-40 所示,也称磁轨制动。制动时,将导电后起磁感应的电磁铁放下压紧钢轨,使它与钢轨发生摩擦而产生制动。其优点是制动力不受轮轨间黏着的限制,不易使车轮滑行。但重量较大增加了车辆的自重。在高速乘客列车上与空气制动机并用(特别是在紧急制动时),可缩短制动距离。如北京地铁机场线由于列车运行速度较高,最高速度可达 100km/h,该车组上装有轨道电磁制动机。

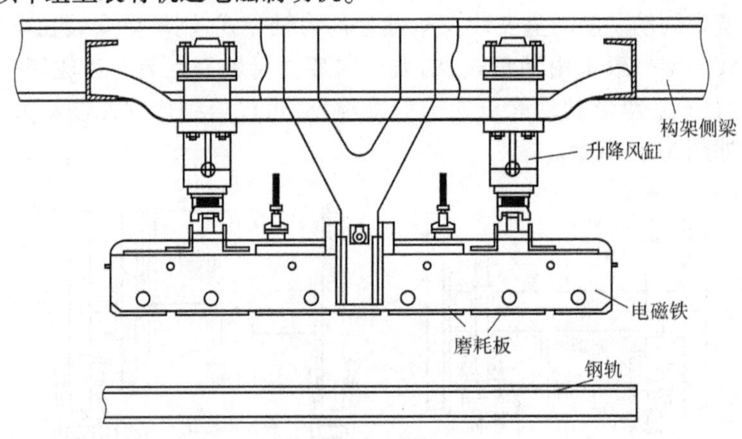

图 3-40 电磁制动

四、城市轨道交通车辆制动装置的特点

城市轨道交通车辆制动装置与其他车辆制动装置比较,具有以下特点:

(1)城市轨道交通车站区间较短,其制动装置更需操纵灵活、停车平稳准确、制动率及制动功率相对较大等特点。

(2)城市轨道交通的客流量波动大,空载时列车重量仅为自重,而满载时列车重量却很大。所以在城市轨道交通动车组制动系统中都设有空重车自动调整装置,使制动系统具备在各种载客的工况下使车辆制动率基本恒定的性能,从而实现制动的准确性和停车的平稳性。

(3)城市轨道交通车辆基本都具有独立的牵引电动机,在较高速度范围内,电制动能承担大部分的制动负荷,可以满足城市轨道交通车辆轴制动功率大的要求。但由于电制动在低速时制动力小,为保证车辆行车安全,摩擦制动也是城市轨道交通车辆必须采用的制动方式。

(4)城市轨道交通车辆一般运行在人口稠密地区,用于承载乘客,故行车安全非常重要。要求列车具有紧急制动性能。

知识拓展

1. EP2002 型制动系统简介

EP2002 制动系统是德国克诺尔公司生产的轨道车辆制动控制系统,为电气模拟指令式制动控制系统。其核心部件为 EP2002 阀,负责空气制动系统的控制、监控和车辆控制系统的通信。EP2002 制动控制系统与常规制动控制系统的最大区别在于设计思想不同:常规的制动控制系统采用车控式,即一个制动电子控制单元控制同一节车的 2 个转向架;而 EP2002 制动控制系统采用架控式新概念,即 1 个 EP2002 控制 1 个转向架,这样当一个 EP2002 出现故障时,只有 1 个转向架空气制动时失效,减少了对车辆的影响。由于其与常规制动系统相比具有相对突出的优点,目前在国内多条新建轨道交通车辆上得到广泛应用。

2. EP2002 型制动系统组成

EP2002 制动系统组成示意图如图 3-41 所示。它主要由 EP2002 阀、制动控制模块以及其他辅助部件组成,核心部件是三个机电一体化的电磁阀,即网关阀(Gateway valve)、智能阀(Smart valve)和远程输入/输出阀(RIO valve)。三个阀分别装在其所控制的转向架上(每个转向架对应一个阀),三个阀通过一个专用的 CAN 总线连接在一起。

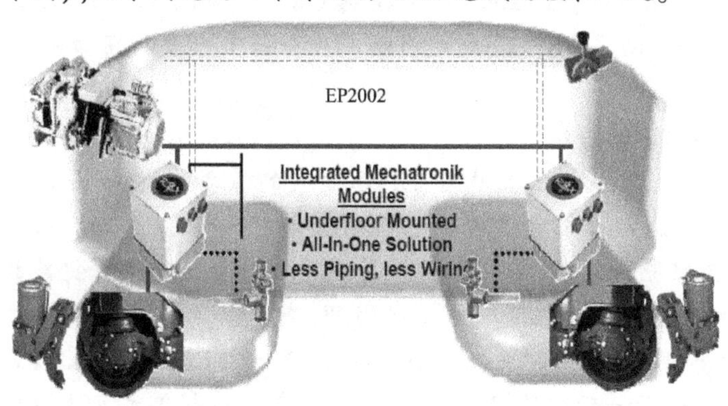

图 3-41　EP2002 制动系统组成

与 EP2002 制动系统联系最紧密的是供气单元和基础制动装置。供气单元主要由空气压缩机、空气干燥塔、储风缸及供气压力控制等部件组成。它的主要功能是向列车提供压缩空气(风源)。压缩空气不仅是空气制动系统的风源,而且是列车上其他气动设备,例如空气弹簧、升弓风缸和刮雨器等使用的风源。供气单元的所有部件被集成在一个安装架上,既节省了安装空间,又缩短了气路管,减少漏泄,方便检修。一般空气压缩机配置 VV120 型,空气干燥塔配置双塔型。基础制动装置是空气制动系统的执行机构,大多选用德国克诺尔制动机公司的单元制动机,其中一半为带停放制动机构的单元制动机。

在每个驾驶室内设有一个双针压力表,用于显示主风缸的压力和第一根车轴上的单元制动机的制动缸压力。双针压力表带有内部照明,并有常规测试/校正接口。

3. EP2002 制动系统的优点

(1)减小了故障情况下对列车的影响。如果一个 EP2002 阀出现故障,则只有一个转向架的制动失效,列车只需要对此转向架损失的制动力进行补偿;而一般制动控制系统中的制动电子控制单元 ECU 出现故障,列车需要对本节车损失的制动力进行补偿。因此,使用架控方式的 EP2002 制动控制系统尤其适合于短编组的地铁列车。

(2)缩短了制动响应时间。根据克诺尔制动机公司的试验数据,EP2002 制动控制系统的响应时间比常规制动控制系统的响应时间缩短约 0.2s。

(3)提高了制动精确度。常规制动控制系统的精确度约为 $\pm 0.2 \times 10^5$Pa;而 EP2002 制动控制系统提供给制动缸制动力的精确度可达到 $\pm 0.15 \times 10^5$Pa。

(4)减少了空气消耗量。由于 EP2002 阀靠近转向架安装,从 EP2002 阀到制动缸的管路长度减小,所以在制动时的空气消耗量将减小,同时空气泄漏量也将减小。

(5)节省了安装空间。减轻重量、减少布管和布线数量。

(6)提高了可靠性和可用性,降低了故障率。根据克诺尔制动机公司的计算,EP2002 制动控制系统的故障率比常规制动控制系统的故障率降低了约 50%。

(7)减少了维护工作量。EP2002 制动控制系统部件集成化程度较高,需要维护的部件较少,大修期从常规制动系统规定的 6 年提高到 9 年。

(8)缩短了安装和调试时间。

(9)降低了总体成本。EP2002 制动控制系统的产品价格基本与一般制动控制系统价格相同;但是由于缩短了安装和调试时间及降低了后期维护费用等,EP2002 制动控制系统的总体成本将低于一般制动控制系统。

(10)提高了控制精确度。EP2002 制动控制系统可以根据每个转向架的载荷压力调整施加在本转向架上的制动力,比一般制动控制单元以每节车载荷压力进行制动力控制更加精确和优化。

4. EP2002 制动系统的缺点

(1)关键部件维护难度增大。由于 EP2002 阀的技术含量和集成化程度提高,如果 EP2002 阀出现故障,基本上都需要将整个阀送回制造厂家进行维修,维修周期长;而如果一般制动控制系统出现故障,只需要有经验的工作人员直接查找并更换故障部件(如压力传感器、防滑阀和插件板等),就可缩短维护周期,减少对车辆使用产生的影响。

(2)互换性差。在 EP2002 制动控制系统中如果一个 EP2002 阀出现故障,只能够用相同类型的阀进行更换;而一般制动控制系统中,制动电子控制单元 ECU、ECU 中单独的插件板在所有车上都可以互换。

(3)无直观的故障显示代码。一般制动控制系统中的制动电子控制单元 ECU 安装在车上电器柜内,可以提供四位数字的故障代码显示,有利于检修人员查找故障;而 EP2002 制动控制系统没有直观的数字故障代码显示功能,检修人员只能通过专用软件才能查找故障,需要的维修技能较高。

任务七　认知空调通风系统功能与工作原理

教学目标

1. 能力目标

能识别城市轨道交通车辆空调通风系统的故障。

2. 知识目标

掌握城市轨道交通车辆空调通风系统的作用与功能；了解城市轨道交通车辆空调通风系统构造及工作原理。

3. 素质目标

培养学生的爱岗敬业、踏实肯干与认真好学的职业精神、系统分析问题的思维能力。

工作任务

该项任务主要包括：掌握城市轨道交通空调通风系统的作用与功能，了解空调通风系统组成及各部分工作原理，具备一定的空调通风系统故障排查技能。

所需设备

城市轨道交通空调通风模拟系统。

相关知识

一、空调通风系统的作用与功能

随着国内城市轨道交通的飞速发展，尤其是地铁的开通与运营，空调通风系统已成为满足和保证人员及设备运行所需内部空气环境的关键工艺系统。

为了保证在城市轨道交通正常运行期间为乘客提供舒适的环境，以及在紧急情况下迅速帮助乘客离开危险地并尽可能减少损失，城市轨道交通线路的空调通风系统都必须具备以下基本功能。

（1）列车正常运行时，空调通风系统能根据季节气候，合理有效地控制城市轨道交通系统内空气的温度、湿度、流速、洁净度、气压变化和噪声，以提供舒适、卫生的空调环境。

（2）列车阻塞运行时，空调通风系统能确保隧道内空气流通，列车空调器正常运行，乘客们感到舒适。

（3）紧急情况时，空调通风系统能控制烟、热、气扩散方向，为乘客撤离和救援人员进入提供安全保障。

二、空调通风系统的组成

1. 空调系统

一般车辆空调系统主要由通风、制冷、加热、加湿以及自动控制五大系统组成。考虑到实际运行区域的气候条件，有些车辆可不设专门的加热及加湿系统。

其中，空调系统中的通风系统主要是将车外新鲜空气吸入并与车内再循环空气混合，在滤清灰尘和杂质后，输送和分配到车内各处，使车内获得合理的气流组织。同时将车内污浊的空气排到车外，使车内的空气参数满足设计要求。

空气制冷系统主要针对温度较高时期（如夏季），对进入车内的空气进行降温、减湿处理，使车内空气的温度与相对湿度维持在规定的范围内。空气加热系统则是在气温较低时期（如冬季），对进入车内的空气进行预热和对车内的空气进行加热，以保证冬季车内空气的温度在规定的范围内。车辆加湿系统主要是在冬季车内空气相对湿度较低时对空气进行加湿，以保证冬季车内空气的相对湿度在规定的范围内。

车辆自动控制系统负责控制各系统按给定的方案协调地工作,以使室内的空气参数控制在规定的范围内,并同时对空调装置起自动保护作用。

2. 通风系统

(1)通风系统的类型

通风系统有机械强迫通风和自然通风两种方式。机械强迫通风系统是车辆空调装置中唯一不分季节而长期运转的系统,因此它的质量状态直接影响到乘客的舒适性和空调装置的经济性。

一般城市轨道交通车辆采用机械强迫通风方式,依靠通风机所造成的空气压力差,通过车内送风道输送经过处理后的空气,从而达到通风换气的目的。经冷却处理的空气沿车长方向输送,回风经侧板回送,废气经车顶排除车外。

(2)通风系统的组成

①通风机组。

通风机组是通风系统的动力装置,其作用是吸入车外新风和室内回风,并给处理后的空气加压,通过主风道等送入客室。它通常由一台双向伸轴的双速电动机和两台离心式通风机组成。

②送风道、回风道和排风道。

车顶的2台空调机组,通过与车体相连的2个吸振消音的连接风道,将处理后的空气送到车顶的主风道内。送风道的作用是将经过处理的空气输送到室内。车辆风道沿车辆方向共有3个,中间为主风道,两侧为副风道,主、副风道由隔板分开,隔板上设有一系列调整风量的气孔。主风道的空气经隔板气孔进入副风道,使得两侧风道内的气流稳定地送入客室中。

回风道是用来抽取室内再循环空气的。进入回风道的空气,一部分通过车顶的8个静压排气孔排至车外,另—部分进入空调机组与吸入的新风混合后,经过冷却、过滤由离心风机将其送入主风道,在客室内形成空气循环,达到调节空气温度、湿度的目的。

排风道用以排除车内污浊空气,它是排风口与车顶静压排风器间的通道。

③新风口、送风口、回风口及排气口。

a. 新风口,即车外新鲜空气的吸入口。新风口一般装有新风格栅以防止杂物及雨雪进入车内,另外还设有新风滤网和新风调节装置。新风调节装置由一个24V直流电动机驱动新风调节门,调节进入客室的新鲜空气量。

b. 送风口,是用来向客室内分配空气的。送风口大多装有送风器及风量调节机构,它不但使客室内送风均匀、温度均匀,达到气流组织分布合理的效果,还可以根据需要来调节送风量的大小,送风口处一般也装有送风滤网。

c. 回风口,是室内再循环空气的吸入口。正常情况下,客室内一部分空气应作为回风,回风与新风混合前是在客室中被充分循环过的。与新风混合过滤后,通过蒸发器入口进入,应设置调节挡板,用于调节新风、回风的混合量(比例)。

d. 排风口,用来将客室内废气和多余的空气排出车外。从车内的长椅下,经内墙板后侧导向车顶,由车顶静压排风器排出车外。

e. 应急通风系统。每辆车配有1台紧急逆变器,在交流辅助电源设备故障情况下,应急通风系统应立即自动投入工作,向客室、驾驶室输送新风,维持45min紧急通风。应急供电由蓄电池供给,并经直流/交流逆变器。当交流辅助电源供电正常时,空调系统自动转入正常工作状态。

三、城市轨道交通车辆制冷系统

一般每车设有2个集中式的空调单元,分别安装在车顶的两端。为了使车辆的外形轮廓不超出车辆静态限界,特在车顶两端设计了两个专用于安装空调单元的凹坑,在安装空调单元的机座上加装橡胶垫以减小振动影响,如图3-42所示。

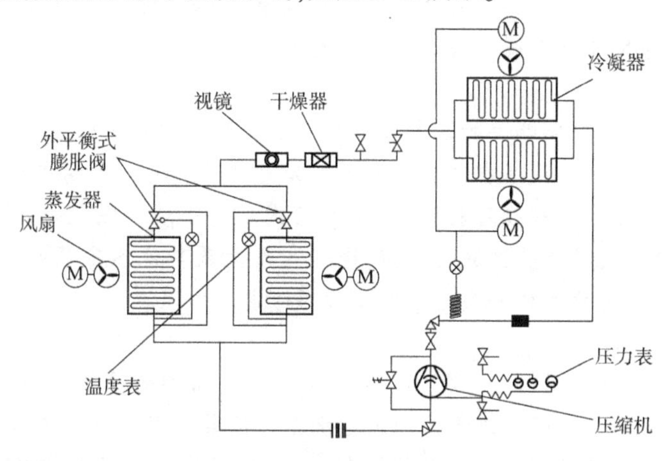

图3-42　制冷循环流程图

1. 制冷系统的工作过程

空气由压缩机压缩成高温高压的冷媒蒸汽,进入风冷冷凝器,经外界空气的强制冷却,冷凝成常温高压的液体,进入外平衡式膨胀阀节流降压,变成低温低压的气液混合冷媒,然后进入蒸发器,吸收流过蒸发器的空气热量,蒸发成低温低压的蒸汽,然后被压缩机吸入,完成一个封闭的制冷循环。压缩机不断工作,达到连续制冷的效果。

车内的空气通过蒸发器时,空气中的水分冷凝成水滴,汇集至机组内接水盘,由排水管将水引到车外而起除湿作用。

2. 制冷方式

车内的循环空气及由新风口进入的新鲜空气,由机组的通风机吸入,在蒸发器前混合,通过蒸发器得到冷却,并由机组出风口送入车顶通风道各格栅,向车内吹出冷风。在制冷系统连续工作下使车内温度逐渐降低,并由温度调节器自动调节车内空气温度。

四、城市轨道交通车辆加热系统

考虑到城市轨道交通车辆实际运行区域的气候条件,有些设置了专门的加热系统。由新风口引入的新鲜空气及车内循环空气,被机组的通风机吸入并在电加热器前混合,通过电加热器加热,温度升高,再由通风机送入车内风道各格栅,向车内送热风,使温度慢慢上升,并由温度调节器自动调节车内空气温度,维持车内一定的舒适温度。

五、系统的调节与控制

空调机组的工作由计算机进行控制。通过计算机调节器可控制室温,空调系统中新风口、风道和客室座位下均设有温度传感器,由温度传感器测得的温度值传递到调节器中进行处理。

每节车有一台计算机调节器，它控制两个空调单元，可由驾驶室集中控制或每节车单独控制。

知识拓展

作为地铁项目核心部分的通风空调系统未来将如何发展？

我国地铁建设领军人物之一、北京城建设计发展集团股份有限公司党委书记李国庆认为，未来我国地铁通风空调系统发展有三个主要方面：

1. 安全健康

安全是通风空调系统要解决的最基本问题，包括保证室内正常温湿度、气流速度、空气质量等，还要着重考虑地铁系统在发生列车阻塞和大灾等情况。李国庆表示，一旦列车在隧道内运行停止，如不能采取有效措施，人在短时间内就会出现呼吸问题，空调设备温度会急剧上升并跳闸。再如地铁公共区域、区间隧道发生火情及其他不可预知事件，按照"防排结合"的传统思路，通风空调系统肩负着"排"的重要功能。

2. 经济节能

通风空调系统是地铁项目中不折不扣的占地大户。常规的地铁车站除去公共空间和其余的设备及管理用房，工程面积近半为通风空调系统设备所用。地下工程寸土寸金，其系统设计是否科学合理，将直接影响造价。在能耗方面，通风空调系统异常抢眼，并自北向南呈线性变化，越往南比例越大。在华南地区，每年约有9个月的空调期，其通风空调系统能耗占据地铁系统总能耗近50%。在华东、华北地区空调期相应缩短，其比例分别约为45%和35%。

3. 环保美观

包括内部和外部两方面，后者近年来尤其受到重视。我国地铁线路多横穿城市繁华区域，上面密布居民社区。据介绍，冷却塔、风亭、垂直电梯和出入口被形象地称为"地铁四小件"，通风空调专业就占了其中两个。如何有效解决两者的噪声、飘水、景观、遮挡以及热气等问题，长期困扰着设计者。

项目小结

通过本项目的学习，学生掌握了城市轨道交通车辆的分类、组成及特点，熟悉车辆的编组及标识，了解车辆的主要技术参数以及城市轨道交通车辆车门、转向架、车钩缓冲装置、制动装置和空调通风系统的组成、工作原理，并会处理一些简单的故障。

复习思考题

1. 城市轨道交通车辆的分类主要有哪些？

2. 城市轨道交通车辆主要由哪几部分组成？

3. 我国地铁列车主要有哪几种编组形式？

4. 简述车辆技术参数的分类与作用。

5. 名词解释：自重、载重、轴重、最高运行速度、启动平均加速度、启动平均减速度、车辆长度、最大高度、车辆定距、固定轴距、车钩中心线距离钢轨面高度、地板面高度。

6. 城市轨道交通车辆车体主要有哪些分类？

7. 城市轨道交通车辆车体主要有哪些基本特征？

8. 城市轨道交通车辆车体按结构功能分为哪几大部分?
9. 城市轨道交通车辆车门共分哪几种? 各自的结构特点是什么?
10. 城市轨道交通车辆车门气动控制系统组成是什么?
11. 城市轨道交通车辆车门气动控制系统原理是什么?
12. 转向架的基本作用有哪些?
13. 转向架的分类有哪些?
14. 转向架定位方式有哪几种?
15. 车体与转向架之间的载荷传递方式有哪几种分类?
16. 转向架由哪几部分组成?
17. 车钩缓冲装置的作用是什么?
18. 密接式车钩的基本构造是什么?
19. 简述车钩的三种连挂状态。
20. 缓冲装置的基本类型与功能特点有哪些?
21. 城市轨道交通车辆制动装置的特点和要求有哪些?
22. 简述制动方式有哪些分类?
23. 试述闸瓦基础制动装置的工作原理。
24. 试述盘形制动的工作原理。
25. 试述单元制动机的组成及工作原理。
26. 动车组空调系统主要由哪几部分组成?
27. 简述空调通风系统的组成及各部分的作用。
28. 简述空调制冷系统的工作过程。

项目四　车　辆　段

项目描述

城市轨道交通车辆运行到一定公里或一定时间时，就要按车辆检修规程和车辆部件检修工艺的要求对车辆及其部件进行检查、维护或修理。根据修程对城市轨道交通车辆进行的各级检修工作必须在专门的车辆检修基地（以下简称检修基地）进行。列车退出运营后也要进入检修基地进行洗刷、清扫、定期消毒等工作。因此，检修基地是城市轨道交通车辆停放、检查、维修、保养的专门场所，它是保证城市轨道交通车辆良好的技术状态和城市轨道交通正常运营的重要基础。本项目设两个典型工作任务，任务一介绍了车辆检修基地的功能和检修基地的选址、布置原则，重点论述了车辆运用、检修库房及其主要设备；任务二详细介绍了检修基地主要线路的作用，分析了检修基地各种信号设备。

教学目标

1. 能力目标

能理解车辆检修基地的功能和检修基地的选址、布置原则；了解检修基地的布局；能叙述一般检修项目及其对应的设备；能识别车辆段示意图中各种主要线路，理解其功能与特点；能在车辆段示意图中区分各种类型的信号设备。

2. 知识目标

理解车辆检修基地的功能和检修基地的选址、布置原则；掌握车辆一般检修项目及其对应的设备；掌握主要线路的功能与特点；掌握各种信号设备作业功能和显示意义。

任务一　了解城市轨道交通车辆检修基地

教学目标

1. 能力目标

能理解车辆检修基地的功能和检修基地的选址、布置原则；了解检修基地的布局；能叙述一般检修项目及其对应的设备。

2. 知识目标

理解车辆检修基地的功能和检修基地的选址、布置原则；掌握车辆一般检修项目及其对应的设备。

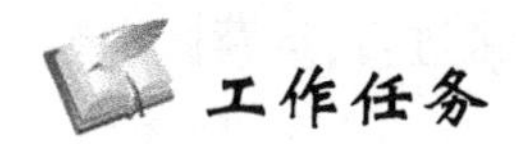

工作任务

车辆检修基地作为城市轨道交通车辆停放、检查、维修、保养的专门场所，是保证城市轨道交通车辆良好的技术状态和城市轨道交通正常运营的重要基础。那么车辆检修基地到底承担哪些任务？车辆检修基地的选址、布置要遵循什么样的原则？车辆检修的主要项目有哪些，相应地具备哪些维修设备？通过本工作任务的学习，可以全面回答这些问题。

相关知识

一、城市轨道交通车辆检修基地的功能

检修基地以车辆运用、检修为主，但考虑到城市轨道交通系统管理需要，方便组织城市轨道交通各专业的维修工作，可以同时考虑工务、通信、信号、机电设备等专业的维修与车辆检修基地，这样有利于协调各专业接口，对各专业维修工作进行有效的协调管理，可以合理规划、统一使用场地和设备，节约土地和投资。同时也有利于实现计算机网络和现代化管理。车辆检修基地根据功能和规模的大小可划分为停车场、车辆段。

1. 停车场（相关教学资源见二维码20）

二维码20

停车场是车辆停放的场所，承担的任务有：车辆的停放、洗刷、清扫以及车辆列检和乘务工作，停车场所在正线运营列车的故障处理和救援工作，车辆定修（年检）以下车辆的各级日常检查维修的修程。遇到车辆的重大临修则采用部件互换的修理方式。每条城市轨道交通线路按其线路长度和配属车辆的多少，设置停车场或根据需要再增加设置辅助停车场，辅助停车场仅设置停车、列检设施，只承担车辆的停放、清洁、列检工作。

停车场配备车辆运用、整备和日常检查维修及配套设施，主要有停车列检库、不落轮镟床库、调机库、临修库和车辆自动洗刷库及出入段线、洗车线、试车线、各种车库线，以及牵出线、存车线、走行线等各种辅助线路；主要设备有调机车（内燃机）、不落轮镟床、自动洗车机和车辆救援设备，以及为车辆重大临修服务的架车机、起重机等。

2. 车辆段

车辆段除具有停车场的功能，还是对城市轨道交通车辆进行较大修程的场所。车辆段主要拥有以下功能：

（1）承担所属线路的车辆停放、清洁、列检工作。

（2）承担所在线路车辆的定修（年检）及以下车辆检查维修和临修工作。

（3）承担所属线路和由多条联络线互相沟通的线路的车辆架、大修工作。

（4）承担车辆部件的检测、修理工作，满足车辆各修程对互换部件的需求。其维修能力的设置也可使其成为城市轨道交通网络的车辆部件维修点，为其他车辆段服务。

车辆段要在停车场的基础上增加车辆架、大修的设施设备，车辆主要检修方式采用部件互换修。同时，根据工艺要求，要具备车辆零部件的检修能力。

车辆段配备的车辆检修设施主要有架、大修库、静调库和部件检修间，以及油漆间、机加工间、熔焊间和必要的辅助间等。车辆架、大修主要设备有架车机、移车台或车体吊装设备、公铁两用牵引车、转向架、车钩、电动机等各种部件的试验和修理设备、车辆油漆设备、列车静态调试和动态调试设备。承担列车转向任务的车辆段还设置列车的回转线。

车辆段内无物资总库时还要设置材料库，并配备必要的运输和起重设备。

车辆段主要划分为检修区和运营区,所有的检修工作均集中在检修区进行,运营区主要负责段属车辆的停放、列检和乘务工作。

车辆段一般还兼有综合检修基地功能,是保障线路各系统正常运行的保障基地和管理部门。在停车场一般设置各系统的维修工区,属综合检修基地管辖。

二、检修基地的选址、布置原则和建设规模

1. 选址原则

检修基地位置的选定要从技术需要、经济合理和环境可能等诸因素综合考虑。选址的主要原则是:

(1)要有一定的场地面积,相邻单位和居民要少,尽量减少拆迁费用,同时在保证基地用地布置需要的同时,尽可能减少对周围环境的影响。

(2)能布置通畅的道路并与外界道路相通,便于各种运输车辆的进出;并且临近铁路,与铁路有较好的联系,便于地铁列车、调车机车、工程列车、货物列车与铁路之间的接泊和转运。

(3)设置于城市轨道交通网络的较佳点,便于列车的出车和收车,减少列车空走距离,做到方便、可靠、迅速、经济,达到节能、高效的目的。

(4)根据城市轨道交通网络规划,留有远期发展的余地。

(5)避开工程地质、水文地质不良(如滑坡、活断层、流沙、高地下水位、永冻土层等)地段,降低建设造价和保证工程的质量。

(6)场地高程具有良好的自然排水条件。尽量避开受洪水影响的地形,当无法避开时应有切实可行的防洪措施。

(7)有利于电力、通信等线路和供、排水等管路的引入。

(8)维修基地的纵轴尽可能与本地区的主导风向一致或成较小角度。

(9)对于用地困难的城市,可以因地制宜。采用半地下、双层、三层等结构,上部可作为办公或进行综合开发使用,以减少占地面积。

2. 布置原则

检修基地的总体布置应首先满足停车功能和检修功能,还要根据占地的形状和地形,因地制宜,综合考虑。

一般来讲,细长的占地形状便于布置,有利于节约用地,可以将检修区和停车区分别集中布置,便于管理,减少干扰。

车辆段(大修段)承担停车和包括架、大修等较高级修程在内的各级修程检修任务,一般停车库和检修库纵列式(串联)布置(图4-1)。停车场承担列车停车和日检、双周检、双月检、定修(年检)等较低级修程的检修任务,一般停车库和检修库横列式(并列)布置(图4-2),这样既便于工作互相联系,又减少占地面积。

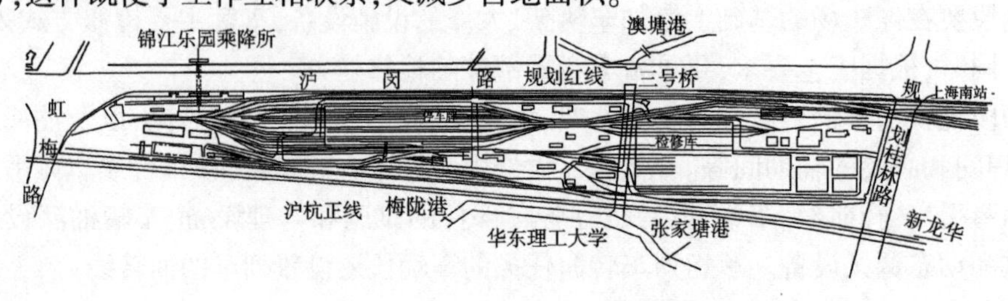

图4-1 检修库和运用库的纵列式布置

将对车辆各级修程的检修工作都集中在检修区。这样便于检修的集中管理，对车辆检修的大型设备辅助车间、设备和备品、备件库及工具间也可以协调统一使用，提高它们的使用率和工作效率。

停车库尽可能布置成贯通式，列车由停车库两端进出，可以大大缓解车场道岔咽喉区的列车通过能力，这种布置方式一般还设置连通两端的联络线，对列车的灵活调度、运用，缩短出、入库时间具有明显的优点。

图4-2　检修库和运用库的横列式布置

检修基地的总体布置还要遵循以下基本的原则：

(1)根据车辆运行组织、车辆检修规程使作业流程顺畅、安全、便利，减少各工序流程间的冗余时间及车辆空走和运输距离。

(2)基地内线路尽量避免与生产运输的线路交叉。需要交叉时，交叉角应在45°～90°，交叉道口不应有明显影响车辆司机瞭望视线的障碍物，必要时可以设置人工监护或自动道口栏杆及报警装置，以保证列车与人身安全；道口应采用混凝土硬化地面，平整顺畅。

(3)基地的布置根据设施的不同功能分区布局，一般分为车辆运用区、车辆检修区、行政管理和后勤服务区，各功能区域宜尽可能集中设置，这样便于设备的统一使用，减少生产运输路程，可以集中考虑水、电、通信等各种线路、管道设施的布置，对废水、废液、废气和噪声等统一处理，有利于建立消防、安全保卫系统，并且方便职工的就餐、就医、上下班交通等生活需要。

(4)在满足功能的前提下，尽量减少用地面积，提高土地使用率，并要为长远发展留有余地。

(5)建筑物的纵轴尽可能与主导风向一致或成较小夹角，主要建筑物尽量不要处于南方西晒、北方寒风袭击的不利朝向。

(6)基地的布置与建设还要和城市的生态环境、文化环境、建筑特色相协调。

3. 建设规模

检修基地的规模主要取决于配属的地铁列车数和列车的检修模式，同时考虑其他专业设备的检修规模。

配属列车包括运用列车、检修列车和备用列车。

(1)运用列车数。运用列车数量决定于运行线路的长度、列车的旅行速度、行车间隔和折返时间。

(2)备用列车数。备用列车数是作为车辆临时发生故障时投入使用的储备列车数量。

(3)检修列车数。检修列车数取决于运用车辆数、检修周期及检修的停库时间。

三、车辆运用、检修库房和车间及其主要设备

1. 停车列检库及其附属车间

停车列检库兼有停车、整备、清扫、日常检查、司机出乘等多种功能，为实现这些功能，停车库除设有停车线外，还设有运用车间、运转值班室、司机待班室等司机出乘用房，还设有列车以及列车车载信号检修用房。由于列车本身价值昂贵，在地铁运行中占据着重要地位，因

此在停车库都设置自动防灾报警设备，和整个消防系统联系在一起。架空触网或接触轨应进库，接触轨应加防护装置，每条库线两端和库外线之间及停车台位之间设置隔离开关，可以对每条停车线的接触网(接触轨)独立停、送电，每条停车线还应有接触网(接触轨)送电的信号显示和列车出、入库的音响报警装置。停车线兼作车辆列检线时，应有检查地沟。

地铁车辆除了由自动洗刷机洗刷外，对自动洗刷不到的部件进行人工辅助洗刷，还要对列车室进行每日清扫、洗刷和定期消毒。这些工作在清扫库进行，清扫库一般毗邻停车库，库内应设置上、下水及洗刷平台。

在停车库两端应有一段平直硬化地面，作为消防、运输通道，通道应该设置可动防护栏杆，平时封锁，仅在必要的特殊情况下使用。

2. 检修库及其辅助车间

检修库及其辅助车间的平面布置主要取决于车辆的配属量、车辆的修程、检修方式及其工艺流程，同时要综合考虑自然地形条件、工件运输线路以及安全、防火和环保要求等因素。

(1)双周、双月检库

双周、双月检都要在库内对列车的走行部、车体及车顶设备进行检查，为便于作业和保证安全，线路采用架空形式，除线路中间设置地沟外，在检修线两侧设有三层立体检修场地，底层地坪低于库内地坪(若以轨面高程为 ±0.00m，其地坪高程约为 -1.0m)，可以对走行部以及车体下布置的电气箱、制动单元、蓄电池进行检查，中间为高程 +1.1m 左右平台，可对车体、车门进行检查作业，车顶平台高程 +3.5m，主要对车辆顶部的受电弓、空调设备进行检修，车顶平台设有安全栏杆。双周、双月检库立体检修平台示意图如图 4-3 所示。

图 4-3　双周、双月检库立体检修平台

双周、双月检库根据作业的要求可设有悬臂吊，可以对需要进行拆、装作业的受电弓和空调设备进行吊装。还配置了液压升降车、蓄电池等电气箱搬运车等运输车辆。

为了对车辆进行双周、双月检、定修(年检)，还应设置受电弓、空调装置、车载信号、试验设备等辅助工间以及备品工具间。

(2)定修库

定修库和周、月检一样，线路采用架空形式，线路中间设置检修地沟，线路两侧设置 3 层检修场地。车库设 2t 起重机。车辆的定修和临修有时也可以在一个车库进行，合并为定修、临修库，这时必须根据列车编组在库内设置架车机组，在列车解钩后可以同步架起一个单元的车辆。车库内设有 10t 起重机，其起重量可吊装车辆的大部件。其辅助工间应和其他检修库统一考虑。

(3)架修、大修库

架、大修的布置应根据车辆检修工艺流程确定。对车辆设备和零部件的检修方式采用互换修为主，作业流程根据实践情况，一般采用流水作业和定位修方式相结合。采用部件互换修可以减少列车的停库时间，并且可以合理地安排计划，做到均衡生产，避免因某一部件检修周期长，影响整列车的检修进度。联合检修场房内设置车辆的待修、修竣部件和部件的存放场地。

架修、大修库内主要设备有：地下式架车机、移车台、假转向架、桥式起重机、公铁两用牵引车、必要的运输工具、工作平台等。图4-4为地下式架车机。

（4）辅助检修车间及其设备

地铁车辆是一种涉及多种专业、极其复杂的设备，在对车辆进行架、大修时，都要架车、分解，对部件进行检修。这些检修工作都在辅助检修车间进行。这些辅助检修车间根据列车架、大修的工艺流程，大部分都布置在检修主库的周围。

①转向架、轮对间。

转向架、轮对间通过轨道与转向架转盘架、大修库相连接。主要由转向架检修区、轮对检修区和轮对等零、部件的存放区组成。

转向架检修区对转向架进行分解，分解后的零、部件送到相应检修位置进行检修，恢复技术状态，然后进行组装。转向架检修区的主要设备有转向架冲洗机、转向架回转台、构架试验台、转向架综合试验台、地下式转向架托台以及减振器试验台、一系悬挂弹簧试验台等。

轮对间主要对轮对以及轴箱、轴承进行检修。主要设备有从轴颈上组装、拆卸轴承的感应加热器、组装车轮的轮对压装机、加工车轮内孔的立式车床、加工轴颈的轴颈磨床和加工轮对踏面的轮对车床等大型设备。还有对轴箱轴承进行清洗和检查以及分解轴箱的感应加热器等设备。由于轮对的车轴受有循环应力，其破坏形式是疲劳破坏，应定期对其进行探伤，还要配置超声波及磁粉探伤设备。由于对轴承的检修工作专业性强，需要大量的设备和占地，但是每年的工作量很小，所以一般都将轴承检修工作委托社会专业单位承担。有条件的地方，也可以将探伤工作委托社会专业单位承担。

转向架、轮对间要适应互换修方式，需有足够的转向架、轮对及其他零部件的存放场地，还应配备相应的起重设备。

②电动机间。

电动机间是对车辆牵引电动机、空气压缩机电动机以及其他车辆设备（如制动电阻冷却风机等）的动力电动机进行检修的辅助车间。需要配备电动机分解、检测、组装、试验的设备和必要的起重、运输设备。

主要设备有牵引电动机试验台、其他电动机试验台，采用直流电动机还有整流器下刻机、点焊机、动平衡试验机等。牵引电动机试验台如图4-5所示。

图4-4　地下式架车机

图4-5　牵引电动机试验台

电动机大修专业性强，检修量少，并且需要绕线、浸漆、烘干等设备。一般都委托专业工厂进行。

③电气、电子间。

电气间承担对车辆电气组件的检修作业，对列车的主控制器、主逆变器、辅助逆变器、各类高速开关、直流接触器等各种电器进行试验、检修、检验，装备有综合电气试验台、辅助逆变器试验台、高速开关试验台、主接触器试验台、速度传感器试验等各类试验台，以及供电气测试的各种仪器仪表。

电子间主要对列车牵引、制动、空调等计算机控制系统的各类电子控制板进行检修作业，由于电子间的检修、测试对象都是精密的电子元件，因此电子间要求采取无尘、防静电、控制环境温度和湿度等措施，是一个对环境要求很高的车间。

辅助车间还有车门、制动、车钩、受电弓、空调检修间，相应配备有车门试验台、制动试验台、阀类试验台、车钩试验台、受电弓试验台、空调试验台以及必要的检修设备。

上述辅助车间一般都布置在架、大修主库的周围，可以使检修工序、流程合理紧凑简洁。减少运输路程，提高工作效率。

3. 其他库房及车间

检修基地内有些库房及车间由于环境保护和劳动保护要求、检修的特殊要求等因素，或者是由于设施和检修基地的检修共同使用，要单独设置。

(1)不落轮镟床库

地铁车辆转向架的轮对在运行中有时会发生踏面的擦伤、剥离和轮缘磨耗达不到运行技术要求的问题，需要及时镟削。使用不落轮镟床可以不拆卸轮对直接对车辆的轮对踏面和轮缘即时地进行镟削。运行的实践说明，不落轮镟床是保证地铁车辆正常运行不可缺少的重要设备，开始建设时就要对此作充分考虑。图 4-6 为 U2000 型不落轮镟床。

不落轮镟床需要在温度、湿度得到控制的环境使用，为减少投资，在库内为镟床单独设置隔离的环境空间。

不落轮镟床库及其前后一辆车辆范围的线路为平直线路。作业线的长度要满足列车所有车辆轮对镟削的要求，列车出入库和轮对的就位一般由专门的牵引设备承担。

(2)列车洗刷库

列车洗刷库建在洗刷线的中部，库内设有自动洗刷机，可对列车端部和侧面进行化学洗涤剂和清水洗刷。在洗刷过程中，列车的行进可利用自身动力，也可用专设的小车带动，分为水喷淋、喷化学洗涤剂、刷洗等多道工序，在寒带地区还应有车体干燥工序。列车自动洗刷机如图 4-7 所示。

图 4-6　U2000 型不落轮镟床

图 4-7　列车自动洗刷机

为避免列车洗刷作业影响其他线路的进路，洗刷机前后线路的长度都不应小于一列车的长度。

(3)蓄电池间

蓄电池间主要对地铁车辆的碱性蓄电池进行充电和检修,另外也对各种运输车辆的酸性蓄电池进行充电和检修。蓄电池间要配置相应的试验、充电设备和通风、给排水和防腐设施。碱性和酸性蓄电池操作间应分开设置,防止酸气进入碱性蓄电池,酸、碱发生中和作用,影响蓄电池的质量。蓄电池间要单独设置,并布置在长年主导风向下风侧,还要有防爆措施。

(4)中心仓库

中心仓库承担城市轨道交通全线各专业所需机电设备、机具、工具、材料、备品备件的供应工作,主要工作环节有采购、入库、仓储、发放。仓库中应有仓储起重、运输等设备和设施,还应附有露天存放场和材料专用轨道线。还要设置专门的环控库房,存放环境要求高的精度配件。

对于易燃易爆物品要单独设立危险品仓库,危险品仓库应单独设置在对周围建筑影响最小的位置,并与外界隔离,根据易爆、易燃物品的性质要分不同房间存放,建筑物的通风、消防等要符合有关规定。有时为了减少与邻近建筑物之间的防火距离,易燃品库也可采取半地下式或地下式的建筑。

城市轨道交通设备配件种类繁多,仅车辆配件就有数千种,且价值昂贵。仓库对物流的管理涉及社会流通领域和城市轨道交通内部生产流域。它既是各专业检修生产工艺的组成部分,与检修生产密不可分,要保证供应;又有着非常强的"成本中心"的作用,对材料、备件的消耗管理及物流本身对资源的占用和消耗都与检修成本有着直接关系。

随着现代物流技术、计算机信息管理技术和电子商务的发展,使中心仓库采用自动化立体仓库仓储技术、建设"城市轨道交通自动化综合物流系统"成为可能。

自动化立体仓库主要由货物存储系统、货物存取和运输系统以及控制和管理三大系统组成,还有与之配套的供电系统、消防报警系统、网络通信系统等。

除此之外,根据需要还有调机(内燃机车)库、消防间,污水处理站、配电站、变电站、机加工中心、汽车库等库房,车间也需要单独设置。

知识拓展

城市轨道交通车辆的修程

城市轨道交通车辆检修制度是车辆安全、可靠运行的基本而重要的保证,也是确定城市轨道交通车辆的检修体制以保证车辆检修工作顺利进行的基础。城市轨道交通车辆检修制度对车辆修程的类型和等级、实施修程的车辆运行公里或时间、完成修程的车辆停运时间做出具体规定。

城市轨道交通车辆采用定期预防性维修,修程及其检修周期的依据是车辆及其设备、零部件的产生磨损和发生故障的规律。产生磨损和发生故障的规律又和车辆的技术水平、运行条件、检修技术密切相关。

车辆设计和生产的模块化、集成化程度逐步提高,车辆的设备、部件和零件具有良好的互换性,这就使车辆在运行可靠性得到提高的同时大大减少了车辆的检修量,并为采用部件互换性方式提供了有利条件,可以大大缩短车辆检修的停运时间。与此同时,车辆部件朝着少维修、免维修方向发展，也提高了它们的维修周期。

车辆采用计算机控制和故障诊断技术以及对车辆一些部件进行在线自动测试技术的应用，又使对车辆一些部件的检修逐步朝着状态修的目标发展。

各运营单位都对车辆零件的磨损、车辆设备和部件的故障进行记录、统计、分析，在总结车辆运行、检修实践经验的基础上，对车辆的修程及其检修周期、检修停运时间不断进行优化。对检修制度进行改革，确定新的修程。并逐步向均衡计划检修方式过渡。

1. 香港地铁修程的变化（表4-1）

香港地铁车辆修程　　表4-1

维修级别	原 修 程	现 修 程	工 作 分 工
1	日检 周检 月检 半年检	15天 45天 半年检 1年检 2年检	停车场
2	1年检 2年检 3年检 小修(6年) 大修(12年)	3年检 小修(6年) 大修(12年)	大修厂
3	部件修	部件修	大修厂或社会专业工厂

2. 上海地铁修程的变化（表4-2）

上海地铁1号线、2号线车辆分别自1993年、1998年开始运行，上海地铁对1号线车辆已进行了所有修程的检修，对2号线车辆也已进行了架修以下的所有修程的检修。上海地铁及时记录车辆运行的技术状况，定时统计、分析车辆发生故障的频次和原因，不断总结车辆检修的经验、教训，在充分掌握车辆零、部件的最小检修周期和使用期限的基础上，对车辆检修的设备、设施和车辆检修的组织和管理方式不断进行完善和革新，对于定修以下修程的内容做过多次调整。在此基础上又对车辆检修的修程进行了改革。第一次是用月检(A)、月检(B)代替原有的双周检、双月检，第二次是将定修以下修程的车辆检修内容进行综合调整，用月检1～月检12代替原有的定修、月检(A)、月检(B)的车辆检修修程，并安排在车辆运行的间隙时间进行车辆的检修工作，车辆检修停运时间大大减少，大大提高了出车率。

上海地铁车辆修程　　表4-2

维修级别	原 修 程	调 整 修 程	现 修 程	工 作 分 工
1	日检 双周检 双月检 定修(1年检)	日检 月检(A) 月检(B) 定修(1年检)	日检 月检1～月检12	停车场
2	架修(5年) 大修(10年)	架修(5年) 大修(10年)	架修(5年) 大修(10年)	车辆段
3	部件修	部件修		车辆段或社会专业工厂

任务二　识读车辆段线路、信号平面布置图

教学目标

1. 能力目标

能识别车辆段示意图中各种主要线路,理解其功能与特点;能在车辆段示意图中区分各种类型的信号设备。

2. 知识目标

掌握主要线路的功能与特点;掌握各种信号设备作业功能和显示意义。

工作任务

任务一介绍了车辆检修基地的选址、布置原则,学习了车辆检修的主要项目及其对应的维修设备。为保证列车运行和检修,车辆段(维修基地)内必须按需要设置一系列的线路,这些线路用道岔互相连接,道岔和信号设备联锁,由设置在站场中央调度室对电气集中控制设备进行操作,排列和开通列车的进路,进行调车和取送车作业。通过识读G市地铁Y车辆段线路、信号平面布置图(图4-8),要求掌握车辆段主要线路的功能与特点,掌握各种信号设备作业功能和显示意义。

相关知识

一、检修基地的主要线路

1. 停车线

停车线应为平直线路,一般设停车库,停放车辆同时兼作检修线,分为尽端式和贯通式,但贯通式便于列车灵活调度,因此尽可能采用贯通式。一般尽端式每线停放两列列车、贯通式可停放2~3列列车。

2. 出、入段线

供车辆出、入停车场或车辆段的线路,除特殊条件限制都要设置为双线,并避免切割正线,根据行车和信号要求留有必要的段(场)线路与运营正线的转换长度。

3. 牵出线

牵出线适应段(场)内调车的需要,牵出线的长度和数量根据列车的编组长度和调车作业的方式和工作量确定。

4. 静调线

设在静调库内,列车检修完毕在到试车线试车之前,要在静调库对列车进行静态调试,检查列车各部分的技术状态,对各种电气设备和控制回路的逻辑动作和整定值进行测试和调整。静调线全长设置地沟,地沟内设置照明光带。静调线为平直线路,静调库内还要设置车间牵引电力电源和有关的测试设备。车辆段在车辆检修后进行车辆的尺寸检查,其中要对车辆的水平度进行检查,需要轨道高差精度标准较高的线路(称为零轨),宜设在静调线。

5. 试车线

试车线供定、架、大修后列车在验收前的动态调试。试车线的长度应满足远期列车最高

运行速度,性能试验、列车编组、行车安全距离的要求。一般为平直线路,线路中间要设置不小于一单元列车长度的检查坑,供列车临时检查用。为进行列车车载信号装置的试验,试验线还应设置信号的地面装置,试车线旁应设置试车工作间,内设信号控制和试车必需的有关设备、设施和仪器。试车线应采取隔离措施。

6. 洗车线

供列车停运时洗刷车辆用,洗车线中部设有洗车库。洗刷线一般为贯通式,尽量和停车线相近,这样可以减少列车行走时间,并减少对车场咽喉地区通过能力的压力。洗车库前后要设置不小于一列车长度的直线段,以保证列车平顺进出洗车库。

7. 检修线

检修线为平直线路,布置在检修、定修、架修、大修库内。架、大修线的线间距要根据架修作业需要,还要综合考虑架车机等检修设备以及检修平台等的布置,检修移动设备、备件运输车辆移位,以及检修人员作业需要的空间确定。检修线中要有一条平直度要求较高的线路,用于精确测量车体地板的高度。

8. 临修线

列车发生临时故障和破损,在临修线上完成对车辆的临修工作,临修线的长度能停放一列车,并考虑列车解编的需要。

以上是保证列车运行和检修的主要线路,除此之外,维修基地内还必须按需要设置临时存车线、检修前对列车清洗的吹扫线、材料装卸专用线、内燃调机车和特种车辆(如轨道车、触网架线试验车、磨轨车、隧道冲洗车等)停车线、联络线和与铁路连通的地铁专用线等。

二、G 市地铁 Y 车辆段线路设备

1. 车辆段概述

(1)车辆段管辖区

Y 车辆段位于 G 市黄埔大道以北,中山大道以西地块内,地处 5 号线 Y 站与 S 站之间,总用地面积 25.68 公顷,其中围墙内占地面积为 22.45 公顷。围墙内方为车辆段管辖范围,与正线以 X2031、S2025 信号机为界。

(2)站场及线路总平面布置

Y 车辆段以运用部分和检修部分为主体进行总平面布置,运用部分与检修部分呈顺向纵列式布置,如图 4-8 所示。

运用部分设在车辆段东端,由运用库(一)和运用库(二)组成。其中运用库(一)内含三月检/定修库、六日检库、停车棚,三月检/定修库内设 4 股道,设 2 个三月检列位,2 个定修列位;六日检库设 6 股道,共设 12 个六日检列位,如图 4-9 所示;停车棚内设 10 股道,共设 20 个停车列位,如图 4-10 所示。

运用库(二)含停车棚和镟轮库,停车棚内设 12 股道,共 24 个列位;镟轮库设 1 股道,如图 4-11 所示。检修主厂房设在运用部分岔群前端的出入段线北侧,与运用部分通过牵出线连接。物资总库和污水处理场设在检修主厂房与运用部分之间的空地上。综合楼、调机库设于检修主厂房线群西端的空地上,在车辆段北侧边缘设置试车线。工程车库布置在洗车线的南侧,工程车库线全部采用 7 号道岔和 150m 曲线半径连接,工程车库南侧设材料运输线 1 条和材料堆场。在车辆段西侧与出段线之间的三角形地块设置了主变电站和控制中心。

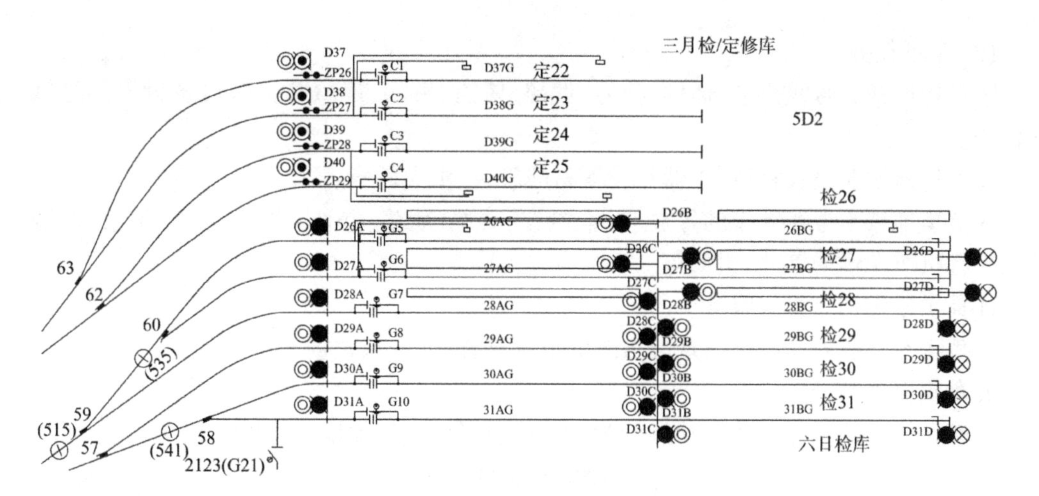

图 4-9　三月检/定修库、六日检库布置图

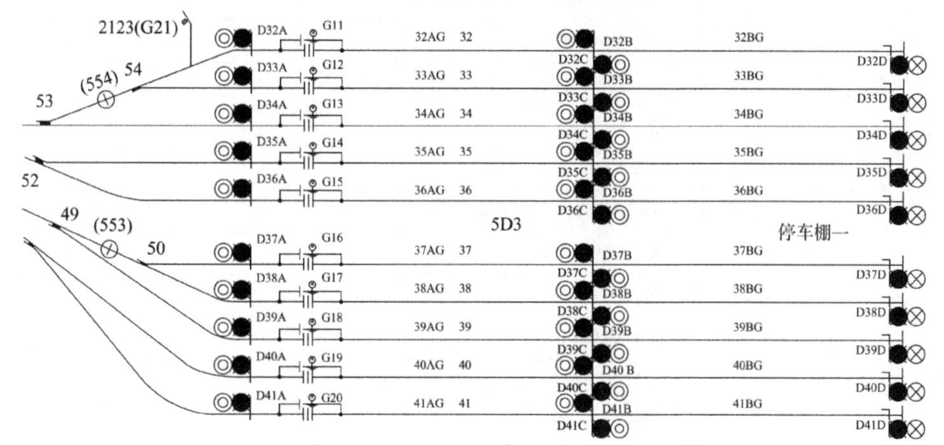

图 4-10　运用库(一)停车棚布置图

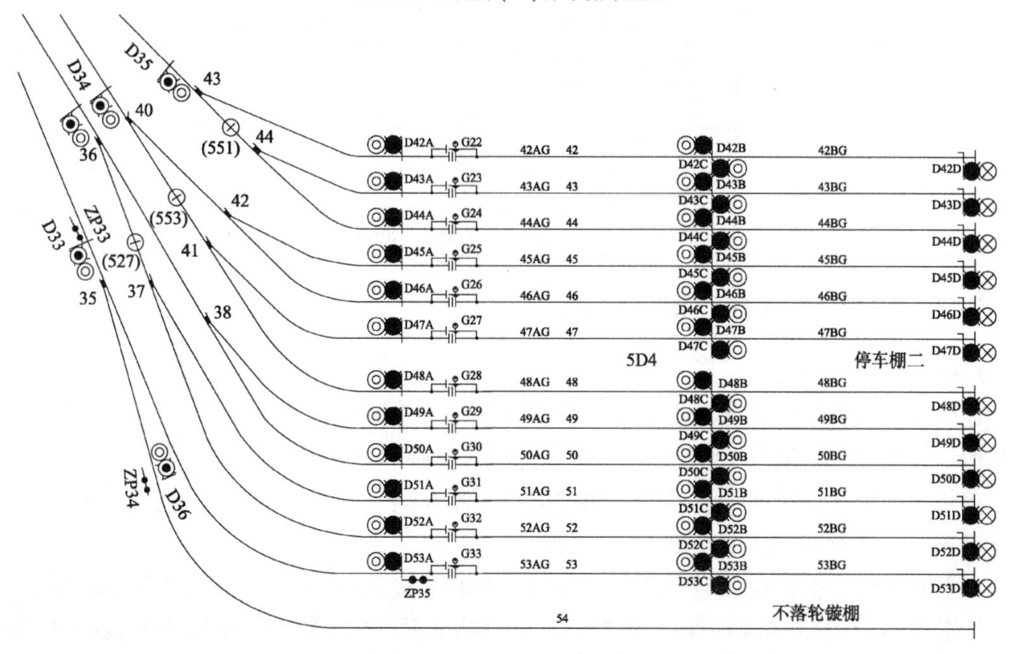

图 4-11　运用库(二)布置图

(3)车场任务

①负担地铁5号线机电、通信、信号、线路、隧道、桥涵、房屋等运营设备设施的维修、保养任务。

②负担地铁5号线材料、工器具及器材的管理、供应任务。

③负担地铁5号线客车的停放、日常检查、清洗、喷漆、静调、临修、大修、架修、定修、镟轮及工程机车车辆的停放、检修等。

④提供运用列车投入服务。

⑤负责5号线列车运行出现故障时的技术检查、处理和救援工作。

2. 车辆段线路设备

车辆段线路按作业目的和功能分为运用线、检修线、其他线,详见表4-3。

Y车辆段线路及其作业 表4-3

运用线	试车线3道
	牵出线13道
	走行线14至16道
	洗车线17道
	停车线32至53道
检修线	大修/架修线4至6道
	架修线7道
	临修线8道
	静调线9~10道
	吹扫除尘线11道
	喷漆线12道
	三月检/定修线22~25道
	六日检线26~31道
其他线	调机库线1~2道
	工程车库线18~20道
	材料运输线21道
	联络线L10~L13
	渡线(L16~L17、L14~L15、L18~L19、L25~L26、L27~L28)

三、G市地铁Y车辆段信号设备

1. 信号设备概述

地铁信号设备是保证行车安全,提高运输效率,改善行车有关人员劳动条件的设备。信号是指示列车运行及调车工作的命令,有关行车人员必须严格执行。

信号分为视觉信号和听觉信号。视觉信号的基本颜色有红色、蓝色、白色、黄色;听觉信号有口笛发出的音响和机车车辆、列车的鸣笛声。

Y车辆段信号设备包括有169架信号机,63组道岔、64组转辙机,35个计轴传感器、23个计轴区段,91个轨道电路区段。其中入场信号机2架、入场复示信号机2架、发车信号机4架、调车信号机156架。

2. 信号机分类及显示意义

车厂内所有信号机设置在列车运行方向的右侧。按作业目的分为入场信号机、出场信号机、调车信号机。各种信号机作业功能及显示意义如表4-4所示。

信号机作业功能及显示意义 表4-4

<table>
<tr><th>信号机名称</th><th>作业功能</th><th>显示意义</th></tr>
<tr><td>入场信号机
（见二维码21）</td><td>作为列车入车场的凭证，指示列车由转换轨开往车场走行线（14道、15道、16道）、洗车线17道和18G停车。高柱三显示，共2架</td><td>黄灯——允许列车入车场；
红灯——禁止越过该信号机；
黄/红灯——引导信号，允许列车进车场（黄、红灯位间设空灯位）</td></tr>
<tr><td>复示信号机
（见二维码22）</td><td>由于入场信号机受地形、地物影响，达不到规定的显示距离，在该信号机前装设了复示信号机，表示入场信号机开放状态。采用方形背板</td><td>绿灯——表示入场信号机在开放状态，允许越过该复示信号机，凭入场信号机入场；
无显示——表示入场信号机在关闭状态，允许越过该复示信号机，须在入场信号机前停车</td></tr>
<tr><td>出场信号机</td><td>指示列车由走行线和18G开到X2031或S2025信号机前停车，凭X2031或S2025信号机开放占用转换轨。矮柱三显示，共9架（X14、X15、X16、X18、S14、S15、S16、S17、S18），其中S14、S15、S16、S17、S18五架信号机封黄显示，设置在走行线14道、15道、16道、洗车线17道、18G</td><td>黄灯——允许列车发车；
红灯——禁止越过该信号机；
月白灯——准许越过该信号机调车</td></tr>
<tr><td>调车信号机
（见二维码23）</td><td rowspan="2">调车信号机是指示调车机车车辆能否进入该信号机的防护区段或线路上进行调车作业。车厂内运用线、检修线和其他线均装设有调车信号机。长遮檐式调车信号机69架，装设在库外岔群；短遮檐式调车信号机52架，装设在六日检库、停车棚一、停车棚二内；高柱调车信号机1架，装设在牵出线13道；半高柱信号机4架，装设在六日检库26道、27道A、B段间。均为两显示</td><td>蓝灯——禁止越过该信号机调车；
月白灯——准许越过该信号机调车</td></tr>
<tr><td>停车线调车信号机</td><td>红灯——禁止越过该信号机；
月白灯——准许越过该信号机调车</td></tr>
<tr><td>尽头式调车信号机</td><td>矮柱尽头调车信号机28架，设置于试车线尽头、运用库内尽头；半高柱尽头式调车信号机2架，设置于六日检库26道、27道尽头</td><td>均为单红显示，禁止越过该信号机</td></tr>
</table>

3. 其他信号设备

（1）计轴传感器

车厂内有35个计轴传感器，安装在钢轨侧。

（2）车挡表示器

车厂内所有尽头线线路终端均设有车挡。试车线采用液压滑动式车挡，两端线路终端各一个；库内线路终端采用YCD型月牙车挡，共47个；牵出线13道及材料线21道线路终端采用直壁式车挡，共2个。

二维码21

二维码22

二维码23

车厂内所有车挡上均设置有车挡表示器，昼间显示为一个红色方牌，夜间显示为一个红色反光牌。

(3)信号标志

车场内的信号标志装设在列车运行方向的右侧,特殊情况装设在左侧[设在左侧的信号标志有:走行线14道的停车收靴(转换受电模式)标、21道的停车位置标等],车场内各种信号标志及其功能如表4-5所示。

各种信号标志及其功能 表4-5

信号标志	设置位置	功能
警冲标		
停车位置标	装设在试车线尽头式调车信号机D41、D44前方50m处、牵出线13道D1信号机前120m处、54道库前、材料装卸线21道车挡前10m处等	指示司机对标停车
预告标	设在试车线尽头式调车信号机D41、D44信号机前方350m、250m、150m处	作为预告接近尽头式调车信号机的标志
接触网终点标	设在54道库前、牵出线13道、试车线两端接触网终端	警告客车司机运行时不准客车驾驶室后第一个客室门越过该标,防止客车脱弓
一度停车标	装设在平交道口前1m处	指示司机对标停车,确认平交道口与库门的状态,防止发生冲突或压人
停车收靴(转换受电模式)标	装设在走行线14道S14信号机前10m处、15道S15信号机前20m处、16道S16信号机前50m处、洗车线17道洗车信号机P1前4m处、试车线D43信号机前15m处	指示司机对标停车,并在此处停车收靴,转换为受电弓模式受电
停车降弓(转换受电模式)标	装设在走行线14道X14信号机前8m处、15道X15信号机前8m处、16道X16信号机前8m处	指示司机对标停车,并在此处降下受电弓,转换为集电靴模式受电
停车降弓标	装设在不落轮镟修线54道库前,于平交道口前1m处,与接触网终点标齐平	指示司机进入该线路的客车须降弓
3km/h限速标	装设在牵出线13道、洗车线17道限速线路,越过该标时须限速3km/h运行	提示司机前方为进入尽头线或设备要求限速线路,越过该标时须限速3km/h运行
50km/h限速标	装设在试车线距停车位置标300m处,两端各安装一块,	指示司机驾驶机车车辆在试车线运行时,越过此标时速度不能高于50km/h,如在此标处速度仍为50km/h时,需施加全制动停车
停车位置转换模式标	装设于转换轨X2029、S2023、Sc、Sr信号机前10m处	指示司机在此处停车转换驾驶模式

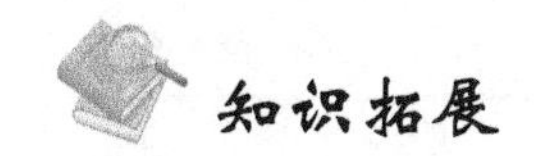

知识拓展

综合维修基地

综合维修基地承担全线各种设备、设施的定期维修、维护和故障维修。综合维修基地一般都和车辆维修基地(车辆段)设置在一起,也可以单独设置,但必须设置在车辆维修基地的紧邻地区。

在城市轨道交通运营线路较长或者担当两条以上运营线路的设备、设施维修任务时,维修任务大,可以设立综合维修中心,维修中心下可设各专业段(或车间)。在维修量不大,也就是在运营线路不长或在地铁运营的初、近期阶段,可设立综合维修段(所),下设各专业维修工区。

按照专业,一般可分为下述几个段(工区),根据专业特点需要有相应的检修间,并配备必要的检修设备。

通(信)、(信)号段(工区)承担全线通信(包括有线通信、无线通信、车站和车载广播、电视监控系统)和信号(包括ATC设备、地面和车载设备、车场折返线的道岔电气集中联锁控制系统)设备、设施的维修、维护工作,综合维修基地与工作相适应,要设立通信维修间和信号维修间。

机电段(机电工区、接触网工区)承担全线主变电站、牵引变电站、降压变电站的运行及设备维护、维修和接触网、车站通风、空调等环控设备,以及自动扶梯、电梯、照明、防灾报警等辅助设备的维护、维修工作。设置机电维修间和接触网架线、实验车和相关的机械加工设备。

修建段(工区)承担全线地下隧道及建筑、高架桥梁及建筑、线路、道岔等设备、设施的巡检、维护、维修工作。在综合维修中心设有工务维修间,并配备有轨道探伤、检测设备、磨轨机、隧道清洗车等必要的生产设施。

在综合维修基地还要配备相应的生产设施、特种车辆存放线、车库以及办公、生活设施。

综合维修基地的功能和任务如下:

(1)承担所辖线路沿线隧道、线路和桥梁等设施的检查、保养和维修工作。

(2)承担所辖线路车站建筑和地面建筑的保养和维修工作。

(3)承担所辖线路变电所、接触网、供电线路和设备的运行管理、检查、保养和维修工作。

(4)承担所辖线路各机电系统及设备的运行管理、检查、保养和维修工作。

(5)承担所辖线路通信、信号系统的运行管理、检查、保养和维修工作。

(6)承担所辖线路自动售检票系统和设备的运行管理、检查、保养和维修工作。

(7)承担所辖线路防灾报警系统、设备监控系统的检查、保养和维修工作,基地各系统和设备的大、中修等工作。

(8)承担所辖线路运营、检修所需的各类材料、设备、备品配件的采购、储备、保管和发放工作。

综合维修基地主要设施:综合维修基地检修车间、材料总库、特种车辆库、办公楼等。

知识链接

相关规范、规程与标准(表4-6)

车辆段内运行速度 表4-6

序号	项 目	速度(km/h)	说 明
1	空线牵引运行	18	1. 客车侧向过岔或通过小于65m曲线半径的线路限速运行限速15km/h,工程机车车辆侧向过岔或通过小于65m曲线半径的线路限速15km/h。 2. 接近停车位置三、二、一车距离时,分别限速8、5、3km/h。 3. 维修线有地坑地段限速10km/h。 4. 试车线进行调试作业时,按调试速度要求执行
2	空线推进运行	15	
3	调动装载超限货物的车辆时	5	
4	在尽头线调车时	10	
5	在维修线调车时	10	
6	在运用库内停车线调车时	10	
7	货物线上对位时	5	
8	接近被连挂车辆三、二、一车时	8、5、3	
9	接近被连挂车辆时	3	

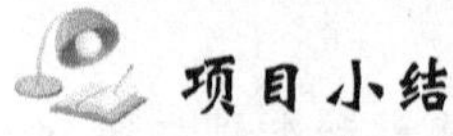

项目小结

本项目安排了两个典型工作任务,一是了解城市轨道交通车辆检修基地,二是识读车辆段线路、信号平面布置图。任务一介绍了车辆检修基地的功能任务和车辆检修基地的选址、布置原则,详述了车辆检修的主要项目及其相应具备的维修设备。任务二论述了车辆段主要线路的功能与特点,详述了各种信号设备作业功能和显示意义。

通过本项目的学习,要求学生能理解车辆检修基地的功能和检修基地的选址、布置原则;了解检修基地的布局;能叙述一般检修项目及其对应的设备;能识别车辆段示意图中各种主要线路,理解其功能与特点;能在车辆段示意图中区分各种类型的信号设备。

复习思考题

1. 停车场主要承担什么任务?
2. 车辆段主要拥有哪些功能?
3. 车辆段的布置形式有哪些?
4. 列表说明各检修库及其辅助车间的检修作业与配套设备。
5. 车辆段主要有哪些线路? 各自的功能是什么?
6. 信号设备如何分类?
7. 简述主要信号机的种类及其显示意义。
8. 简述各种信号标志的设置位置和功能。

项目五　供 电 设 备

项目描述

供电系统是城市轨道交通的动力源泉。没有供电系统的可靠安全供电，就不可能有城市轨道交通的正常运行。通过本项目的学习，使学生对城市轨道交通的供电系统有一个全面的、概括的了解。本项目设两个典型工作任务，任务一概述了城市轨道交通供电系统的功能、组成，城市轨道交通供电制式及外部供电系统对城市轨道交通的三种供电方式；任务二介绍了变电所的类型和主要电气设备，接触网的结构形式，以及牵引变电所向接触网的供电方式。

教学目标

1. 能力目标

能画出城市轨道交通系统集中供电和牵引供电系统示意图；能分析一条地铁线路的供电臂供电范围；能画出直流牵引变电所的接线原理图并复述其原理；能区分各种类型的接触网，理解其特点。

2. 知识目标

理解城市轨道交通供电系统的功能；理解城市轨道交通供电系统采用直流制式的原因；了解三种外部供电方式的特点；掌握牵引供电系统的功能和组成；了解接触网的结构形式；掌握牵引变电所向接触网的供电方式。

任务一　绘制城市轨道交通牵引供电系统示意图

教学目标

1. 能力目标

能画出城市轨道交通集中供电系统示意图；能画出城市轨道交通牵引供电系统示意图。

2. 知识目标

理解城市轨道交通供电系统的功能；理解城市轨道交通供电系统采用直流制式的原因；了解三种外部供电方式的特点。

工作任务

在当今城市发展过程中，城市轨道交通在公共交通系统中的地位越来越重要。供电系统作为城市轨道交通系统的重要组成部分，相当于人的中枢系统。没有可靠安全的供电系统供电，没有牵引供电系统的动力支持，就不可能有城市轨道交通的正常运行。城市轨道交通供电系统到底由哪些部分组成？各部分又是如何起作用的？通过绘制城市轨道交通集中供电和牵引供电系统示意图，使学生理解城市轨道交通供电系统的功能，掌握供电系统的工作原理、供电方式及供电系统的组成。

相关知识

一、城市轨道交通供电系统的功能和组成

城市轨道交通供电系统是为城市轨道交通运营提供所需电能的系统，不仅为城市轨道交通电动列车提供牵引用电，而且还为城市轨道交通运营服务的其他设施提供电能。它的功能和组成如下所述。

1. 城市轨道交通供电系统的功能

城市轨道交通供电系统应具备安全、可靠、调度方便、技术先进、功能齐全、经济合理的特点，并应具备以下功能。

(1) 全方位的服务功能

城市轨道交通供电系统的服务对象，是包括电动车辆、空调设施、自动扶梯、自动售检票系统、屏蔽门、排水泵、排污泵、通信信号设备、消防设施和各种照明设备等在内的一个庞大的用电群体，供电系统必须满足这些不同用途的用电设备对电源的不同需求。

(2) 故障自救功能

无论供电系统如何构成，采用什么样的设备，安全、可靠地供电总是第一位的。在系统中发生任何一种故障，系统本身都应有备用措施，以保证城市轨道交通系统的正常运营。供电系统设计以双电源为基本原则，当一路电源故障时，另一路电源应能保证系统的正常供电。

(3) 系统的自我保护功能

系统应有完善、协调的保护措施，供电系统的各级继电保护应相互配合和协调，当系统发生故障时，应当只切除故障部分的设备，从而使故障范围缩小。系统的各级保护应当满足可靠性、灵敏性、速动性及选择性的要求。对牵引供电系统而言，为保证乘客的安全，保护的速动性是第一位的，其保护的原则是“宁可误动作，不可不动作”。

(4) 防止误操作的功能

系统中任何一个环节的操作都应有相应的联锁条件，不允许因误操作而发生故障。尤其是各种隔离开关(无论是电动还是手动)或手车式开关的隔离触头，都不允许带负荷操作。防止误操作是使系统安全、可靠地运行所不可缺少的环节。

(5) 方便灵活的调度功能

系统应能在控制中心进行集中控制、监视和测量，并应能根据运行需要，方便灵活地进行调度，变更运行方式，分配负荷潮流，使系统的运行更加经济合理。

(6) 完善的控制、显示和计量功能

系统应能进行本地和远动控制，并可以方便地进行操作转换，系统各环节的运行状态应有明确的显示，使运行人员一目了然。各种信号显示应明确，事故信号、预告信号分别显示。各种电量的测量和电能的计量应准确，并便于运行人员查证和分析。

(7) 电磁兼容功能

供电系统及其设备在地铁这个电磁环境中，首先是作为电磁骚扰源存在的，同时也是敏感设备。在城市轨道的电磁环境中,供电系统与其他设备、装置或系统应是电磁兼容的。在技术上应采取措施,抑制骚扰源、消除或减弱电磁耦合、提高敏感设备的抗干扰能力,以达到各系统的电磁兼容,使城市轨道交通车辆安全可靠地运行。

2. 城市轨道交通供电系统的组成

城市轨道交通作为城市电网的一个重要用户,其组成如图 5-1 所示。归纳起来主要有外部供电系统、牵引供电系统和动力照明供电系统三大组成部分。

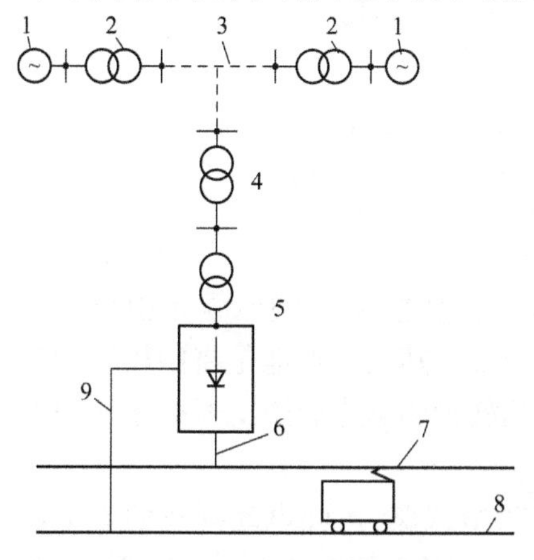

图 5-1 城市轨道交通供电系统

1-发电厂(站);2-升压变压器;3-电力网;4-主降压变电站;5-直流牵引变电所;6-馈电线;7-接触网;8-走行轨;9-回流线

(1)外部供电系统

发电厂(站)是发出电能的中心。为减少线路的电压损失和能量损耗,发电厂发出的电能,要先经过升压变压器升高电压,然后以 110kV 或 220kV 的高压,通过三相传输线输送到区域变电站。

在区域变电站中,电能先经过降压变压器把 110kV 或 220kV 的高压降低电压等级(如 10kV 或 35kV),再经过三相输电线输送给本区域内的各用电中心。城市轨道交通牵引用电既可从区域变电所高压线路得电,也可以从下一级电压的城市地方电网得电,这取决于系统和城市地方电网的具体情况以及牵引用电容量的大小。

对于直接从系统高压电网获得电力的城市轨道交通系统,往往需要再设置一级主降压变电站,将系统输电电压(如 110kV 或 220kV)降低到 10kV 或 35kV,以适应直流牵引变电所的需要。从管理的角度,主降压变电站可以由电力系统(电力部门)直接管理,也可以归属于城市轨道交通部门管理。

如图 5-2 所示,虚线 2 以上,即从发电厂(站)经升压、高压输电网、区域变电站至主降压变电站部分通常被称为城市轨道交通供电系统的“外部(或一次)供电系统”。

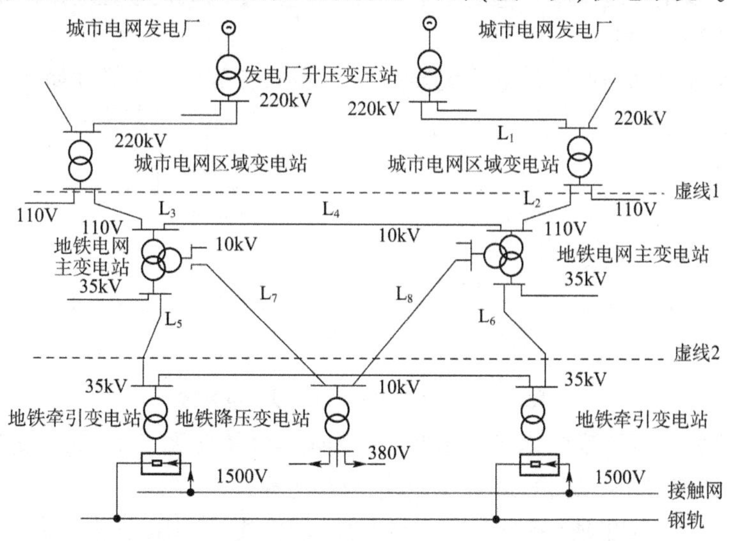

图 5-2 城市电网外部供电系统和城市轨道交通牵引供电系统

(2)牵引供电系统

如图 5-3 所示,主降压变电站及其以后部分统称为“牵引供电系统”,它应该包括:直流牵引变电所、馈电线、接触网、走行轨及回流线等。在城市轨道交通牵引供电系统中,电能从牵引变电所经馈电线、接触网输送给电动列车,再从电动列车经钢轨(或称轨道回路)、回流线流回牵引变电所。由馈电线、接触网、轨道回路及回流线组成的供电网络称为牵引网。因此,城市轨道交通牵引供电系统即由直流牵引变电所和牵引网组成。

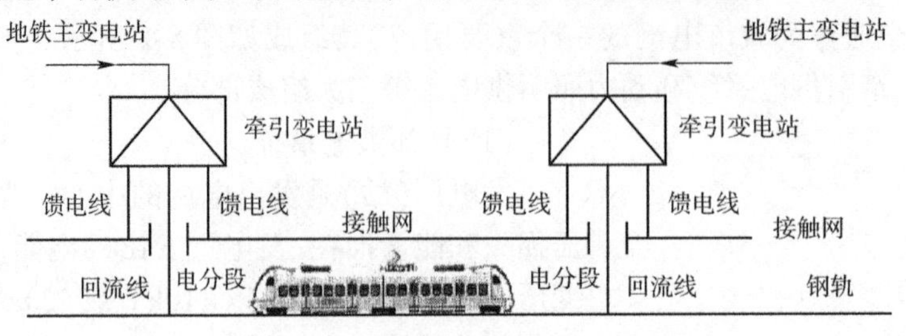

图 5-3　城市轨道交通牵引供电系统

①直流牵引变电所。供给城市轨道交通一定区域内牵引电能的变电所,是牵引供电系统的核心,一般由进出线单元、变压变流单元及馈出单元构成。其主要功能是将中压环网的AC35kV 或 AC10kV 三相高压交流电源,经变压变流单元后转换为城市轨道交通列车所需的电能,并分配到上下行区间供列车牵引用。

②接触网。接触网是沿列车走行轨架设的一种特殊供电线路,可经电动列车的受电器向电动列车供给电能。按其结构可分为架空式和接触轨式;按其悬挂方式又可分为柔性(弹性)接触网和刚性接触网。习惯上,由于接触轨式是沿线路敷设的与轨道平行的附加轨,故又称第三轨;而采用架空方式时,才称为"接触网"。

③馈电线。从牵引变电所向接触网输送牵引电能的导线称为馈电线。

④回流线。用以供牵引电流返回牵引变电所的导线称为回流线。

⑤电分段。为便于检修和缩小事故范围,将接触网分成若干段,称为电分段。

⑥轨道。轨道构成了牵引供电回路的一部分。列车行走时,利用走行轨作为牵引电流回流的电路。在采用跨座式单轨电动车组时,需沿线路专门敷设单独的回流线。

(3)动力照明电系统

城市轨道交通的动力照明供电系统如图 5-4 所示,各部分功能简述如下。

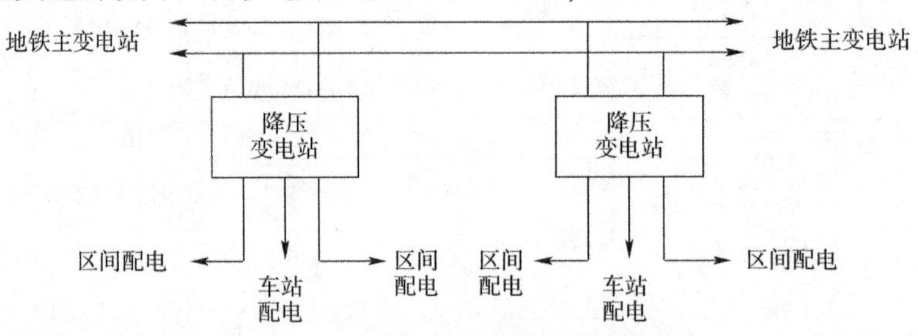

图 5-4　城市轨道交通动力照明供电系统

①降压变电站。降压变电站将三相电源进线电压降压变为三相 380V 交流电,其主要用电设备是风机、水泵、照明、通信、信号、防火报警设备等。

②配电所(室)。配电所(室)仅起到电能分配的作用。降压变电站通过配电所(室)将三相 380V 和单相 220V 交流电分别供给动力、照明设备,各配电所(室)对本车站及其两侧区间动力和照明等设备配电。

③配电线路。配电所(室)与用电设备之间的导线为配电线路。

在动力照明供电系统中，降压变电站一般每个车站设置一个，有时也可几个车站合设一个；也可将降压（动力）变压器附设在某个牵引变电站之中，构成牵引与动力混合变电站。

地铁车站及区间照明电源采用380V/220V系统三相五线制系统配电。正常时，工作照明、事故照明均由交流供电，当交流电源失去时，事故照明自动切换为蓄电池供电，确保事故期间必要的紧急照明。

车站设备负荷可分为以下三类。

一类负荷：包括事故风机、消防泵、主排水站、售检票机、防灾报警、通信信号、事故照明；

二类负荷：包括自动扶梯、普通风机、排污泵、工作照明；

三类负荷：包括空调、冷冻机、广告照明、维修电源。

对于一、二类负荷，一般有两路电源供电，当一台变压器故障解列时，另一台变压器可承担全部一、二类负荷。三类负荷由一路电源供电，当一台变压器故障解列时，可根据运营需要自动切除。

二、城市轨道交通供电制式的发展

电力牵引用于轨道交通系统已有100多年的历史，随着经济和科学技术的不断发展，用于轨道交通的电力牵引方式有许多不同的制式出现。这里所说的制式是指供电系统向电动车辆或电力机车供电所采用的电流和电压制式，如直流制或交流制、电压等级、交流制中的频率（工频或低频）以及交流制中是单相或三相等。

1. 供电制式的发展

（1）直流制式

城市轨道交通的技术经济特征决定了城市轨道交通动力车辆必须具备良好的起动加速性能，良好的动力容量利用性能和良好的调速性能。

直流串励电动机的机械特性（转矩与转速的关系特性）可以形象地比喻为牛马特性，即牛可以拉得多一些，但跑得慢；马跑得快，但力气小，拉得少一些。这正符合城市轨道交通动力车辆重载时速度低、轻载时速度高的特点。此外，直流串励电动机良好的起动性能和调速方法也是比较容易实现的。当然，为了克服直流串励电动机刚接通电源时起动电流太大以及正常运行时为了减速而降低其端电压的缺点，最早采用的方法是在电动机回路中串联大功率电阻，以此达到限流和降压的目的。这种方法虽容易实现，但在起动和调速过程中会造成大量的能量损耗，很不经济。尽管如此，由于早期技术发展水平的局限，直流串励电动机成为最早的牵引动力，也是迄今为止仍被应用的形式。这就是供电系统直接以直流电向电动车辆或电力机车供电的电力牵引“直流制式”。

（2）低频单相交流制

随着矿山和干线电力牵引的发展，列车需要的功率越来越大，如果采用直流供电制式，则因受直流串励电动机端电压不能太高的限制，会导致供电电流很大，因而供电系统的电压损失和能量损耗必然增大，由此出现了“低频单相交流制”。

“低频单相交流制”是交流供电方式，交流电可以通过变压器升降压，因此，可以升高供电系统的电压，到了列车以后再经车上的变压器将电压降低到适合牵引电动机应用的电压等级。由于使用低频电源将使供电系统复杂化，需要由专用低频电厂供电，或由变频电站将国家统一工频电源转变成低频电源再输出，因此没有得到广泛应用，只在少数国家的工矿和干线上应用。

(3)工频单相交流制

工频单相交流制式既保留了交流制可以升高供电电压的长处,又仍然采用直流串励电动机作为牵引电动机。电力机车上装有降压变压器和大功率整流设备,可将高压电源降压,再整流成适合直流牵引电动机应用的低压直流电。电动机的调压调速可以通过改变降压变压器的抽头或可控整流装置实现。工频单相交流制是当今世界各国干线电气化铁路应用较普遍的牵引供电制式。我国干线电气化铁路即采用这种制式,其供电电压为25kV。

(4)三相交流制

三相交流制式的供电网比较复杂,必须由两根架空接触线和走行轨道构成三相交流电路,两根架空接触线之间又要高压绝缘,困难和投资更大,因此被淘汰。

2. 城市轨道交通供电采用直流制式的原因

城市轨道交通几乎毫无例外地都采用直流供电制式。世界各国城市轨道交通的供电电压都在直流DC550V~DC1500V之间。现在国际电工委员会拟定的电压标准为:DC600V、DC750V和DC1500V三种。我国国家标准也规定为DC750V和DC1500V。采用直流制式的原因有如下几点:

(1)城市轨道交通电动车辆的功率并不很大,供电半径也不大,因此供电电压不需要太高。

(2)在同样电压等级下,直流制因为没有电抗压降而比交流制的电压损失小。

(3)城市轨道交通供电系统的供电线路处在城市建筑群之间,供电电压不宜太高,以确保安全。

(4)由于大功率半导体整流元件(晶闸管)的出现,在直流制电动车辆上,采用整流器可对直流串励牵引电动机进行调压调速,减少了能耗,给直流制增添了新的生命力。

(5)快速晶闸管出现后,由快速晶闸管等组成的逆变器,可将直流电逆变成频率可以调节的交流电,实现了多年来想采用结构简单、结实的鼠笼式异步电动机作为牵引电动机的愿望。

这种通过改变频率以改变异步电动机速度的方法(简称变频调速),使异步牵引电动机性能满足了列车牵引特性的要求。虽然电动车辆上采用的是交流异步牵引电动机,但其供电电压还是直流的,所以还属于直流制式的范畴,这就给直流制的应用提供了一个更广阔的发展空间。

我国自1969年建成北京第一条地下铁道之后,相继已有天津、上海、广州、深圳等城市的城市轨道交通线路投入商业运营。其中北京和天津地铁采用DC750V第三轨供电,上海、广州、南京、深圳和大连采用DC1500V接触网馈电。许多正在筹建或将要运营轨道交通的城市地铁采用DC1500V供电。苏州、杭州、武汉和青岛采用DC750V第三轨供电。

三、外部供电系统对城市轨道交通的三种供电方式

城市轨道交通供电系统对电源的基本要求如下。

(1)2路电源要求来自不同的变电所或同一变电所的不同母线。

(2)每个进线电源的容量应满足变电所全部一、二级负荷的要求。

(3)2路电源应分列运行,互为备用,当一路电源发生故障时,由另一路电源恢复供电。

(4)为便于运营管理和减少损耗,要求集中式供电的主变电所的站位和分散式供电的电源点,要尽量靠近城市轨道交通线路,减少引入城市轨道交通的电缆通道的长度。

(5)设有两座以上主变电所的应急电源系统中,在保证城市轨道交通电动车组安全快捷地运送乘客的基本功能的前提下,要求将下列负荷纳入应急电源系统:

①保证一定运输能力的牵引负荷。一定运输能力的负荷应是指高峰小时以下的运输能力时的负荷。

②保证地铁正常运行必需的动力照明负荷。通信、信号、自动售检票机、屏蔽门、工作照明、变电所自用电、自动扶梯。

根据国家标准《标准电压》(GB/T 156—2007)的规定,我国电网标准电压等级见表5-1。

城市轨道交通电压等级 表5-1

等级	高压送电网				高压配电网		中压配电网					低压配电网	
	1	2	3	4	5	6	7	8	9	10	11	12	13
电压标准	750kV	500kV	330kV	220kV	110kV	66kV	35kV	20kV	10kV	6kV	3kV	380V/660V	220V/380V

电源由城市电网引入,根据不同城市的电网构成,采用合适的供电方式。城市轨道交通系统作为城市电网的特殊用户,一般用电范围多在几千米到几十千米之间,采用何种供电方式,与城市电网的构成及城市轨道交通线路的分布有密切的关系。供电系统的构成,在可行性研究阶段即需要与当地供电部门共同协商,得到确认,并请当地供电部门作供电电源的可行性研究报告,为城市轨道交通供电系统初步设计提供充分的依据和可靠的基础,为后续工作的顺利开展创造条件。究竟采用哪种供电方式,主要取决于城市电网的构成、分布及电源的容量。城市轨道交通供电系统对城市电网是用户,对城市轨道交通的各类负荷又是电源。城市电网对城市轨道交通系统的供电方式可分为以下三种形式。

1.集中供电

由城市轨道交通专用主变电所构成的供电方案称为集中式供电。如图5-5所示,沿着城市轨道交通线路,根据用电容量和城市轨道交通线路的长短,建设一座或几座地铁专用的主变电所。主变电所应有两路独立的电源,一般为110kV或63kV,由发电厂或区域变电所对其供电。主变电所经过变压后,输出AC35kV或AC10kV的电压等级,给城市轨道交通的牵引供电系统供电。

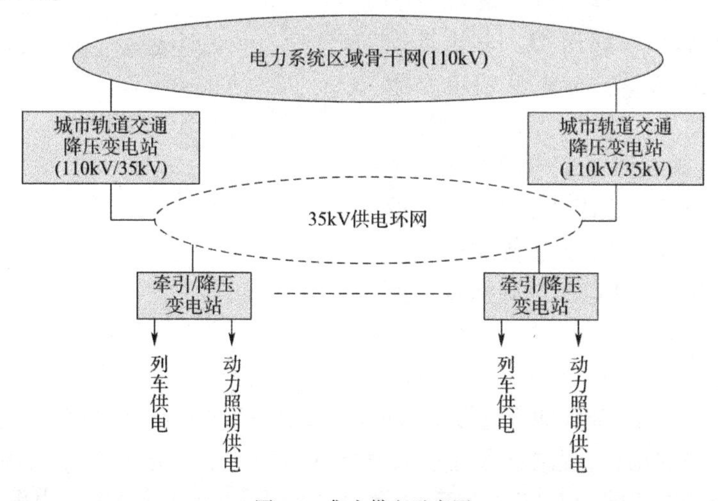

图5-5 集中供电示意图

上海、香港地铁集中供电的牵引供电系统电压为35kV,供配电系统电压为10kV,如

图 5-6所示。目前国内只有少数城市采用这种形式。

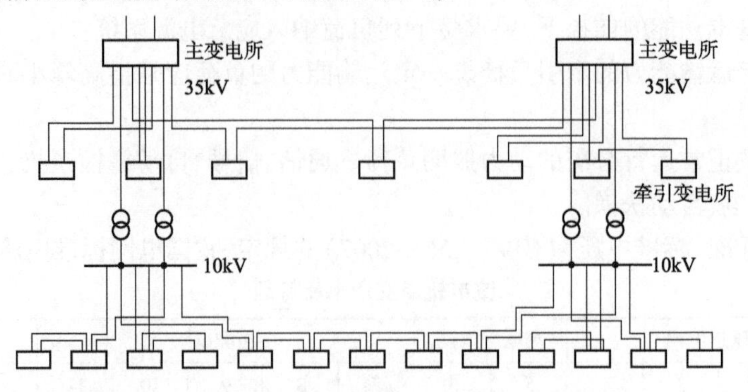

图 5-6　集中式供电系统(1)

广州地铁牵引供电系统和供配电系统电压均采用 33kV,如图 5-7 所示。目前国内采用集中式供电的城市多为此种形式。

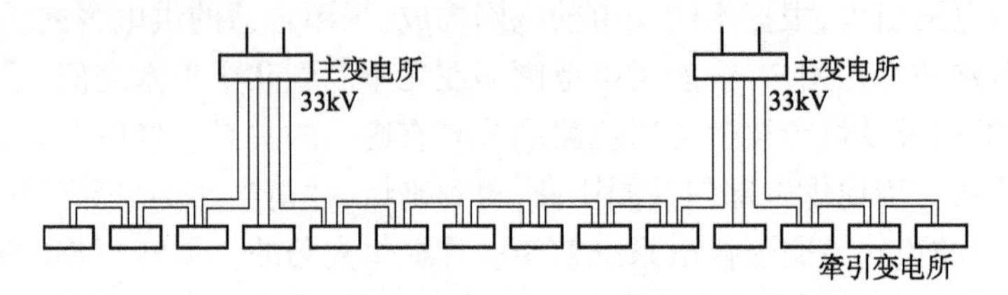

图 5-7　集中式供电系统(2)

德黑兰地铁主变电所电源为 63kV,牵引供电系统和供配电系统电压为 20kV。

集中供电方式有利于城市轨道交通公司的运营和管理,各牵引变电所和降压变电所由环网电缆供电,具有很高的可靠性。

2. 分散供电

在地铁沿线直接由城市电网引入多路地铁所需要的电源而构成的供电系统,称为分散式供电。这种供电方式多为 10kV 电压等级。因为我国各大城市的电网在逐渐取消或改造 35kV 这一电压等级,因此要想在几千米到几十千米的范围内引入多路 35kV 电源是不可能的。分散式供电要保证每座牵引变电所和降压变电所皆能获得双路电源。北京地铁皆采用分散式供电方式。分散式供电系统如图 5-8 所示。

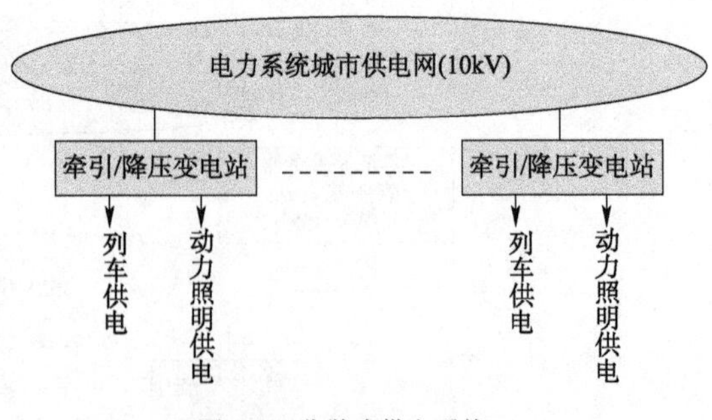

图 5-8　分散式供电系统

当然,如沿地铁线路城市电网引入的电源点少,也可以沿线建 10kV 开闭所,对电源进行再分配。无论怎样构成分散式供电方式,都需保证每座牵引变电所或降压变电所能引入两路电源。

3. 混合供电

以集中式供电为主,个别地段直接引入城市电网电源作为补充,称之为混合式供电。它是前两种供电方式的结合,使供电系统更加完善和可靠。北京地铁 1 号线和环线工程在建成期即采用这种供电方式(以 35kV 主变电所为主,个别地点引入 10kV 电源),后因北京城市电网规划取消了 35kV 电压等级,把原有的主变电所改建为 10kV 开闭所。

总之,为保证系统的可靠性,无论采用哪种供电方式,构成系统时都应首先采用环网式电方式。

4. 供电方案的比较

不同的供电方式各有特点,分别适用于不同的场合。集中供电与分散供电的比较见表5-2。

供电方案的比较 表5-2

	集中供电	分散供电
供电质量	外部电源引自城市高压电网(如110kV),电压等级高,输电容量大,系统短路容量大,抗干扰能力强,电网电压波动小。城市轨道交通主变电所一般装设有载调压装置,中压侧电压相对稳定,供电质量高	外部电源引自城市10kV电网,一般从距离城市轨道交通线路较近的城网变电所直接引入,输电线路较短,线路损耗较少。但由于10kV电压等级较低,用户较多,所以系统网压波动较大
供电可靠性	由于主变电所进线电压等级较高,电气设备绝缘等级、制造水平、继电保护配置等要求都比较高,线路故障率相对较低。同时城市轨道交通供电系统相对独立,与城网接口较少,城市其他负荷对城市轨道交通供电系统干扰较少,因而供电可靠性较高	城市轨道交通电源开闭所或车站变电所从城网直接引入10kV电源,这种接线方式能满足系统可靠性要求。但由于城网10kV系统接入用户较多,且10kV系统处于城网继电保护的中末端,因此城市轨道交通供电系统的运行会受到其他用户的干扰
中压网络电压	中压网络电压等级不受城网电压等级的限制,可根据用电负荷、供电距离等情况比选确定。目前集中式供电的中压网络电压等级较高,一般为35kV。这样可以系统地保证供电能力与供电可靠性,降低供电线路功率损耗	中压网络电压等级完全受城网电压等级的制约,必须选择与城网相同的电压等级。目前我国多采用10kV电压等级
对城网的影响	主变压器容量近期一般为20~31.5MV·A,远期一般为40~63MV·A。牵引负荷产生的电压波动和闪变在城市轨道交通供电系统内部经过两级变压器的转换,逐渐变得平衡,对城网其他用户的影响相对要少得多	牵引变电所直接接入城市10kV电网,牵引负荷产生网压波动,经过一级变压器转换后就会波及与城市轨道交通接入同一供电系统的其他用户,如果该变压器容量较小,产生的影响就会更明显
资源共享	采用集中式供电有利于主变电所电力资源共享的实施。一方面两条及以上数量的城市轨道交通线路可以共享一个主变电所;另一方面城市轨道交通主变电所可以与城网主变电所合建,向城市轨道交通系统及地区用户同时提供电源	对于中压网络资源丰富的城市,城市轨道交通采用分散式供电,可以充分利用既有外部城网中压资源,节省城市轨道交通主变电所的建设费用
工程实施	采用集中式供电时,城市轨道交通主变电所与城网接口较少,外部电源引入路径相对较少,建设单位与城市规划的协调工作也相对较少,易于实施	采用分散式供电时,由于城市轨道交通供电系统与城网接口较多,难免有部分电源电缆的敷设难以解决,尤其在中心城区,地下各种管线及构筑物交错庞杂,电缆路径更是难以解决

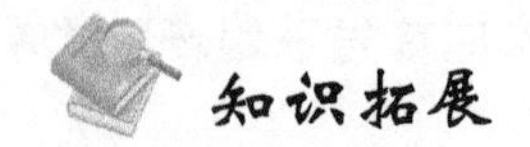

知识拓展

地下迷流

1. 迷流的形成

直流牵引供电系统在理想的状况下，牵引电流由牵引变电所的正极出发，经由接触网、电动列车和回流轨(即走行轨)返回牵引变电所的负极。但由于钢轨与隧道或道床等结构之间的绝缘电阻不是无限大，势必造成流经牵引轨的牵引电流不能全部经钢轨流回牵引电所的负极，有一部分电流会泄漏到隧道或道床等结构钢上，然后经过结构钢和大地流回牵引变电所的负极，这部分泄漏电流因大地土壤的导电性质及地下金属管道的位置不同，可以分布很广，所以称为“迷流”或“杂散电流”。图5-9所示为直流牵引地下杂散电流示意图。

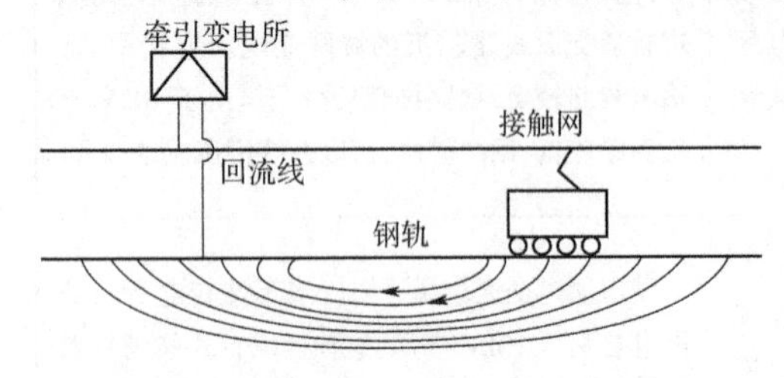

图5-9 直流牵引地下杂散电流示意图

由图5-9可见，在牵引变电所回流线与钢轨相接的回流点处，地下迷流回到牵引变电所。当轨道沿地下有金属管道或建筑钢筋等导电物时，地下迷流必多沿金属导体流动，到了回流点附近再流向钢轨流回变电所。因此在回流点附近的金属管道形成了阳极区，如图5-10所示，而且阳极区总是在回流点处不动，这就使阳极区内的金属物正离子流向大地，发生电解腐蚀现象，从而损坏金属。

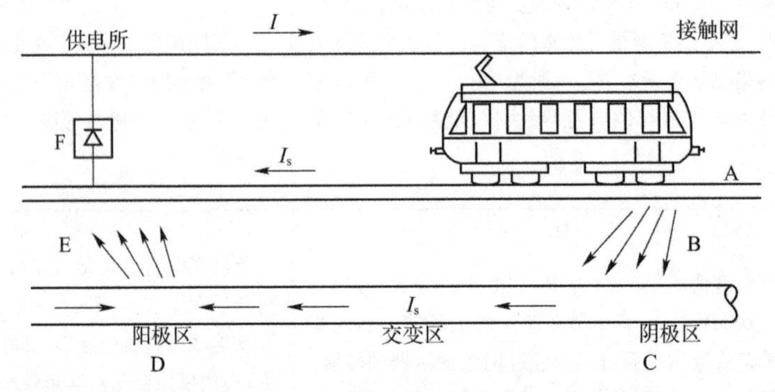

图5-10 杂散电流的腐蚀原理

当接触网为“负”极性时，阳极区与阴极区将转变，阳极区将随着列车的移动现时移动，这样阳极区是不固定的，金属物的腐蚀现象较均匀，情况不会太严重。当然接触网的选择不仅决定于此，目前还是以“正”性为多。

2. 迷流的危害

城市轨道交通轨道中的杂散电流是一种有害的电流，会对地铁中的电气设备、设施的正常运行造成不同程度的影响，对隧道、道床的结构钢和附近的金属管线也会造成危害。这种危害主要表现在如下几个方面：

(1)若地下杂散电流流入电气接地装置，会引起过高的接地电位，使某些设备无法正常工作。

(2)若钢轨(走行轨)局部或整体对地的绝缘变差，则此钢轨(走行轨)对大地的泄漏电流增大，地下杂散电流增大，这时有可能引起牵引变电所的框架保护动作。而框架保护动作则会引起整个牵引变电所的断路器跳闸,全所失电,同时还会联跳相邻牵引变电所对应的馈线断路器,从而造成较大范围的停电事故,影响地铁的正常运营。

(3)对城市轨道交通隧道、道床或其他建筑物的结构钢以及地下的金属管线(如电缆、金属管件等)造成电腐蚀。如果这种电腐蚀长期存在,将会严重损坏地铁附近的各种结构钢和地下金属管线,从而破坏结构钢的强度,缩短其使用寿命。

3.迷流的防护

迷流的防护以治本为主,即减少迷流源的泄漏,将地铁杂散电流减小到最低限度,限制杂散电流向外扩散。地铁附近的地下金属管线结构,应单独采取有效的防蚀措施。减少地下杂散电流,采取各种排流措施。

(1)在电力牵引方面

①选择较高的直流牵引供电电压,以减少牵引电流和迷流;

②缩短牵引变电站间的距离;

③采用迷流较小的双边供电方式;

④在钢轨间用铜软线焊接,尽可能减小钢轨间接触电阻;

⑤增加附加回流线,减少回流线电阻;

⑥增加道床的泄漏电阻,提高钢轨对地面的绝缘程度;

⑦按规程定期检查轨道绝缘、钢轨接触电阻和进行迷流监测。

(2)在埋设金属物方面

①地下金属物应尽量远离钢轨;

②在金属表面和接头处采用绝缘;

③采用防电蚀的电缆;

④在电缆上外包铜线或套钢管;

⑤地下管道涂沥青后再包油毡;

⑥在地下金属物、钢轨间加装排流装置,如图5-11所示。

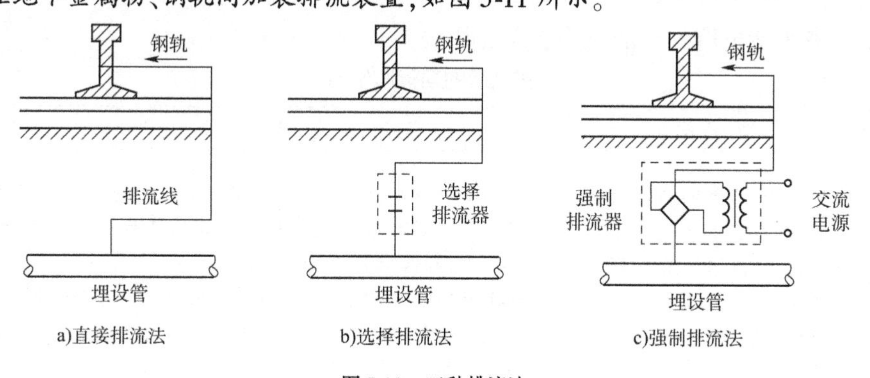

图5-11　三种排流法

任务二　分析一条地铁线路的供电臂供电范围

教学目标

1.能力目标

能分析一条地铁线路的供电臂供电范围;能区分各种类型的接触网,理解其特点。

2. 知识目标

了解牵引变电所的类型及主要电气设备;了解接触网的结构形式;掌握牵引变电所向接触网的供电方式。

工作任务

在任务一中,我们知道城市轨道交通供电系统由外部供电系统、牵引供电系统和动力照明供电系统三大部分组成。牵引供电系统是由直流牵引变电所和牵引网(包括馈电线、接触网、轨道回路及回流线)组成的。

牵引变电所是城市轨道交通供电系的心脏,它既变电,又供电。它将主变电所或城市电网中的中压交流电源,变为直流1500V(750V)后,经馈电线送至接触网,再经过受电弓进入城市轨道交通电动车组,作为驱动城市轨道交通牵引电动机的电源。牵引变电所需要配备哪些类型的电气设备?各自实现什么样的功能?

牵引接触网是牵引供电系统的血脉,它通过接触线将电能输送给城市轨道交通电动车组。因为电动车组是一种特殊的电能用户,所以接触网有着远比电力线复杂的结构和更高的技术要求。接触网有哪些类型?其典型结构是怎样的?

通过分析一条地铁线路的供电臂供电范围,使学生理解城市轨道交通牵引供电系统的基本结构,了解牵引变电所的类型及主要电气设备;了解接触网的结构形式;掌握牵引变电所向接触网的供电方式。

相关知识

一、城市轨道交通供电系统变电所的类型

从整个城市轨道交通供电系统而言,变电所可分为主变电所、牵引变电所、降压变电所。当中压网络采用牵引动力照明混合网络时,牵引变电所与降压变电所可合建成牵引降压混合变电所。各种变电所的功能与特点简述如表5-3。

变电所的功能与特点　　表5-3

变电所类型	功　能	特　点
主变电所	将城市电网的高压(110kV或220kV)电能降压以后以相应的电压等级(3kV或10kV)分别供给牵引变电所或降压变电所	1. 为减少对城市市容及市民生活工作的影响,为便于运营管理和降低变电所进出电缆或架空线的工程造价,主变电所位置尽量靠近城市轨道交通线路及提供电源的城市枢纽变电站。 2. 为保证供电的可靠性,一般设置两座或两座以上主变电所。 3. 每个主变电所均从电力系统的城市枢纽变电站引入两路110kV电源,主变电所设置两台主变压器,共同承担本供电区的负荷
牵引变电所	将城市电网区域变电所或地铁主变电所送来的中压电压等级电能经过降压和整流变成列车牵引所用直流电(1500V或750V)	1. 每隔2～4km设1座牵引变电所,牵引变电所设置在车站站台层。 2. 每个牵引变电所由两路33kV电源供电。 3. 变电所采用单母线分段接线,每段母线均有一路进线电源,当一路电源故障时,可通过母联自投方式保证供电。 4. 每个变电所内设置两台整流机组,整流机组输出直流1500V(750V)电源向牵引网供电

续上表

变电所类型	功　能	特　点
降压变电所	是为车站与线路区间的动力、照明负荷和通信信号电源供电而设置，可与直流牵引变电所合并，多数是单独设置的	1. 每个车站设置1～2个降压变电所，当为两个降压变电所时，其中一个为跟随式变电所。车辆段往往如此。 2. 降压变电所设在车站的负荷中心处，每个降压变电所由两路33kV电源供电，采用单母线分段接线，内设两台动力变压器输出直流380V/220V电源向复旦车站和区间的动力照明负荷供电。 3. 正常运行时，降压变电所的两台变压器分列运行，分别负担其供电范围的一、二、三级负荷。当一台动力变压器退出时，0.4kV母联断路器投入，自动切除三级负荷，由另一台动力变压器担负全所供电范围动力照明一、二级负荷的供电

主变电所、牵引变电所、降压变电所及牵引降压混合变电所组成的供电网络如图5-12所示。

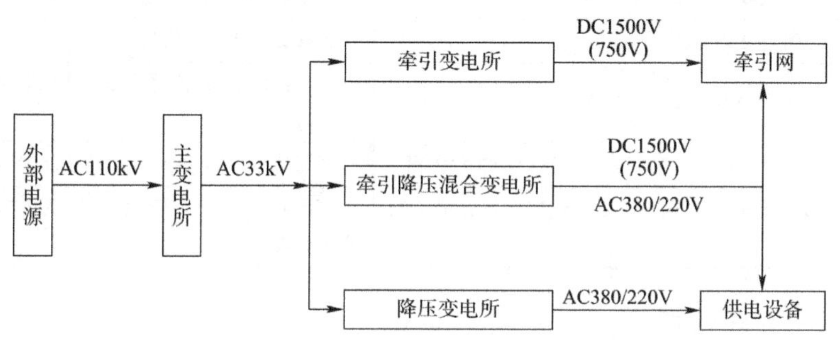

图5-12　供电网络接线图

二、牵引变电所的类型及主要设备

牵引变电所是城市轨道交通供电系统的核心，它担负对电动列车直流电能的供应，它的站位设置、容量大小，需根据所采用的车辆形式、车流密度、列车编组，经过牵引供电计算，经多方案比选确定。

1. 牵引变电所的类型和原理

牵引变电所有两种形式：户内式变电所和户外箱式变电所，前者适宜地下线路，后者适宜地面线路。

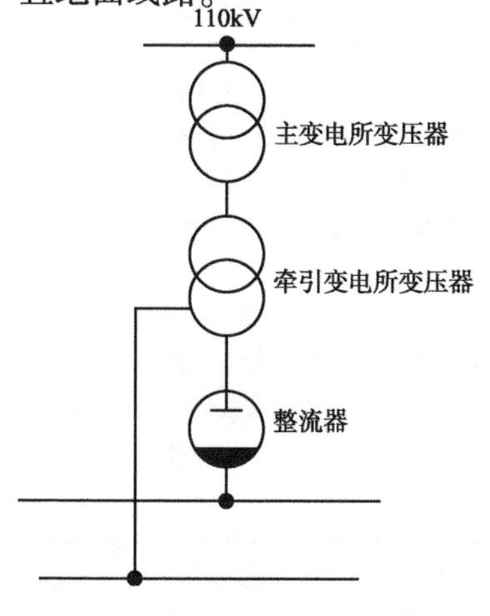

图5-13　直流牵引变电所接线原理图

直流牵引变电所从双电源受点，经整流机组变压器降压、分相后，按一定整流方式，由大功率整流器把三相交流电变换为与直流牵引网相应电压等级的直流电，向电动车组供电，图5-13为直流牵引变电所的接线原理图。

地铁、城市轻轨交通直流牵引变电所，有时与向车站、区间供电的降压变电所合并，形成牵引降压混合变电所。此时，主电路结构和电气设备与一般直流牵引变电所相比有所不同。

在有再生电能需向交流网返送的情况下，直流牵引变电所必须增设可控硅逆变机组（包括交流侧的自耦变压器），其功能和设备也相应增加，运行、技术都较复杂。直流牵引变电所间距离仅几千米，一般不设分区所和开闭所。

2. 直流牵引变电所的设备分类

为了实现牵引变电所的受电、变电和配电的功能，在牵引变电所中，必须把各种电气设备按一定的接线方案连接起来，组成一个完整的供配电系统。在这个系统中担负输送、变换和分配电能任务的电路称为主电路，也叫一次电路；用来控制、指示、监测和保护主电路及主电路中设备运行的电路称为二次电路（二次回路）。相应地，牵引变电所中的电气设备也分成两大类：一次电路中的所有电气设备，称为一次设备或一次元件；二次电路中的所有电气设备，称为二次设备或二次元件。

按一次设备在一次电路中的功用可分成若干类型，各种一次设备及其功能如表5-4所示。

一次设备的类型与功能 表5-4

设备类型	设备功能	举例
变换设备	变换电能电压或电流	变压器、整流器、电压互感器、电流互感器等
控制设备	控制电路的通断	各种高低压开关设备
保护设备	防止电路电流或电压过高	高低压熔断器、高低压断路器、继电保护设备、避雷器等
补偿设备	补偿电路的无功功率以提高系统的功率因素	高低压电容器、静止无功补偿装置等
成套设备	按一定线路方案将有关一次、二次设备组合成一体	高压开关柜、低压配电屏、高低压电容器柜、成套变电站等

三、接触网的结构形式

接触网是电力牵引系统的重要组成部分，架设在轨道的上方（或边上），是一种特殊的输电线。机车通过受电弓（或积电靴）从接触网中得到电能。所以，接触网受流质量的好坏，对机车运行起着重要的作用。

1. 接触网概述

（1）接触网的作用及特点，如表5-5所示。

接触网的特点 表5-5

序号	特点	说明
1	没有备用	接触网由于与电动车组在空间上的关系，和轨道一样无法采取备用措施。一旦接触网发生故障，整个供电区间即全部停电，在其间运行的电动车组将失去电能供应，列车停运
2	经常处在动态运行中	电动车组受电弓（或受流器）以对接触网一定的压力和速度与接触网接触摩擦运行，通过接触网的电流很大。运行中不可避免地会产生受电弓离线而引起电弧，再加上在露天区段还要承受风、雾、雨、雪及大气污染的作用，使接触网昼夜不停地处在振动、摩擦、电弧、污染、伸缩的动态运行状态之中。这些因素对接触网各种线索、零件都产生恶劣影响，使其发生故障的可能性较一般电力线路的概率要大得多
3	结构复杂，技术要求高	接触网的运行环境和运行特点决定了接触网的结构较一般电力线路有很大的不同。为了保证电动车组安全、可靠、质量良好地从接触网取流，接触网的结构比较复杂，技术要求也较高，如对接触网导线的高度、拉力值，定位器的坡度，接触网的弹性、均匀度等都有定量的要求

（2）对接触网的基本要求

接触网的工作状态主要是指接触线和电动车组受电弓（或受流器）滑板的接触和导电情

况。从电路要求上,为保证良好的导电状况,滑板与接触线的接触应保持一定的接触压力。在电动车组静止时,接触压力可以保持不变。当电动车组运行时,滑板跟着运动,与接触网形成滑动摩擦接触。这时,如能继续保持一定的接触压力,不间断地向电动车组供电,接触网才能处于良好的工作状态。

实际上,上述要求是不容易做到的。由于电动车组的振动和接触线高度变化等因素,往往造成滑板和接触线间的压力变化很大,有时甚至产生脱离现象,致使滑板和接触线之间的脱离处发生电弧。如果接触线本身不平直而出现小弯,或是悬挂零件不符合要求超出接触面,滑板滑到此处将发生严重碰撞或电弧,这是很不利的,这种情况称为接触线有硬点。因为碰撞和电弧会造成接触网和受电弓的机械损伤和烧伤,严重者将造成断线事故,而且取流不良会对电动车组上的电动机和电器产生不利影响,所以应该尽量避免。因此,为了尽量保证对电动车组良好的供电,对接触网有一些基本的要求,具体如下。

①接触网悬挂应弹性均匀、高度一致,在高速行车和恶劣的气象条件下,能保证正常取流。当接触线本身不平直或者在接触线的某一位置存在较大的集中负载,接触线将出现硬点,影响接触网受流质量。而当接触线距离轨面的高度不一致时,将会产生离线、起弧等不正常情况。

②接触网结构及零部件应力求简单、轻巧、可靠,做到标准化且能互换,以保证在施工和运营检修方面具有充分的可靠性和灵活性,缩短施工及运行维护时间。

③接触网的寿命应尽量长,具有足够的耐磨性和抗腐蚀能力。

④接触网的建设应注意节约有色金属及其他贵重材料,以降低成本。

⑤接触网对地绝缘好,安全可靠。

(3)三接触网的分类

接触网的分类如图 5-14 所示。

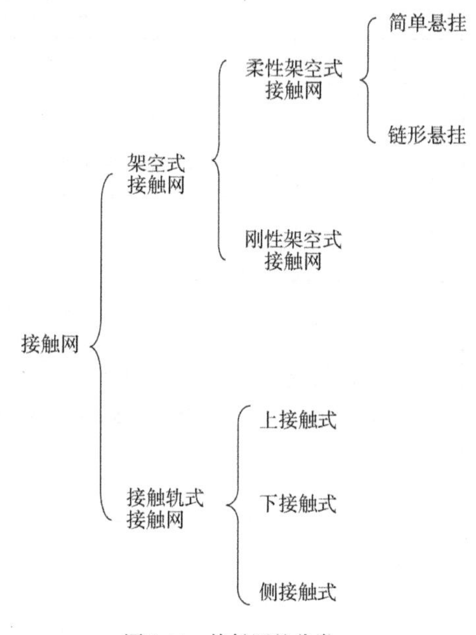

图 5-14　接触网的分类

架空式接触网用于城市地面或地下、铁路干线、工矿的电力牵引线路。接触轨式接触网一般仅用于净空受限的地下电力牵引。在我国城市轨道交通系统中,上述两种接触网均有采用。一般,牵引网电压等级较高时,为了安全性和保证一定的绝缘距离,宜采用架空式接触网。在净空受限的线路和电压等级较低时多采用接触轨式接触网。北京地铁采用的是接触轨式接触网,上海和广州地铁均采用了架空式接触网。

2. 架空式接触网

架空接触网是将接触导线架设于车体上方的一种接触网形式,电力机车通过受电弓从架空接触网取得电流,架空接触网可用于铁路干线、城市轨道交通以及工矿电力机车牵引线路。

根据《城市轨道交通直流牵引供电系统》(GB/T 10411—2005)规定,我国城市轨道交通的架空接触网有以下两种制式:DC1500V 和 DC750V。

(1)柔性架空接触网的结构(相关教学资源见二维码 24)

二维码 24

柔性架空接触网如图5-15所示。它由支柱与基础、支持定位装置、接触悬挂所组成。接触悬挂是将电能传导给电动车组的供电设备，包括承力索、接触线、吊弦、补偿装置、悬挂零件及中心锚结等元件。柔性架空接触网的组成如图5-16所示。表5-6简单描述了柔性架空接触网各组成部分的作用。

图5-15　柔性架空接触网

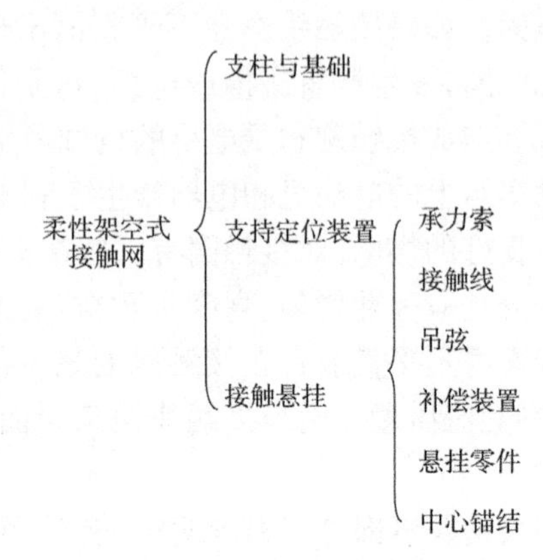

图5-16　柔性架空接触网的组成

柔性架空接触网各组成部分的作用　　表5-6

组成部分		作　用	说　明
1	支柱与基础	用以承受接触悬挂、支持和定位装置的全部负荷，并将接触悬挂固定在规定的位置和高度	我国主要采用等径预应力钢筋混凝土支柱和钢柱。从外观上前者有矩形横腹杆式和等径圆支柱两种，后者有普通桁架结构式钢柱、整体型材H形钢柱和圆形钢柱三种
2	支持定位装置	用来支持接触悬挂，对接触线进行水平定位，保证接触悬挂高度并将悬挂的负荷传递给支柱	支持装置可分为隧道内的支持装置、腕臂、软横跨、硬横跨（梁）和定位装置。定位装置是支持结构中的主要组成部分，其作用是根据技术要求，把接触线进行横向定位，保证接触线始终在受电弓滑板的工作范围内，保证良好受流
3	接触线	接触线是接触网中直接和受电弓滑板摩擦接触取流的部分，电力机车从接触线上取得电能	接触线的材质、工艺及性能对接触网起着重要作用，要求它具有较小的电阻率、较大的导电能力；要有良好的抗磨损性能，具有较长的使用寿命；要有高强度的机械性，具有较强的抗张能力。接触线按照材质主要分为铜接触线、钢铝接触线和铜合金接触线
4	承力索	通过吊弦将接触线悬挂起来	按材质可分为铜承力索、钢承力索、铝包钢承力索三种类型。按照是否通过电流分为载流承力索和非载流承力索

续上表

组成部分		作　用	说　明
5	吊弦	将接触线悬挂于承力索上形成柔性链形悬挂，使每个跨距中在不增加支柱的情况下，增加了对接触线的悬挂点，改善接触线的驰度和弹性	—
6	补偿装置	又称张力自动补偿器，作用是补偿线索内的张力变化，使张力保持恒定	安装在锚段的两端，并且串接在接触线承力索内。有滑轮式、棘轮式、鼓轮式、液压式及弹簧式
7	接触悬挂	是将电能传导给电动车组的供电设备	分为简单悬挂（图5-17）和链形悬挂（图5-18）两类
8	锚段	接触网的架设，经过多个跨距以后必须在两个终端加以固定，称为下锚。下锚的支柱称为锚柱。锚段是将接触网分成一定长度，并在结构上有独立机械稳定性的分段，采用它可以缩小发生事故时的范围并便于检修	在接触悬挂的中部，将接触线和承力索在支柱上进行可靠固定，称为中心锚结。链形悬挂的两跨式中心锚结结构如图5-19所示
9	线岔	也称架空转辙器，作用是保证电力机车受电弓安全平滑地由一条接触线过渡至另一条接触线，达到转换线路的目的	—
10	电连接线	作用是将接触悬挂各分段供电间的电路连接起来，保证电路的畅通。通过电连接可实现并联供电，减少电能损耗，提高供电质量	电连接线用导电性能好的材料制成，在铜接线区段采用铜绞线TJ-950电连接，按其使用位置不同，分为横向电连接和纵向电连接
11	分段绝缘器	又称分区绝缘器，安装在各车站装卸线、机车整备线、电力机车库线、专用线等处。正常情况下，机车受电弓带电滑行通过。当某一侧接触网发生故障或因检修需要停电时，可打开分段绝缘器处的隔离开关，将该部分接触网断电，而其他部分接触网仍能正常供电，从而提高接触网运行的可靠性	—

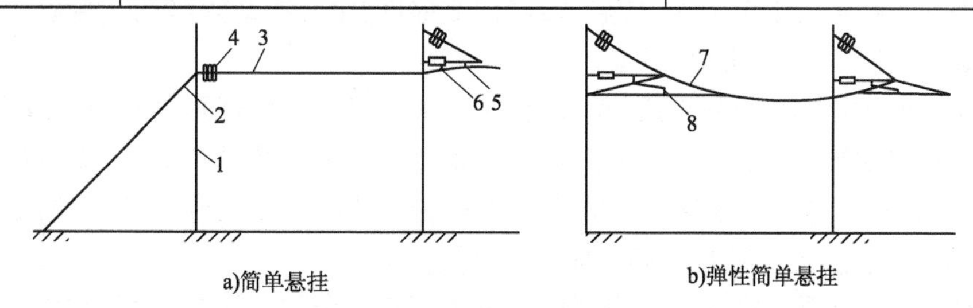

图5-17　简单悬挂示意图

1-支柱；2-拉线；3-接触线；4、6-绝缘子；5-腕臂；7-弹性吊索；8-定位器

（2）刚性架空接触网的结构

刚性架空接触网，一般采用具有相应刚度的导电轨或汇流排与接触线组成。刚性架空接触网有两种典型代表（以汇流排的形状分），即以日本为代表的“T”形结构和以法国、瑞士等国为代表的“Π”形结构，如图5-20所示。

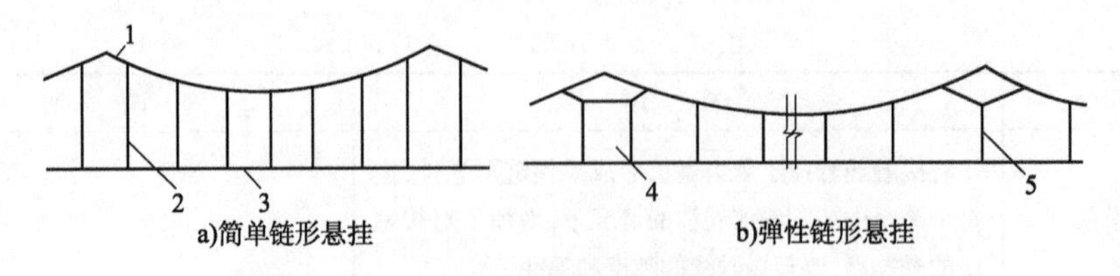

图 5-18　链形悬挂示意图

1-承力索;2-吊弦;3-接触线;4-H 形弹性吊弦;5-Y 形弹性吊弦

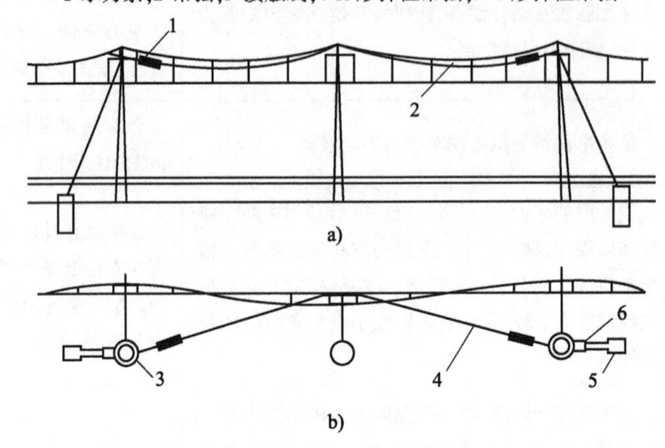

图 5-19　链形悬挂中心锚结

1-中心锚处中部绝缘;2-“Z”形固定绳;3-混凝土支柱下锚;4-中心锚结绳;5-锚固基础;6-中心锚结

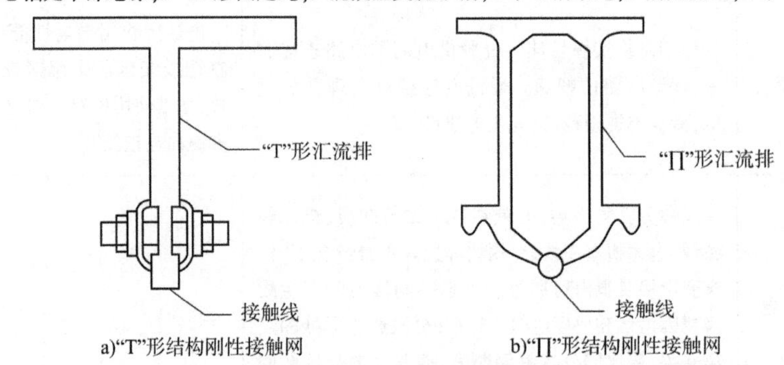

图 5-20　刚性接触网汇流排

刚性架空悬挂主要由汇流排、接触导线、伸缩部件、中心锚结等组成。接触悬挂通过支持与定位装置安装于隧道顶或钢梁上。

汇流排一般用铝合金材料制成,其形状一般做成“T”形和“∏”形,如图 5-20 所示。接触导线一般采用银铜导线,与柔性接触悬挂所采用的接触导线相同或相似,其截面积一般为 $120mm^2$ 或 $150mm^2$。接触导线通过特殊的机械镶嵌于“∏”形汇流排上,或通过专用线夹固定于“T”形汇流排上,与汇流排一起组成接触悬挂。

伸缩部件的功能是能在一定范围内自由伸缩,同时又能满足电气性能的要求,既能保证电气上的良好接触和导电的需要,又能保证机械上的良好伸缩性。一般一个锚段安装一个膨胀元件,其作用是补偿铝合金汇流排与银铜接触线因热胀系数不同而产生的热膨胀误差。

接头主要由汇流排接头连接板和螺栓组成,用于连接两根汇流排。其要求是既要保证被连接的两根汇流排机械上良好对接,又要有足够大的接触面积,确保导电性能良好。

中心锚结主要由中心锚结线夹、绝缘线索、调节螺栓及固定底座组成。其作用是防止接触悬挂窜动。

支持和定位装置主要有腕臂结构和“Π”形结构两种，如图5-21和图5-22所示。

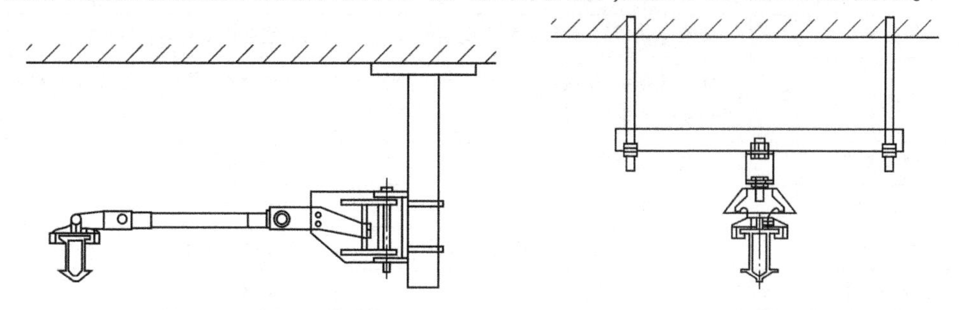

图5-21　刚性悬挂腕臂结构　　图5-22　刚性悬挂Π形结构

腕臂结构的特点是调节灵活、外形美观，但结构复杂，成本高，主要用于净空较高的隧道或地面线路。Π形结构的特点是结构简单、可靠，但调节较困难，大量用于隧道内。

(3)刚性架空接触网和柔性架空接触网的比较

①刚性悬挂、柔性悬挂都能满足最大离线时间、传输功率、电压电流、受电弓单弓受流电流以及最大行车速度的要求。

②在受电弓运行的安全性以及对弓网故障的适应性方面，由于刚性较柔性有如下特点，刚性悬挂受电弓的安全性和适应性要明显好于柔性悬挂。

第一，刚性汇流排和接触线无轴向力，不存在断排或断线的可能，从而避免了柔性钻弓、烧融、不均匀磨耗、高温软化、线材缺陷以及受电弓故障造成的断线故障。因此，刚性悬挂的故障是点故障，而柔性悬挂的故障范围为一个锚段，所以刚性悬挂事故范围小。当然柔性悬挂的断线故障率也是非常小的，能够满足运营要求。

第二，刚性悬挂的锚段关节简单，锚段长度是柔性悬挂的1/7～1/6，因此固定金具窜动回转范围小，相应地提高了运行中的安全性和适应性。刚性架空悬挂与柔性架空悬挂的经济、技术比较见表5-7和表5-8。

刚性架空悬挂与柔性架空悬挂的经济比较　　表5-7

序号	项　目	刚性架空悬挂	柔性架空悬挂
1	隧道净空要求引起的土建费用	净空要求相对较小。无须下锚装置，可避免不必要的局部开挖，如暗挖车站，可节省土建费用	净空要求相对较大。须下锚装置，有时需要局部开挖，如暗挖车站
2	悬挂装置费用	悬挂点相对较多，费用相应增大相对较少	相对较少
3	维护费用	维护工作量少，周期长，费用低。据日本、韩国经验，相对柔性可减少30～50%	维护工作量大，周期短，费用较高

刚性架空悬挂与架空柔性悬挂的技术比较　　表5-8

序号	项　目	刚性架空悬挂	柔性架空悬挂
1	悬挂组成	结构紧凑(汇流排＋接触线＋地线)	较复杂(1根承力索＋2根接触线＋3或4根辅助馈线＋1根地线)
2	允许车速	一般为80～160km/h，瑞士试验速度提高到140km/h，弹性受电弓可达160km/h	一般为80～160km/h
3	可靠性	无断线，可靠性高	有断线隐患，可靠性较差

续上表

序号	项　目	刚性架空悬挂	柔性架空悬挂
4	导线磨耗	导线磨耗均匀，允许磨耗是柔性的	导线磨耗不均匀，允许磨耗小
5	受电弓受流情况	无特殊硬点，受流效果良好。受流特性主要取决于受电弓特性	存在硬点，硬点处受流效果较差。受流特性取决于弓网匹配
6	精度要求	安装精度要求高	安装精度可相对降低
7	设计、施工技术	有较丰富的设计和施工经验	有较丰富的设计和施工经验
8	施工机械	导线安装和更换需进口专用设备	有成熟的施工机械设备
9	国产化率	90%以上	90%以上
10	维修、养护	工作量少	工作量大

3. 第三轨式接触网

(1)第三轨式接触网概述

第三轨式接触网是沿线路敷设的与轨道平行的附加轨，又称为第三轨，其功用与架空接触网一样，通过它将电能输送给电动车组。不同点在于，接触轨是敷设在铁路旁的钢轨或钢铝复合轨。电动车组由伸出的受流靴与之接触而接受电能。

第三轨受电方式最早在伦敦城市轨道采用，其优点概括见表5-9。

第三轨接触网的使用特点　　表5-9

优　点	说　明
构造简单	构造简单，质量轻，易于调整，接触轨之间采用接板机械连接，不需要现场焊接，因此，便于安装和维修
节省投资	采用高导电性的钢铝复合接触轨，不用额外敷设沿线馈电电缆；同时可降低隧道上方净空，节省投资
节省能耗	单位电阻小，可降低牵引网电能损耗，从而有效地节约运营成本
使用寿命长	复合材料制成的接触轨支架具有低维护、耐腐蚀的特点，可以有效降低生命周期成本；钢铝复合轨与电动车组受流靴之间的接触面为不锈钢层，因此使用寿命长
对城市景观影响小	其安装位置在走行钢轨旁边，对轨道周围景观影响较小

接触轨系统的技术特征有电压等级、安装方式和导电轨材料三个方面，归纳说明见表5-10。

接触轨系统的技术特征　　表5-10

接触轨系统技术特征	说　明	备　注
电压等级	目前世界上城市轨道交通中的直流牵引网电压等级繁多，接触轨系统的电压等级有600V、630V、700V、750V、825V、900V、1000V、1200V等。 目前国内接触轨系统标称电压为直流750V。国际上接触轨电压等级的发展趋向是IEC标准中的直流600V、750V。其中接触轨为正极，走行轨为负极。接触轨系统允许电压波动范围为DC500～900V	西班牙巴塞罗那采用过直流1500V及1200V接触轨，美国旧金山BAHT系统为直流1000V接触轨
安装方式	接触轨系统根据受流位置的不同，可分为上接触式、下接触式及侧接触式三种形式	—

续上表

接触轨系统技术特征	说　明	备　注
导电材料	接触轨可采用低碳钢材料或钢铝复合材料。低碳钢导电轨主要的特点是磨耗小，制作工艺成熟，价格较低。主要规格有DU48型和DU52型。这两种导电轨在我国均为成熟产品，北京城市轨道交通系统就有应用。 钢铝复合轨是由钢和铝合铸而成，其工作面是钢，而其他部分是铝。其主要特点是电导率高，质量轻，磨耗小，电能损耗低。类型从300～6000A均有。自从1974年铝不锈钢复合导电轨在美国第一条快速线（BART）应用以来，复合导电轨在世界范围内逐步得到广泛应用	复合导电轨是钢导电轨升级换代的产品，具有广泛的应用前景。主要优点如下： ①较小的电阻和阻抗，可以延长供电距离，减少变电所数量。 ②不锈钢表面光滑，耐磨性好，电损失小，抗腐蚀和氧化性能好，可延长接触轨和受流器的寿命。 ③电阻率低（约为钢导电轨的24%），导电性能大幅提高，工作电流的范围广（300～6000A）。 ④接触轨质量轻，悬挂点间距可适当加大，一般为4m，从而减少了支架数量及维修量，且便于安装

（2）第三轨接触网的组成（相关教学资源见二维码25）

在接触轨系统零部件中，除作为导电轨的接触轨以外，还包括绝缘支架（或绝缘子）、防护罩、隔离开关设备、电缆等。接触轨、绝缘支架（或绝缘子）、防护罩，是接触轨系统中送电、支撑、防护的三大件。这些部件的功能简述见表5-11。

二维码25

第三轨接触网的主要部件　　表5-11

部件名称		说　明	备　注
接触轨	接触轨	在我国城市轨道第三轨供电中，接触轨多采用50kg/m（或60kg/m）高电导率低碳钢轨，轨头宽度为90mm。近几年来随着复合材料的发展，由不锈钢与铝合金通过机械方法或冶金结合方法加工而成的钢铝复合接触轨已取代低碳钢接触轨	接触轨单位制造长度一般为15m。当线路的曲线半径大于190m时，钢铝复合轨可以在施工现场直接打弯；当线路的曲线半径小于或等于190m时，钢铝复合轨则要在工厂加工预弯
	端部弯头	接触轨端部弯头主要是为了保证集电靴顺利平滑通过接触轨断轨处而设置的	在行车速度较高区段，端部弯头一般采用长约5.2m、坡度为1∶50的标准
	接头	接触轨接头一般分为正常接头、温度接头和绝缘接头三种（图5-23）	正常接头处紧密结合，采用铝制鱼尾板连接。温度接头处，轨端留空隙，大小视温差而定，地下线路接触轨中，每隔100m设一个。绝缘接头处，用木制鱼尾板紧扣轨端，留空隙50mm
	防爬器	在一般区段，在两膨胀接头的中部设置一处防爬器，并在整体绝缘支架两侧安装；在高架桥的上坡起始端、坡顶、下坡终端等处安装防爬器	
安装底座		下磨式接触轨的安装底座一般采用绝缘式整体安装底座，且一般安装在轨道整体道床或者轨枕上	
防护罩		防护罩的作用在于尽可能地避免人员无意中触碰带电设备，一般采用玻璃纤维增强树脂（GRP）材质的防护罩，机械性能在工作支撑条件下可承受100kg垂直荷载，并应在高温下具有自熄、无毒、无烟和耐火的性能，如图5-24所示	

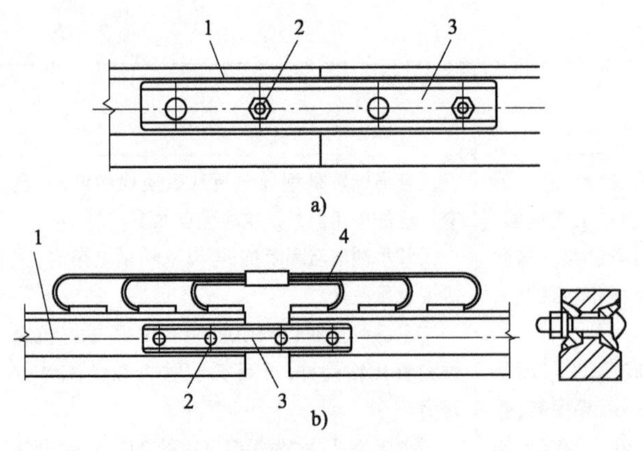

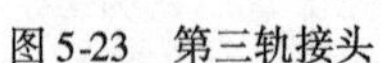

图 5-23　第三轨接头

1-接触轨；2-连接螺栓；3-鱼尾板；4-电连接

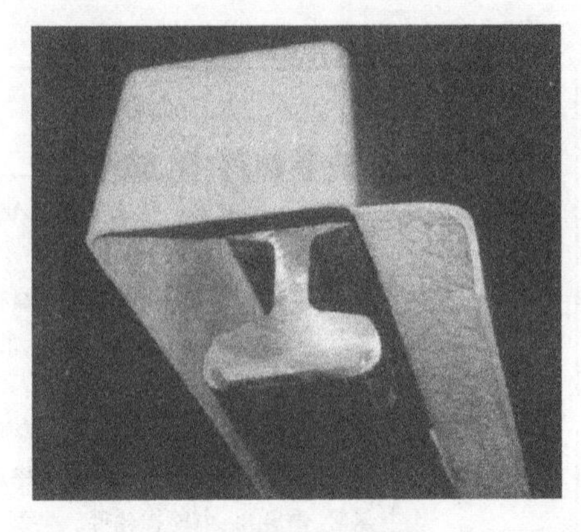

图 5-24　第三轨防护罩

接触轨按与受流靴的摩擦方式可分为上接触式、下接触式及侧接触式三种。在车站，接触轨总是设在远离站台轨道的一边，以免乘客摔落在轨道上触电。在线路露天地段，沿线要用木板保护起来，以免散落物引起电路故障。三种形式接触轨的特点如表 5-12 所示。

接触轨的三种形式　　表 5-12

布置形式		特　点	示　意　图	备　注
1	上接触式	上接触式如图 5-25 所示。接触轨装在专用绝缘子上，底朝下。取流时，接触靴自上压向接触轨。上接触式的接触力不由受流器（集电靴）的重量和磨耗情况决定，而只受弹簧支座特性的控制，受流平稳，并能减少在间隙和道岔等处的电流冲击。上接触式固定方便，但不易加防护罩	接触靴 接触轨 引入电动列车 图 5-25　上接触式接触轨	北京地铁、纽约地铁采用上接触式
2	下接触式	下接触式如图 5-26 所示。下接触式的接触轨底朝上，紧固在绝缘子上，并且由固定在轨枕上的弓形肩架予以支持。下磨式的优点是可以加防护罩，对工作人员较为安全。但安装结构较为复杂，费用较高，在经常冰冻和下雪而造成集电困难的地区使用较为普遍	绝缘体 接触轨 引入电动列车 肩架 走行钢轨 接触靴 图 5-26　下接触式接触轨	莫斯科地铁采用下接触式
3	侧接触式	侧接触式如图 5-27 所示，在工作上与上磨式相似。接触轨为高导电率钢制成的特殊断面的钢轨。接触轨通过的地方要设置工作人员使用的人行道，在其余地点必须考虑设置保护木板或其他合适材料的保护板，以防触电	图 5-27　侧接触式接触轨	跨座式独轨车辆采用侧接触式

四、牵引变电所向接触网的供电方式

牵引变电所是沿铁路线布置的，每一个牵引变电所有一定的供电范围。供电距离过长会使末端电压过低及电能损耗过大;供电距离过短,又使变电所数目太多而不经济。

牵引变电所向接触网供电有两种方式:单边供电和双边供电,如图 5-28 所示。

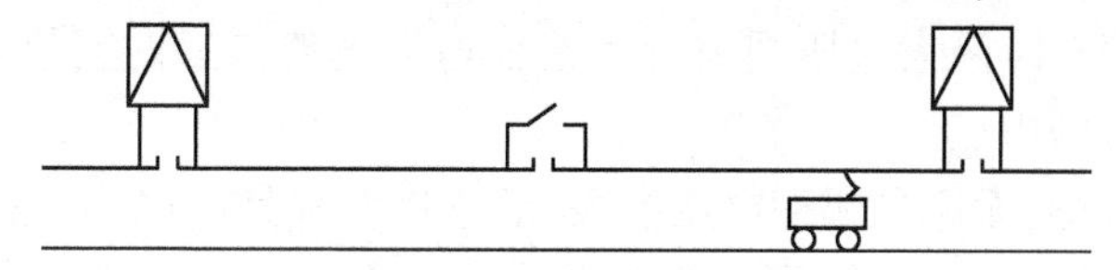

图 5-28　接触网供电原理图

接触网通常在相邻两牵引变电所间的中央断开,将两牵引变电所之间两供电臂的接触网分为两个供电分区。每一供电分区的接触网只从一端的牵引变电所获得电流,称为单边供电。如果在中央断开处设置开关设备,可将两供电分区连通,此处称为分区亭。将分区亭的断路器闭合,则相邻牵引变电所间的两个接触网供电分区均可同时从两个变电所获得电流,这称为双边供电。

1. 单边供电

单边供电指馈电区只从一侧牵引变电所取得电源。单边供电只是运行中一种可能采用的临时供电方式,是在特定条件下(如试车线、线路终端牵引变电所故障解列等)运营中可能采用的一种措施,并不是设计上必须满足的限制条件,更不是运营中的首选方案。

在设计中不能用保证单边供电作为设计的限制条件,如果用这一条件作为牵引供电计算的限制条件的话,将会使牵引变电所的间距设置得很短、很死,使牵引变电所的数量增多,增加一次投资。问题很简单,如果拿单边供电作为设计的限制条件,那么所有牵引供电计算将会变得极为简单,只要用一个同定的距离去设置变电所,像丈量土地一样去丈量线路就可以了,无须再进行其他的计算。因为对于一条线路而言,电动车辆的起动电流一定,牵引网每千米的电阻是一定的,那么只要电压损失不超过 250V(牵引网标称电压 750V)或 500V(牵引网标称电压 1500V)就可以了。这样势必使牵引网供电距离缩短、牵引变电所数量增加、运营损耗和杂散电流增大。

虽然单边供电有很多不足,但在下列场合仍使用单边供电方式:

(1)车场线、停车线、检修线、试车线,因这些线路上的车辆少、取流小。

(2)当线路终端牵引变电所因故障解列或一路馈线开关因故障退出运行时,如由于单边供电距离长,最大电压损伤超过国家标准允许值,为减小牵引网回路电阻,可在终端变电所处将上、下行接触网并联。

2. 双边供电

双边供电是指任何一个馈电区同时从两侧牵引变电所取得两路电源。地铁的牵引供电系统,在正线的设计和运营中,均应采用双边供电方式,因为双边供电比单边供电具有明显的优点。

(1)牵引网的平均电压损失。平均电压损失是指列车在区间运行时的平均电压损失,它对辅助电动机的运转有意义。平均电压损失由两个分量组成,即由指定列车本身所取电流在其受流器上引起的电压损失和同行其他列车电流在其受流器上造成的电压损失之和。双边供电是单边供电的 1/4 ~ 1/3。

(2)列车带电运行时受流器上的电压损失。双边供电是单边供电的 1/4 ~ 1/3。

(3)列车最大平均电压损失,双边供电是单边供电的 1/4。单边供电列车最大平均电压损失发生在供电区的终点,双边供电列车最大平均电压损失发生在供电区的中点。

(4)列车起动时最大电压损失。双边供电是单边供电的1/4，满足列车起动时的最大电压损失要求，是决定牵引变电所间距的必须满足的条件。

单边供电列车起动时最大电压损失发生在供电区的终点，双边供电列车起动时最大电压损失发生在供电区的中点。

从上面的分析可知，无论是哪种电压损失，双边供电都是单边供电的1/4～1/3。

(5)牵引网的功率损失。牵引网中的功率损失等于牵引网中诸列车各自的电流与电压损失的乘积之和。双边供电是单边供电的1/4～1/3。

(6)双边供电时，列车的再生能量可以被同行列车吸收，当车流密度高时，再生能量更易被同行列车利用；而单边供电时，再生能量被其他同行列车吸收的可能性极小。

(7)双边供电时走行轨的对地电位比单边供电小3～4倍，所以其杂散电流值仅为单边供电的1/4～1/3。

双边供电是设计必须满足的条件，也是正常运营的首选方式。即使在一座牵引变电所因故障解列时，也应采取技术措施实行大双边供电，同时应自动完成双边联跳条件的转换，这样可以减少牵引变电所的数量，既节省一次建设投资，又减少运营费用，同时减小列车起动时的电压损失，降低功率损耗，有利于列车运行，并且不影响运送乘客的能力，这对运营是非常有利的。

3. 大双边电

鉴于双边供电比单边供电有很多优点，系统中任何一座牵引变电所因故障解列时，也应采取技术措施，实行大双边供电。实现大双边供电有以下两种方式。

(1)利用解列的牵引变电所的直流母线构成大双边供电

如图5-29所示，利用牵引变电所直流母线构成大双边供电的条件是：

①牵引变电所只有两套整流机组退出运行；

②直流母线、上下行4路馈线开关及其二次回路完好无损且能正常运行。

这样构成大双边供电的优点是简单方便，容易实现；缺点是凡涉及直流母线或4路馈线开关的任何故障都不适用这种方式。利用故障变电所的直流母线将上下行的接触轨并联起来，虽然改善了电压质量、降低了损耗，但同时也会扩大事故范围，因接触轨一点发生短路故障时，可能引起多路馈出开关跳闸，从而使事故范围扩大。

(2)利用纵向电动隔离开关构成大双边供电

当牵引变电所因故障解列时，利用电分段处的纵向电动隔离开关构成大双边供电，使整座牵引变电所(含隧道开关柜)退出运行，牵引网运行不受故障牵引变电所的影响，图中两台纵向电动隔离开关1ZDG、2ZDG处于合闸状态，如图5-30所示。

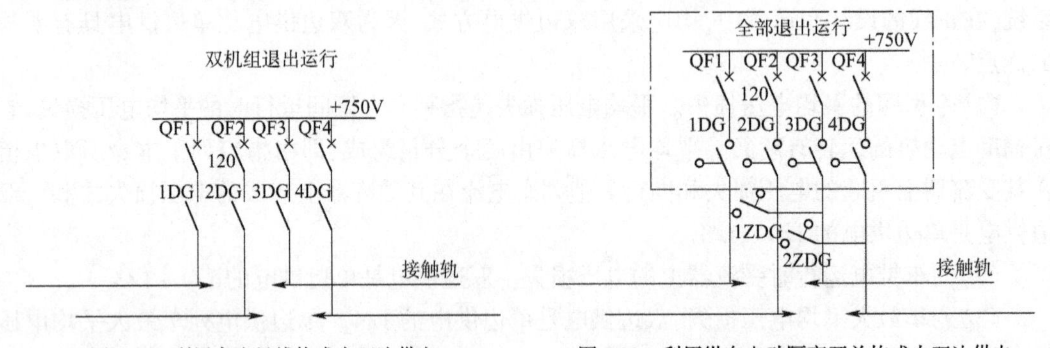

图5-29 利用直流母线构成大双边供电

图5-30 利用纵向电动隔离开关构成大双边供电

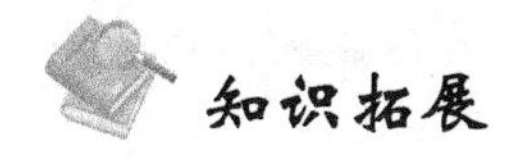

知识拓展

电力监控系统

电力监控系统(SCADA)对城市轨道交通供电系统变电所、牵引网设备进行实时控制监视和数据采集。其功能是使调度管理人员通过监控系统实时地监视供电系统设备的运行情况,及时掌握和处理供电系统的各种事故、报警事件、准确实施调度指挥、事故抢修和事故处理,保证供电的可靠性和安全性。

1. 电力监控系统的组成

电力监控系统由监控中心电力调度子系统、各变电所综合自动化子系统及通信通道三部分组成。作为综合监控系统的一个子系统,电力调度工作主站设在控制中心大楼内,由综合监控系统统一管理;各变电所综合自动化子系统在车站接入站级综合监控系统以太网,通过综合监控系统通信通道送至控制中心。在车辆段设置电力监控复示系统,监视全线供电设备的运行情况。变电所综合自动化子系统采用集中管理、分散分布式结构,整个系统由站级管理层、网络通信层和间隔层组成,完成继电保护、监视控制、自动控制装置和远动及数据通信等功能。变电所综合自动化子系统的通信网络,一般采用以太网或以太网与现场总线并存模式。

2. 系统主要功能

(1)控制中心电力调度工作主站主要功能

①遥控。实现对变电所高压断路器和电动隔离开关(含接触网隔离开关)及主要0.4kV断路器的单独控制和程序控制。断路器和电动隔离开关的操作具有安全联锁功能。

②遥信。对被监控对象的位置信号、事故信号、预告信号进行实时采集。

③遥测。实现对变电所电流、电压、功率、电能的实时采集,在CRT上显示对极限值进行统计和报警显示。

④遥调。可对主变电所内有载调压变压器进行有级调节,遥调结果在调度终端主接线画面上显示。

⑤数据处理。无故障时进行正常信息处理,在现场或监控系统本身故障时,在监视器及模拟屏给出声光报警,并自动打印。

⑥维修及一般事故抢修调度。

⑦调度事务管理。

⑧各种调度画面显示。

⑨数据储存及报表统计、数据打印及画面拷贝。

⑩系统自诊断、自恢复及在线修改。

(2)变电所综合自动化系统主要功能

①实现变电所各种设备的控制、监视、联动操作以及电流、电压、功率、电能测量、保护等。

②接受综合监控系统或当地维护计算机的控制命令;向综合监控系统或当地维护计算机传送变电所操作、事故、预告信息。

③直接控制监视不宜装设监控单元的开关设备(如接触网上电动隔离开关)。

④事故、预告信息液晶显示和音响。

⑤变电所维护计算机功能，实现对变电所监控网络和监控单元编程、对各监控单元软件的日常维护，对变电所内各种设备的控制、监视、测量数据显示和统计。

⑥系统故障诊断，任何监控单元发生故障，均应报警，单个监控单元的故障，不影响整个网络的运行，故障标志达到板级。

3. 控制范围

(1) 主变电所

110kV 断路器、110kV 电动隔离开关、33kV 断路器和主变压器调压开关。

(2) 降压变电所

33kV 断路器、400V 进线断路器、400V 母联断路器、400V 三类负荷总开关及 400V 主要馈线回路断路器。

(3) 牵引降压混合变电所

33kV 断路器、1500V 直流断路器、接触网电动隔离开关、400V 进线断路器、400V 母联断路器、400V 三类负荷总开关及 400V 主要馈线回路断路器。

4. 监视范围

(1) 主变电所

开关位置、事故信号和预告信号。

(2) 降压变电所

0.4kV 母线以上的所有设备(含三类负荷总开关)及 400V 主要馈线回路断路器位置、事故和预告信号。

(3) 牵引降压混合变电所

0.4kV 母线以上的所有设备(含接触网隔离开关、三类负荷总开关)及 400V 主要馈线回路断路器位置、事故和预告信号。

若变电所采用门禁系统，则监控系统应能监视变电所大门的开启情况以及人员进入时间、编号等。

5. 测量范围

(1) 主变电所

110kV 侧电流、有功功率、无功功率(容性、感性)、有功电能、无功电能(正计和反计)，110kV 母线电压，主变压器低压侧电流，33kV 母线电压、33kV 母联电流，33kV 馈线电流，主变压器抽头位置。

(2) 降压变电所

33kV 进/出线电流、33kV 母线电压、33kV 母联电流，33/0.4kV 变压器高压侧电流、有功功率、有功电能，400V 进线电流、母线电压。

(3) 牵引降压混合变电所

33kV 进/出线电流、33kV 母线电压、33kV 母联电流，整流机组电流、有功功率、有功电能，直流 1500V 母线电压，直流 1500V 馈线电流；33/0.4kV 变压器高压侧电流、有功功率、有功电能，400V 进线电流、母线电压。

6. 接口

(1) 与综合监控系统接口

电力监控与综合监控系统分界点设在车站主控室内通信控制器的通信接口处。

(2) 与通信系统接口

电力监控系统与通信系统的接口分界在车站通信配线架的端子上。

(3)与主变电站接口

硬件接口分界在变电站控制信号盘和下位监控单元输入/输出端子排。

相关规范、规程与标准

1. 相关国家标准对一级负荷电源的规定

根据国家标准《供配电系统设计规范》(GB 50052—2009)第3.0.2条、第3.0.3条和《地铁设计规范》(GB 50157—2013)中第14.1.7、第14.1.11条,对一级负荷的供电电源应符合下列规定:

(1)一级负荷应由两路电源供电;当一路电源发生故障时,另一路电源不应同时受到损坏。

(2)一级负荷中特别重要的负荷,除由两个电源供电外,尚应增设应急电源,并严禁将其他负荷接入应急系统。

《供配电系统设计规范》(GB 50052—2009)第3.0.4条又对应急电源作了如下规定。

下列电源可作为应急电源:

(1)独立于正常电源的发电机组。

(2)供电网络中独立于正常电源的专用的馈电线路。

(3)蓄电池。

(4)干电池。

根据上述标准中对一级负荷供电电源的要求,城市轨道交通供电系统的主变电所、牵引变电所、降压变电所,都要求能获得2路电源。

2. 中压供电网络的电压等级

通过中压电缆,纵向把上级主变电所和下级牵引变电所、降压变电所连接起来,横向把全线的各个牵引变电所、降压变电所连接起来,便构成了中压供电网络,其功能类似于电力系统中的输电线路。中压网络不是供电系统中的子系统,但它是供电系统设计的核心内容,涉及外部电源方案、主变电所的位置及数量、牵引变电所及降压变电所的数量、牵引变电所与降压变电所的主接线等。

我国现行中压配电标准电压等级有35kV、20kV、10kV、6kV和3kV。不同电压等级的中压网络特点归纳如表5-13。

不同电压等级中压网络的综合比较　　表5-13

序号	项　目	35kV	33kV	20kV	10kV
1	适用标准	国家标准	国际标准	国家、国际标准	国家、国际标准
2	对外部电压等级要求	城网可以没有35kV	城网可以没有33kV	城网可以没有20kV	一般城网均已有10kV
3	设备国产化	国内	国外	国内	国内
4	环网柜情况	无环网柜	有环网柜	有环网柜	有环网柜
5	设备尺寸及占用变电所面积	较大,不利于减小车站体量	较小,有利于减小车站体量	较小,有利于减小车站体量,节省土建投资	较小,有利于减小车站体量

续上表

序号	项　目	35kV	33kV	20kV	10kV
6	设备价格	适中	最高	适中，比35kV低	最低
7	输电容量	较大	较大	适中，比10kV大	较小
8	输电距离	较长	较长	适中，比10kV长	较短
9	城市轨道交通应用	广州、上海地铁普遍采用	广州、上海地铁部分先期线路有所采用	国外普遍采用	国内外普遍采用

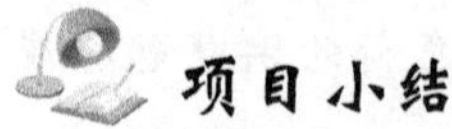

项目小结

本项目安排了两个典型工作任务，一是绘制城市轨道交通集中供电和牵引供电系统示意图，二是分析一条地铁线路的供电臂供电范围。任务一概述了城市轨道交通供电系统的功能、组成，城市轨道交通供电制式及外部供电系统对城市轨道交通的三种供电方式；任务二介绍了变电所的类型和主要电气设备，接触网的结构形式，以及牵引变电所向接触网的供电方式。

通过本项目的学习，要求学生能画出城市轨道交通系统集中供电和牵引供电系统示意图；能分析一条地铁线路的供电臂供电范围；能画出直流牵引变电所的接线原理图并复述其原理；能区分各种类型的接触网，理解其特点。要求学生理解城市轨道交通供电系统的功能；理解城市轨道交通供电系统采用直流制式的原因；了解三种外部供电方式的特点；掌握牵引供电系统的功能和组成；了解接触网的结构形式；掌握牵引变电所向接触网的供电方式。

复习思考题

1. 城市轨道交通供电系统由哪些部分组成？各组成部分的作用是什么？
2. 城市轨道交通供电系统采用何种供电制式？
3. 城市轨道交通供电系统对电源有哪些要求？
4. 城市轨道交通供电系统的电源电压等级有哪几种？
5. 画出城市轨道交通系统集中供电和牵引供电系统示意图。
6. 分析一条地铁线路的供电臂供电范围。
7. 画出直流牵引变电所的接线原理图，并复述其原理。
8. 牵引变电所有哪几种类型？其主要电气设备有哪些？
9. 接触网的主要形式有哪些？
10. 牵引网由哪些部分组成？
11. 接触网的特点有哪些？
12. 柔性接触网由哪几部分组成？
13. 接触悬挂有哪些类型？各包括哪几部分？
14. 什么是刚性悬挂？架空刚性悬挂由哪几部分组成？
15. 第三轨接触网的特点是什么？
16. 牵引变电所向接触网的供电方式有哪几种？

项目六　车站机电设备

项目描述

城市轨道交通车站机电设备主要包括屏蔽门系统、火灾自动报警系统和自动灭火系统、给排水及消防设备、车站电梯系统、低压及配电照明系统、环控系统、车站机电设备监控系统等。

本项目设置了5个典型工作任务，分析了火灾自动报警系统和自动灭火系统、屏蔽门系统、车站电梯系统、低压及配电照明系统、车站机电设备监控系统等车站机电设备的设置、操作及故障情况下的处理。

教学目标

1. 能力目标

能按规定正确使用车站机电设备，包括火灾自动报警和自动灭火设备、消防设备、屏蔽门、电扶梯、环控系统、低压配电及照明、机电设备监控系统等，为乘客提供安全、舒适、快捷、便利的候乘环境。

2. 知识目标

掌握车站机电设备，包括火灾自动报警和自动灭火设备、消防设备、屏蔽门、电扶梯、环控系统、低压配电及照明、机电设备监控系统等车站机电设备的使用知识及故障处理方法。

3. 素质目标

具有城市轨道交通服务乘客素质，善于运用相关车站机电设备为乘客提供优质服务。

任务一　人工操作屏蔽门

教学目标

1. 能力目标

在屏蔽门系统故障情况下，能对屏蔽门进行站台级开、关门操作；列车停车位置不当时，能打开应急门疏散乘客；非正常情况下能手动打开滑动门；能对故障门进行单元隔离操作。

2. 知识目标

掌握屏蔽门组成、屏蔽门三级控制方式、应急门和滑动门操作方法、故障门操作方法。

3. 素质目标

具有城市轨道交通安全生产责任意识，能对屏蔽门进行应急处理的职业素养。

工作任务

屏蔽门系统作为站台公共区域与轨道列车之间的可控通道，列车进站时配合列车车门动作打开或关闭活动门，为乘客提供上下列车的通道。正常情况下，屏蔽门通过城市轨道交通列车自动控制系统自动开关，如果出现屏蔽门系统故障时，能掌握如何打开屏蔽门，让乘客及时上下车。当出现列车停车位置不当、发生火灾、一道或部分屏蔽门出现故障等非正常情况时，掌握如何操作屏蔽门。通过本任务，能掌握在非正常情况时屏蔽门的人工操作，确保列车运行安全和乘客安全。

所需设备

真实或模拟的城市轨道交通屏蔽门、开关屏蔽门钥匙。

相关知识

站台屏蔽门系统(Platform Screen Doors，简称PSD系统，也称站台门或月台幕门)是安装于车站站台边缘，将列车运行区域与站台乘客候车区域隔开，在列车到达和出发时可自动开启和关闭，用以保障乘客乘车安全，改善乘客候车环境的一套机电一体化的设备系统，是一项集机械、信号、机电设备、监控等为一体的城市轨道交通高新技术。

一、屏蔽门的分类

屏蔽门按其功能可分为两类，闭式屏蔽门和开式屏蔽门。闭式屏蔽门也是通常所说的地铁屏蔽门；开式屏蔽门(简称屏蔽门)即通常说的安全门，开式屏蔽门又有全高开式屏蔽门(简称全高安全门)和半高开式屏蔽门(简称半高安全门或安全门)两种。

屏蔽门从结构形式上分类可分为全高闭式屏蔽门、全高开式屏蔽门和半高开式屏蔽门。

1. 闭式屏蔽门

闭式屏蔽门(图6-1)将候车空间与隧道空间完全隔开，两者之间无空气流通，门体结构高度一般为2800～3200mm。一般来说采取各种漂亮的斜撑立柱、圆弧钢圈、钢筋悬吊等方式来固定，确保其稳定性。这种形式的屏蔽门一般应用于城市轨道交通设有空调系统的地下车站，主要作用是保证乘客乘车的安全性，还可以减少能耗，提高经济效益。

图6-1　闭式屏蔽门

广州地铁在2002年底投入运营的2号线，是中国内地最早使用屏蔽门的地铁系统。2号线屏蔽门分为滑动门、固定门和应急门，门玻璃采用10mm厚钢化透明玻璃，当列车到达站台停车后，滑动门与列车车门正好对齐并同时开启，上下乘客完毕，滑动门与列车车门又同时关闭，列车驶离站台。2号线安装屏蔽门后大大减少车站冷气在隧道里散失，与之前并未安装屏蔽门的1号线相比，可节约空调通风系统所耗电能的20%。

2. 全高开式屏蔽门

全高开式屏蔽门(图6-2)同闭式屏蔽门一样，是一道自上而下的玻璃隔离墙和活动门，沿着车站站台边缘和两端头设置，能把站台候车区与列车进站停靠区隔离，只在顶端处留一缝隙，这样设计允许轨道与站台间有空气对流通道，门体结构高度一般为2800～3200mm。全高开式屏蔽门，除具有保证乘客安全的功能外，还能阻挡列车进站的气流对乘客的影响，节约能耗以及降低噪声，这种结构多用于没有空调系统的地下站台。

3. 半高开式屏蔽门

半高开式屏蔽门（图6-3）是一道上不封顶的玻璃隔离墙和活动门，门体结构高度一般为1200～1500mm，主要安装在地面车站及高架车站，或顶部无安装条件的地下车站。与全高式相比，安装位置基本相同，但结构简单，高度低，空气可以通过屏蔽门上部流通，造价相对较低。它主要起隔离的作用，提高站台候车乘客的安全，同时还能起到一定的隔音降噪作用，主要应用于气候比较凉爽的城市地铁站台中。如法国吐鲁斯轻轨系统、巴黎地铁14号线无人驾驶系统、日本多摩都市高架线、天津地铁1号线等。

图6-2　全高开式屏蔽门

图6-3　半高开式屏蔽门

二、屏蔽门系统构成

屏蔽门系统主要由门体、门机、电源与控制等四个部分组成。门体包括顶箱结构、门槛、顶梁、立柱和框架式玻璃门等组成；控制系统主要由屏蔽门中央接口盘（PSC）、屏蔽门就地控制盘（PSL）、门控单元（DCU）以及通信介质及通信接口构成。

安全门系统由门体、门机、电源与控制等四个部分组成。门体主要包括门槛、滑动门、固定门、应急门、端门、固定侧盒等；控制系统主要由安全门中央接口盘（PSC）、安全门就地控制盘（PSL）、门控单元（DCU）以及通信介质及与其他专业间的接口构成。

1. 门体主要部件（相关教学资源见二维码26）

（1）顶箱

屏蔽门顶箱内设置有驱动机构、锁闭及解锁装置、门控单元、行程控制开关及导轨组等，用来驱动、控制滑动门。屏蔽门顶箱面板兼作站台导向指示标志。

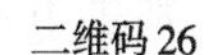

二维码26

（2）门槛

屏蔽门的门槛保证滑动门正常滑动。

（3）顶梁和立柱

屏蔽门的顶梁和立柱为顶箱、门机和门框架的支撑及固定部件。

（4）框架玻璃门

框架玻璃门包括滑动门（ASD）、固定门（FIX）、应急门（EED）、端门（PED）、顶箱盖板，如图6-4所示。

滑动门设在与每列车车门一一对应的屏蔽门位置。每个门有两个门扇，由门机驱动向两侧滑动打开和关闭。滑动门打开时，为乘客提供上、下列车的通道；关闭时，作为车站站台公

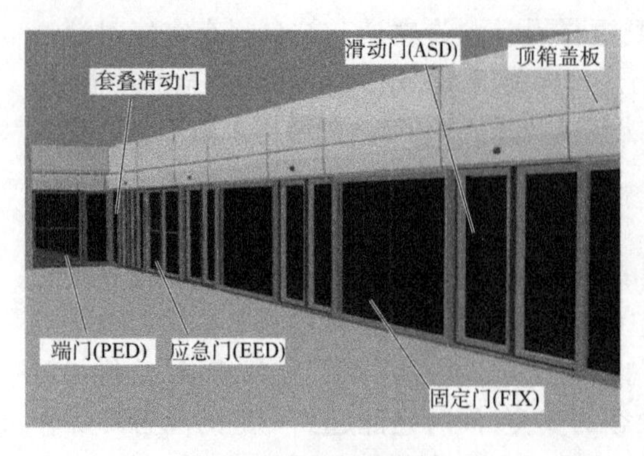

图 6-4　框架玻璃门

共区与隧道区域的屏障；在车站隧道区域发生火灾或故障时，作为乘客的疏散通道。

固定门设置于滑动门之间，滑动门与端门之间，在站台公共区与隧道区域之间起屏蔽作用。屏蔽门（滑动门）的手动操作见二维码 26。

二维码 26

应急门除屏蔽作用外，在列车进站停车时，由于列车故障无法将车门与滑动门对准时，为乘客疏散提供应急通道。应保证列车停在车站任何位置时均有至少一个车门对准应急门。在轨道侧设有开门把手，紧急情况时乘客可从轨道侧按压开门杠杆解锁，向站台侧旋转 90°推开应急门；在站台上站务也可以用钥匙打开。

每列屏蔽门的两端设有端门，向站台侧旋转 90°全开，端门的设置主要有以下三种功能：在车站宽度方向上将站台公共区与轨行区隔开，起到了屏蔽作用；列车在区间发生火灾且无法驶入车站停车的情况下，乘客可从端门疏散到车站站台；站务或维修人员可从端门进入站台设备区和区间隧道。

（5）门锁

端门、滑动门与应急门均设有不同形式的门锁作为安全装置。乘客在紧急或故障情况下可以在轨道侧将门手动解锁打开，同时，站务人员可在站台侧用钥匙解锁开门。滑动门与应急门锁闭信号反馈至信号系统，端门、滑动门与应急门状态反馈到 PSC 后，传递给主控系统。端门的手动开门见二维码 27。

2. 门机

门机主要由电机、减速装置、传动装置、导轨与滑动拖板、行程开关和锁紧及解锁装置等构成。其采用无刷直流电机，电机调速性能和输出转矩满足门运曲线和动力曲线要求。传动装置采用皮带传动或螺杆传动。

二维码 27

3. 供电电源

屏蔽门/安全门系统的供电电源为一类负荷。由低压配电系统提供两路（一用一备）独立的 380V、50Hz 三相交流电源，为两侧站台的屏蔽门/安全门提供驱动电源。提供一路单相 220V、50Hz 的控制电源。

（1）驱动电源

驱动电源由 UPS 和蓄电池组构成。驱动电源在市电故障状态下，其容量能够满足车站内所有门开/关三次。蓄电池的放电曲线应能满足屏蔽门按远期行车组织运行要求。

（2）驱动电源配电盘

驱动电源配电屏内包括隔离变压器、接线端子、断路器等。每个车站电源配电盘内馈出足够多的电源回路配电给每个门单元。

（3）控制电源

控制电源包括 UPS 和蓄电池组。UPS 为在线式不间断电源。UPS 的蓄电池容量能保证屏蔽门控制系统设备（PSC、PSL 和 DCU 等）持续工作 0.5h。

4. 控制系统

屏蔽门控制系统主要由中央接口盘（PSC）、就地控制盘（PSL）、门控单元（DCU）等设备以及网络通信设备组成。每列屏蔽门的控制子系统由 PEDC、PSL、DCU 和其他相关设备组成。中央接口盘(PSC)设置于屏蔽门设备房,每个车站有一套 PSC。PSC 包含控制器、显示盘、继电器、I/O 接口电路和指示灯等设备。

就地控制盘(PSL)设置于每个站台的列车出站端,与列车正常停车时驾驶室的门相对应,在控制盘上设置屏蔽门/安全门钥匙开关、控制按钮、门状态指示灯及测试按钮。PSC 与 DCU 通过工业局域网和硬线方式连接进行信息交换;PSC 与信号系统之间通过硬接点方式连接;PSC 通过数据线与车站设备监控系统联网,将屏蔽门/安全门系统的故障状态上送至监控系统在车控室的工作站。

三、屏蔽门系统的控制方式

屏蔽门(安全门)的控制方式控制系统实现系统级控制、站台级控制和手动操作三级控制方式。

1. 系统级控制

系统级控制是在正常运行模式下由信号系统对屏蔽门进行开门、关门控制的控制方式。列车到站并停在允许的误差范围内时,ATC 发出"开门"命令,经过信号设备传到屏蔽门系统 PSC,由 PSC 控制门控单元 DCU 打开滑动门;列车驶出站台时,列车驾驶员操作列车关门按钮,关门命令经信号系统传输至 PSC,最后由 DCU 实现滑动门的关闭;当所有的滑动门完全关闭并锁紧时,DCU 向 PSC 反馈"闭锁"信息到信号系统,列车可驶离车站。

2. 站台级控制

站台级控制是在系统级控制不能实现时,由列车驾驶员或站务人员在 PSL 上进行操作控制。站台级控制还可以实现 ASD/EED 与信号系统的互锁解除,强制发出闭锁信息,使列车尽快离站出发。

3. 手动操作(相关教学资源见二维码 28)

个别门在控制系统因故障不能打开,工作人员在站台侧用钥匙或乘客在轨道侧操作开门把手打开滑动门,如图 6-5 所示。

二维码 28

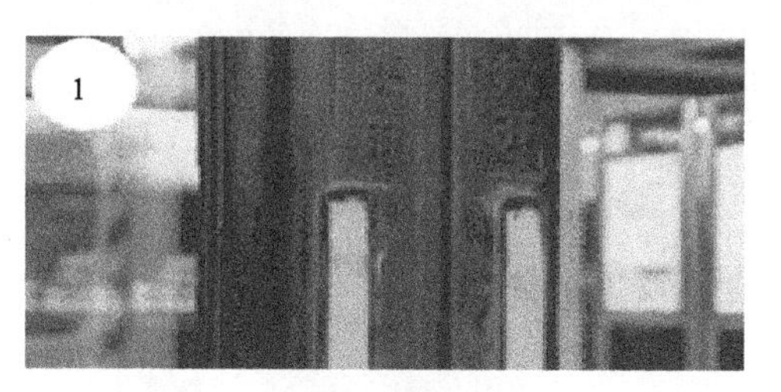

a)屏蔽门关闭

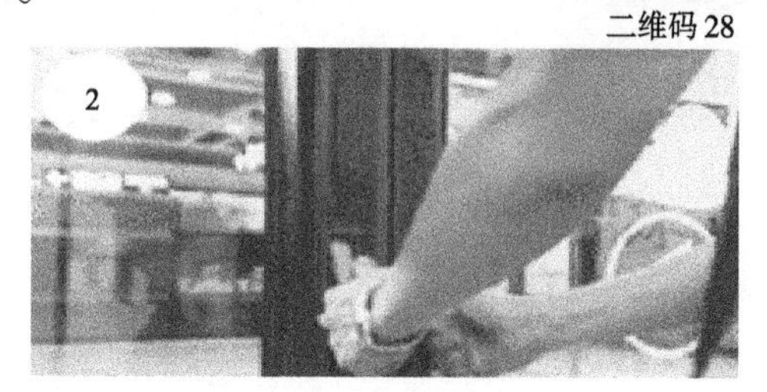

b)拉开绿色手柄

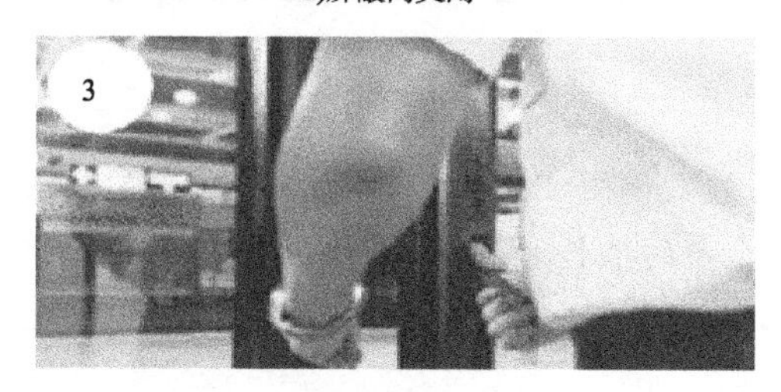

c)把门往两边拉开

d)屏蔽门打开

图 6-5 屏蔽门手动解锁装置

四、地铁屏蔽门功能

除了保障了列车、乘客进出站时的绝对安全之外，地铁站台安装屏蔽门还可以大幅度地减少司机瞭望次数，减轻了司机的思想负担，并且能有效地减少空气对流造成的站台冷热气的流失，降低列车运行产生的噪声对车站的影响，提供舒适的候车环境，具有节能、安全、环保、美观等功能。

地铁屏蔽门系统，使空调设备的冷负荷减少35%以上，环控机房的建筑面积减少50%，空调电耗降低了30%，有明显的节能效果。

地铁通风与空调系统应结合地铁的运输能力、当地的气候条件、人员舒适性要求和运行及管理费用等因素进行技术综合比较，作为确定车站是否设置屏蔽门的依据。

知识拓展

防淹门系统

防淹门系统作为地铁的防灾设备，主要应用在水系复杂、常年蓄水或地处海域海岛的地区，如地处珠江三角洲的广州 、长江三角洲的上海、香港。地铁在以地下线路穿越河流或湖泊等水域时，应考虑在进出水域的隧道两端的适当位置设置防淹门，以防止因意外使洪水进入隧道和车站，避免造成大范围的人身伤亡和财产损失，有效保护地下设备和人身的安全。

防淹门控制系统以每个门体为相对独立的控制子系统，完成防淹门开、关门的控制。在控制中心及相关车站可通过主控系统网络监视设备的运行状态。

防淹门控制系统两套相对独立的控制装置，分别设在过江河段隧道两端车站防淹门室内，负责对本站左、右线隧道防淹门及其附属设备的运行状态进行监视、对水位传感器送来的水位信号进行比较和确认，并根据确认结果将相应的报警信号送到车站控制室，当接收到关门和开门指令时，防淹门控制装置分别对所管辖的防淹门进行关门和开门过程控制。

任务二　车站消防系统运用

教学目标

1. 能力目标

能运用常用灭火器进行灭火，会操作消防栓及消防卷盘，地下车站发生火灾时能组织乘客紧急疏散。

2. 知识目标

掌握火灾自动报警系统和自动灭火设备的功能及使用方法；掌握车站消防设备，包括灭火器的使用、消防电话、防毒面具、消防栓及消防卷盘的操作方法；掌握防灾报警系统功能及设备形象图形的含义；掌握地下车站火灾时乘客疏散方法；掌握车站环境控制系统、机电设备监控系统、综合监控系统的功能。

3. 素质目标

培养安全组织运输生产的职业素质，为乘客的生命和财产高度负责的职业素养。

工作任务

城市轨道交通是乘客高度密集的地方，为确保运输生产安全和旅客安全，车站需设置防灾报警系统、灭火系统、环控系统、车站设备监控系统等车站机电设备，本任务主要是熟练掌握车站机电设备的设置、功能以及正确运用这些设备确保运输生产安全和旅客安全。

所需设备

灭火器、消火栓、地铁车站机电设备模拟仿真系统。

相关知识

地铁与轻轨可能发生的灾害有火灾、水灾、地震、风灾、雷电、停电、设备损坏、行车事故及人为事故等，但发生次数最多、影响最大、造成人员伤亡和经济损失最严重的是火灾事故。所以，地铁与轻轨的防灾设计应把防火灾措施放在首要地位。

防灾设计应贯彻预防为主、防消结合的消防工作方针。在建筑设计及各种机电设备设计中所选用的材料和设备必须是非燃型或阻燃材料，要求做到安全可靠。同时，防灾系统应采用先进的自动报警系统和自动灭火系统。一旦发生火灾或其他事故，应能尽早发现，迅速排除，使灾害事故可能造成的人员伤亡及经济损失减小到最低限度。

地铁与轻轨属于一级防火的建筑物，在地铁与轻轨内设置了防灾报警监控管理系统（防灾报警指挥中心和车站综合控制室两部分组成）。车站综合控制室可监控整个车站灾情，记录并显示受灾部位，显示防灾设施设备的运行状况，并随时向防灾报警指挥中心传送灾情信息，接受报警指挥中心的指令，及时指挥救灾工作。

在车站应设置防火分区、防火墙、甲级防火门及防火卷帘门，同时在结构和建筑装修裸露部分都应采用非燃材料，各种管道保温也要采用非燃材料制作，各种电缆、电线要采用阻燃型或耐火型材料。变电所应采取干式变压器、真空开关、电缆桥架外涂防火材料等防火措施。

地铁与轻轨中消防系统的种类有很多，如水消防系统、火灾自动报警系统、自动气体灭火系统、机电设备监控系统、防排烟风机等。本节主要介绍水消防系统、火灾自动报警系统和自动气体灭火系统。

一、水消防系统（相关教学资源见二维码 29）

二维码 29

水消防系统主要由消火栓灭火系统和自动喷淋灭火系统组成。

1. 消火栓灭火系统

消火栓灭火系统主要设在车站的管理用房、站厅层、站台层、出入口、车站和区间风道内。在区间隧道内每 100m 设一个消火栓。当发生火灾时，打破消火栓的玻璃，信号传送到车站综合控制室，由报警控制器主机确认后自动和远程控制消防泵灭火。

2. 自动喷淋灭火系统

自动喷淋灭火系统主要设置在车站的票务车间，易燃的库房、备品库及商业区部分。当喷淋灭火分区发生火灾时，由于现场温度升高而使闭式喷头上低熔点合金熔化或玻璃球爆裂，喷头即行喷水灭火。这时管网中的水压力骤然下降，压力开关把信号送给综合控制室，经确认后自动或远程控制喷淋泵（消防泵和喷淋泵合用）水流指示器触点闭合，车站综合控制室立即显示着火部位,并设音响报警。

二、火灾自动报警系统

火灾的早期发现对消防救灾来说具有极其重要的意义,而地下车站和区间隧道由于空间狭小,消防救灾十分困难,火灾的早期发现和早期扑救对消防救灾来说显得尤为重要。因此为保障城市轨道交通运营线路的安全运营,设置火灾自动报警系统(Fire Alarm System,简称 FAS),对城市轨道交通运营线路全线进行火灾探测、报警和控制。

火灾自动控制系统主要由探测器、控制器及信号线组成,其分布在站厅、站台、一般设备用房等位置,能监督车站消防设备的运行状态,接收车站火灾探测器、手动报警按钮等现场设备的报警信号并显示报警位置,优先接收控制中心发出的消防救灾指令,并能在火灾发生时,发出模式指令使机电设备监控系统运行转入火灾模式,实现消防联动,同时可通过事故广播系统的闭路电视系统组织疏散乘客,对气体灭火系统的保护区域进行火灾监视,达到及早发现火灾,通报并发送火灾联动指令的作用。

在不能采用水和泡沫灭火的部位应采用 1301 灭火剂。1301 灭火剂在地铁内主要用于车辆变电所、机械室、信号继电器室、计算机房及总机房等设备房间的灭火。

本项目以某一地铁公司为例进行说明,使用时需注意细微差别。

1. 火灾自动报警系统功能

FAS 有中央和车站两级监控。

中央级 FAS 具备以下功能:

(1)接收、显示并储存全线主要火灾报警设备的运行状态。

(2)接收由车站级设备传送的各探测点的火灾报警信号,显示报警部位及自动记录。

(3)自动和人工手动确认火灾报警。

(4)根据火灾发生的实际情况,自动选择预定的解决方案,向各消防控制室发出消防救灾指令和安全疏散命令。

(5)图形控制中心 PC 机通过无线发射台及时向市消防局 119 无线报警台进行火灾报警,向消防部门通报灾情。

(6)接收主时钟的信息,使 FAS 系统时钟与主时钟同步。

城市轨道交通消防指挥中心设有消防值班员,负责管理全线的火灾报警;确认火灾灾情,向车站级发出消防救灾指令,指挥救灾工作的开展。

车站级 FAS 具备以下功能:

(1)监视车站及所辖区间消防设备的运行状态。

(2)接收车站及所辖区间火灾报警或重要系统、设备的报警,并显示报警部位。

(3)向消防指挥中心报告灾情,接收消防指挥中心发出的消防救灾指令和安全疏散命令。

(4)通过车站级的消防联动控制接口向机电设备监控系统(EMCS)发出救灾模式指令,由 EMCS 系统启动消防联动设备。

(5)通过消防广播系统和闭路电视监视系统,对乘客进行安全疏散引导。

城市轨道交通车站、车辆段、集中供冷站及主变电站消防控制室没有专职消防值班员,由值班站长或值班员兼任,监视火灾报警、确认火灾灾情、报告消防指挥中心、接收消防指挥中心发出的消防救灾指令、控制有关消防联动设备和组织现场救灾。

2. 火灾自动报警系统组成

(1)图形控制中心系统

图形控制中心系统配置两台计算机,分别为监控管理操作终端和历史资料存档管理操作终端,操作终端采用高质量、高性能的个人计算机(PC)或高性能工业级计算机,配置彩色显示器、键盘和鼠标、打印机、UPS,历史资料存档管理操作终端配置高性能、高容量的磁带机,用于历史资料的存储备份。应用软件是完全汉化的,运行于 Windows 95 以上版本的操作系统上,用户界面良好,操作灵活简便,可以以图形和文本两种方式处理事件;能对事件进行合理分类及过滤筛选;可以通过对事件存储文件的分析,了解何时发生何事,便于分析事件发生的原因。

(2)车站级火灾自动报警系统

在各地铁车站、主变电站、集中供冷站、车辆段各主要建筑的消防控制室设置一台 FACP 盘,FACP 盘配置先进的微处理器、LCD 显示器和紧急供电装置。微处理器有强大的事件存储功能便于分析事件发生的原因。LCD 的显示是全中文字符,合理设置,最大限度地向消防值班员提供信息。除了具有 LCD 显示外,还有易于理解的灯(LED)和开关按钮组合,以帮助消防值班员在紧急情况下执行系统命令和救灾命令。同时在各地铁车站设置消防联动控制柜,联动控制柜通过控制电缆与重要消防设备的控制回路相连,联动柜上有各种带自锁按键,用于火灾时自动控制系统失效的情况下,手动控制各种消防设备。紧急供电装置为火灾报警控制器的专用 UPS,电池容量可以维持系统 24h 的正常运作。

(3)火灾自动报警系统现场设备

图 6-6 所示为火灾自动报警系统 FAS 系统现场设备网络图。

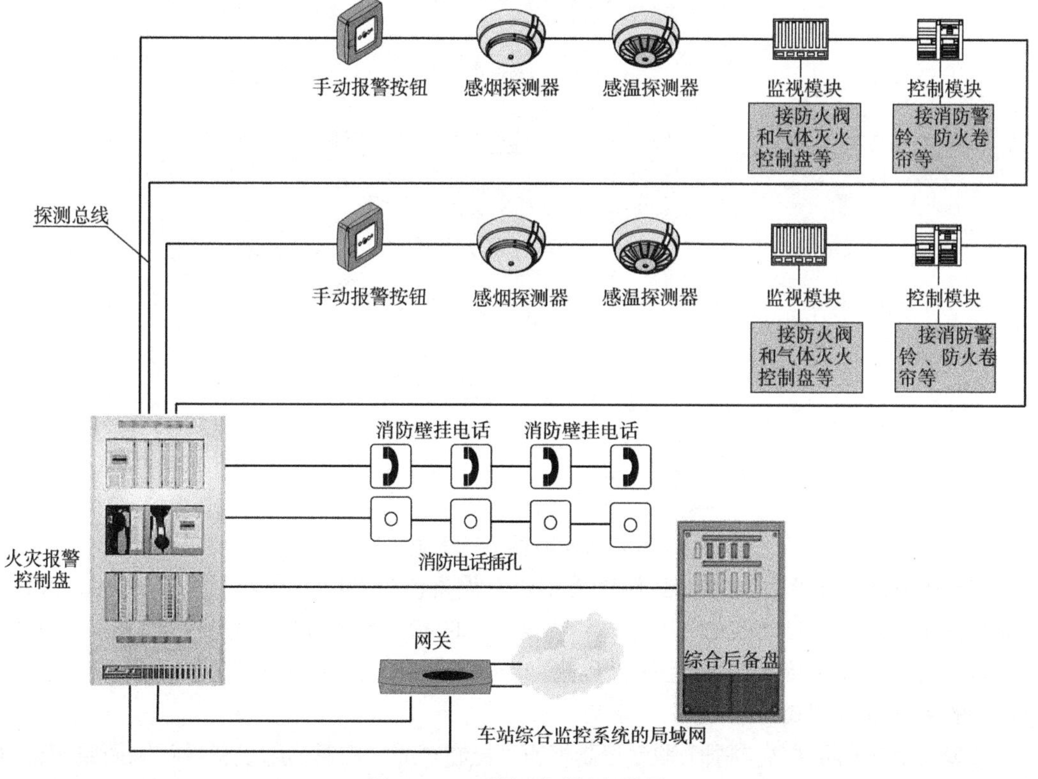

图 6-6　FAS 系统现场设备网络图

①火灾探测器。在地铁范围内均设有带地址码的火灾探测器，如车站内各设备管理用房、站厅及站台旅客公共区和通道等区域，均有分布智能型感烟探测器进行火灾探测。

②手动火灾报警按钮。在站厅层、站台层、出入口通道和设备区等区域设有带地址码的手动火灾报警按钮。报警区域内每个防火分区，至少设有一只手动火灾报警按钮。从一个防火分区内的任何位置到最邻近的一个手动火灾报警按钮的步行距离，不大于30m。在上述区域中，若设有消火栓箱，则手动火灾报警按钮安装在靠近消防栓箱处，明显且便于操作的墙上。灭火器设备的操作见二维码30。

二维码 30

③感温电缆。站台板下的电缆廊道设感温电缆，感温电缆按电缆桥架分层，蛇行走向布置。

④光束式感烟探测器。在大空间、长距离的库房设有红外光束式感烟探测器。

⑤探测模块。探测模块是带地址码的，用于接收气体自动灭火系统控制盘上的火灾预报警信号、火灾确认信号、系统故障信号、气体释放信号和手动/自动状态信号，以及车站内防火阀和感温电缆的动作信号。

⑥控制模块。控制模块是带地址码的，用于控制防火卷帘的降落。同时根据车站防排烟系统的火灾运行模式，一种模式对应一个控制模块，火灾时，根据不同的着火区域自动启动相应的火灾运行模式。

3. 火灾自动报警系统消防联动控制系统的配置

图 6-7 为车站级 FAS 系统构成框图。

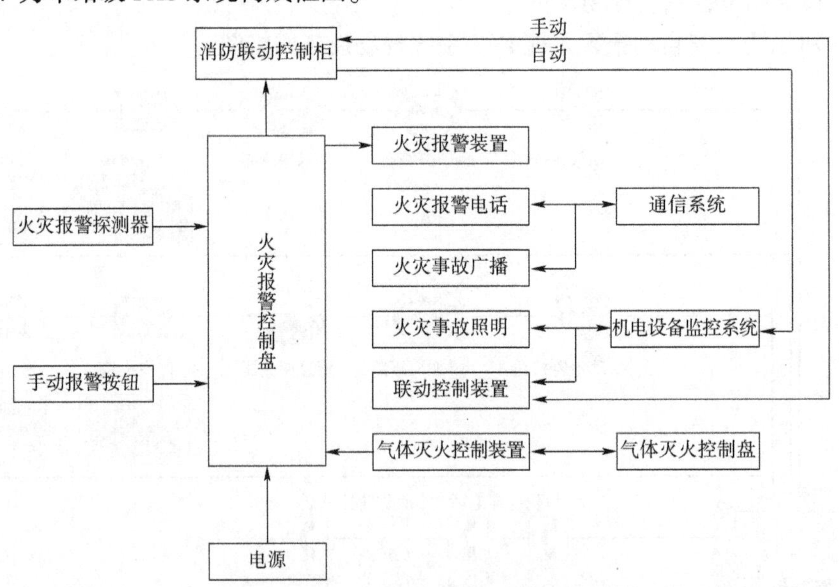

图 6-7　车站级 FAS 系统构成框图

FAS 所有的防排烟系统联动控制功能由机电设备监控系统 BAS 实现。FAS 系统和 BAS 系统在各车站均设有自动控制接口，FAS 系统发出的指令具有最高优先权，当发生火灾时，通过车站的自动控制接口，FAS 系统发出指令，按指令 BAS 系统将其所监控的设备运行转换为预定的火灾运行模式。

各车站设有消防联动控制柜，联动控制柜通过控制电缆与重要消防设备的控制回路相连，联动柜上有各种带自锁按键，用于火灾时自动控制系统失效的情况下，手动控制各种消防设备。

4. 消防广播通信系统

(1)消防广播

火灾报警在车站内未设警铃或警笛,而是设置火灾事故广播。火灾事故广播不单独设置,与车站广播系统合用;平时为车站广播用,火灾时,能在消防控制室将广播音响强行切转到火灾事故广播状态,火灾事故广播具有优先权。

(2)消防通信

消防指挥中心设专用电话用于向公安消防部门报警。

FAS 系统在车站内设有消防报警电话插孔,而在区间隧道则与轨旁电话系统合用,并结合有线和无线通信系统的使用,实现消防指挥通信系统的全部功能。站内及轨旁电话系统在各消防控制室、值班室、消防水泵房和通风空调机房设置直达通话话机;区间隧道设置轨旁电话机。FAS 在高低压室、通信设备室、信号设备室、环控电控室和屏蔽门设备室等气体灭火保护房间门外的墙上设置固定通话话机。

在有线通信系统中消防指挥中心设置调度电话总机,各消防控制室设置调度分机。消防指挥中心调度员可对设于各消防控制室的分机进行单呼、组呼、全呼;分机可对中心调度员进行一般呼叫和紧急呼叫。

FAS 系统与行车调度等共用一套闭路电视监视系统。在消防指挥中心设置切换装置和监视终端,在各车站控制室宜与行车管理等共用一套切换装置和显示终端。图 6-8 是火灾自动报警流程图。

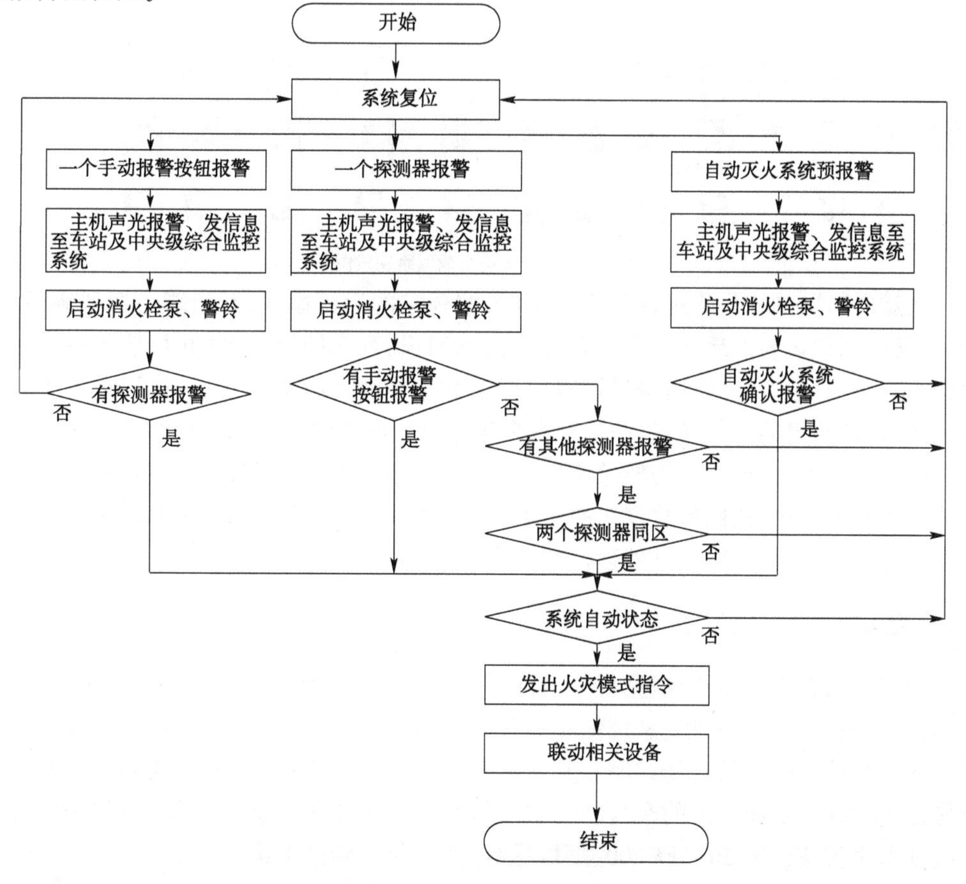

图 6-8　火灾自动报警流程图

FAS 系统全线网络为独立的光纤环网,图形控制中心 PC 机和各车站级 FACP 盘分别是网络上一个节点,各节点为同层网络。为了保证全线网络可靠性,采用 Style7 闭环通信方式,在通信线路发生单点故障时仍可保证系统的运作,当发生单点断开、单点接地、线间短路、开路或接地故障时仍能具备信号传输能力。在出现多点故障时,网络重新配置成多网络,系统将对每个能够传送及接受网络信息节点继续做出反应。本机的响应因其数据驻留在每个节点上而总是被执行,保持了系统最大限度的生存能力。图形控制中心两台 PC 机是网络上的两个节点,当主监控机发生故障时,另一台 PC 机能在人工干预下迅速切换为主监控机,使两台 PC 机互为备用。

FAS 系统全线网络的通信传输介质为光纤,每个节点使用通信专业提供的光缆里的4 根光纤。图 6-9 为 FAS 系统全线网络构成图。

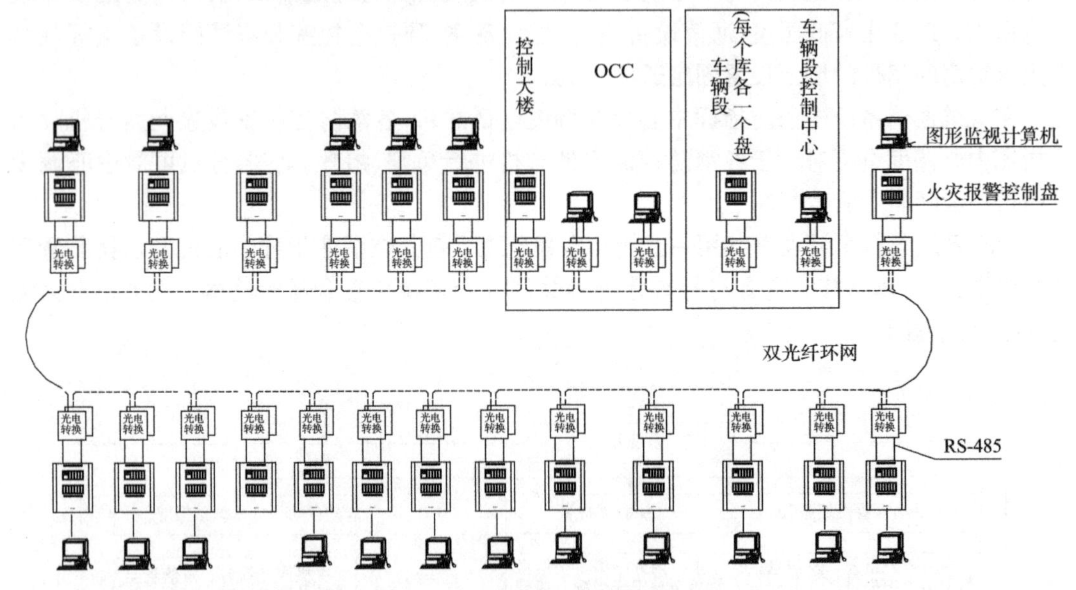

图 6-9　FAS 系统全线网络构成图

区间隧道通风系统早晚运营前后半小时,按预定的运行模式,开启隧道通风系统;正常运行时,通过列车运动的活塞效应实现隧道内的通风;列车阻塞于区间时,按与行车一致的方向组织气流,对阻塞区间进行机械通风,保证列车空调冷凝器正常运行;列车发生火灾而停在区间时,按预定的运行模式,按与多数乘客撤离相反方向送风和排除烟气。由于每端的隧道风机互为备用,运行工况的隧道风机出现故障时,可以切换到备用风机运行。特长区间根据消防疏散的原则,按照事故列车的停车位置,启动区间中部及相应车站端部的隧道风机系统,组织排烟和人员疏散。其处理过程如图 6-10 所示。

三、自动气体灭火系统

自动气体灭火系统布置在重要的设备房,如高低压室、通信设备室、环控电控室、信号设备室等,能实现火灾信号采集、系统信息处理、声光报警控制、信息报告、相关环控设备联动控制和气体释放全过程的自动控制。其控制方式一般有自动控制,电气式的手动控制和机械操作控制三种。目前应用的全自动灭火系统绝大部分是气体灭火系统,而常用的气体灭火系统则以卤代烷(如 1301、FM200、烟烙尽等)和二氧化碳灭火系统为主。

全自动气体灭火系统可以分为两大部分,即药剂储存和喷放设备、报警和控制设备,主要包括存储气体的钢瓶、驱动钢瓶内气体释放的阀门、输送气体的管网、整个系统的中央控制单元(控制盘)、火灾探测器、声光报警设备及一些辅助使用的开关等。

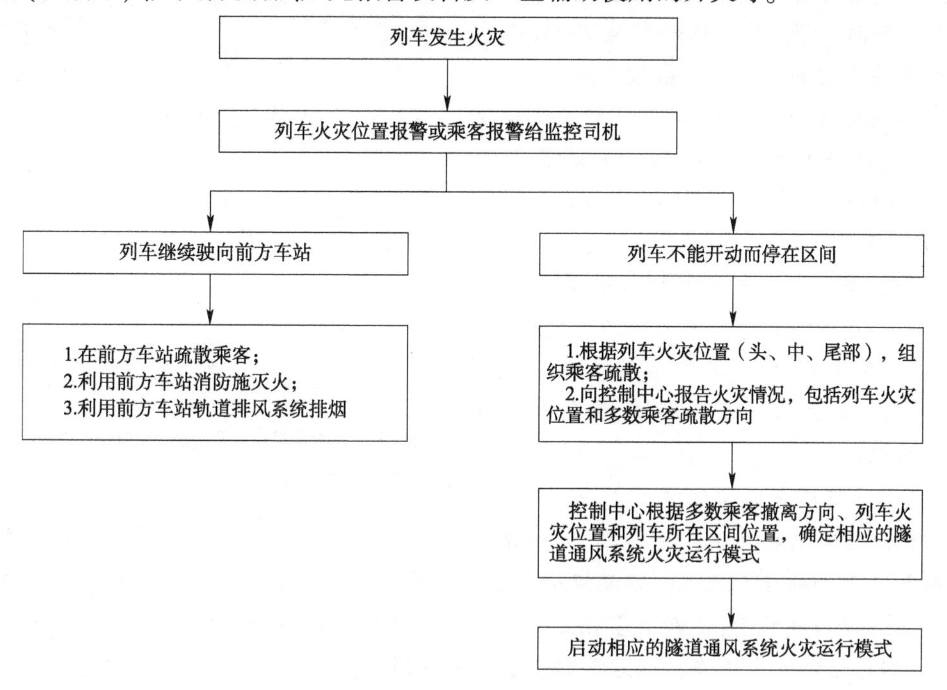

图6-10 列车火灾处理流程

为了保证在发生火灾的情况下,乘客能安全迅速疏散,应在车站出入口、楼梯口、通道拐弯处、区间隧道内及联络通道内等适当位置设置明显的疏散诱导标志灯或安全信号标志。

知识拓展

综合监控系统的构成

综合监控系统是一个高度集成的综合自动化监控系统,其目的主要是通过集成城市轨道交通多个主要弱电系统,形成统一的监控层硬件平台和软件平台,从而实现对各被集成系统的集中监控和管理功能,实现对列车运行情况和客流统计数据的关联监视功能,并对通信系统和设备进行统一的监控,最终实现相关各系统之间的信息共享和协调联动功能。通过综合监控系统统一的用户界面,运营管理人员能够更加方便、更加有效地监控管理整条线路的运作情况。

城市轨道交通监控和调度指挥采用两级制,即中央级监控和车站级监控制模式。正常情况下以中央级为主。综合监控系统的监控对象为行车和行车指挥、防灾和安全、乘客服务等相关内容,服务对象是各调度员和值班站长。为了满足两级制监控和调度指挥的需求,综合监控系统采用两级管理三级控制的分层分布式结构。两级管理分别是中央级和车站级,三级控制分别是中央级、车站级和现场级。现场级控制是指在被控对象附近的就地控制,现场级控制功能由各相关系统来完成,系统结构框图如图6-11所示。

(1)中央级综合监控系统

中央级综合监控系统在控制中心设置中央级局域网络,通过全线的主干网络将各车站监控网的监控信息汇集到控制中心,并在控制中心与乘客信息服务系统(PIDS)、自动售检票系统(AFC)、广播系统(PA)、视频监控系统(CCTV)、调度电话系统(DLT)、时钟系统(CLK)、信号系统(SIG)、通信集中网管系统(TEL/ALARM)、车载信息系统(TIS)等系统进行互联,从而实现多个相关系统的综合集中监控功能。

中央级综合监控系统对全线重要监控对象的状态、性能等数据进行实时的收集及处理,通过各种调度员工作站和大屏幕以图形、图像、表格和文本的形式显示出来,供调度人员参考和使用。根据一定的逻辑关系自动向分布在各站点的被监控对象或系统发送模式、程控、点控等控制命令,或由调度员人工发布控制命令,从而完成对全线环境、设备和乘客的集中监控。

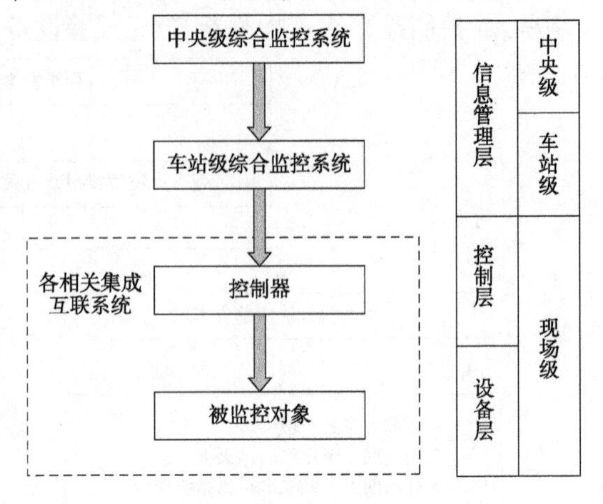

图6-11 综合监控系统及其接入系统层次划分示意图

(2)车站级综合监控系统

车站级综合监控系统包括各车站、控制中心大楼和车辆段等车站级监控系统。独立的主变所和集中冷站接入就近的车站级综合监控系统。车站级综合监控系统通过分布在车站范围内的站级局域网络,将车站各有关机电系统集成在一起,并与PA、CCTV、DLT等系统互联,使它们相互协调地工作。车站级综合监控系统通过值班员工作站、打印机等设备实时地反映监控对象变化的状态信息并形成报表,同时记录下相关信息,更新相关数据。

(3)现场级

由变电所综合自动化系统(PSCADA)、环境与设备监控系统(BAS)、火灾自动报警系统(FAS)、防淹门(FG)、屏蔽门(PSD)、门禁系统(ACS)等系统及其所监控的现场设备组成,以上系统直接连接各种现场设备,同时又与综合监控系统的车站级或中央级进行数据通信。

任务三 车站电梯系统运用

教学目标

1. 能力目标

能熟练开启、关闭城市轨道交通手扶梯、垂直电梯及楼梯升降机。

2. 知识目标

掌握手扶梯运行前的准备工作;掌握开启、关闭手扶梯、垂直电梯及楼梯升降机步骤;掌握转换手扶梯的运行方向、紧急停止方法。

3. 素质目标

具有城市轨道交通安全生产责任意识,能对电扶梯等进行应急处理的职业素养。

工作任务

自动扶梯及电梯是乘客进出城市轨道交通车站的重要工具,反映地铁车站服务质量和水平主要标志之一。担负着运送大量客流的任务,将地面上需要乘坐城市轨道交通列车的乘客迅速、安全、舒适地送入地下站台或高架站台，以及将地下站台或高架站台上的乘客送到地面，对客流的及时疏散起到至关重要的作用。那么自动扶梯如何正确开、关？自动扶梯及电梯出现异常情况时如何处理，以确保乘客安全？通过本任务，系统掌握车站电梯系统的开、关以及异常情况时的应急处理。

所需设备

真实或模拟的城市轨道交通电梯、楼梯升降机。

相关知识

电梯系统由垂直电梯、自动扶梯及楼梯升降机组成，是城市轨道交通系统的一个重要的组成部分，它每天担负着运送大量客流的任务，其对客流的及时疏散起到了至关重要的作用。城市轨道交通系统配置垂直电梯、自动扶梯及楼梯升降机的基本原则为：站台至站厅间根据车站远期客流量设置上、下行自动扶梯；出入口及过街隧道根据人流量设置上、下行或上行自动扶梯；当提升高度达到6m以上时，设上、下行自动扶梯以保证人流的疏散和服务质量；车站内设置残疾人楼梯升降机以满足残疾人等特殊人群的需要。

一、垂直电梯

一般地车站按无障碍设计，设置残疾人垂直电梯（图6-12），地面至站厅之间设1部，站厅至站台之间，岛式站台设1部，侧式站台设2部。

站厅至站台垂直电梯设于付费区内，地面至站厅垂直电梯井道与出入口相结合设计，出地面部分井道及候梯厅与周围建筑规划相协调，造型美观且方便管理。

二维码31

电梯发生故障时的救援见二维码31、32、33。

二维码32

二维码33

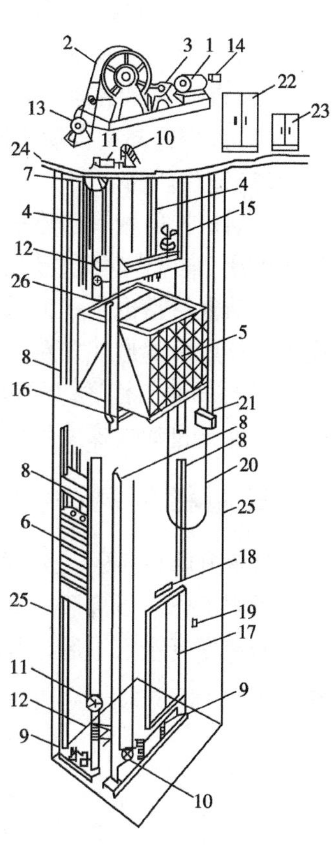

图6-12　垂直电梯结构图

1-主传动电动机；2-曳引机；3-制动器；4-牵引钢丝绳；5-轿厢；6-对重装置；7-导向轮；8-导轨；9-缓冲器；10-限速器（包括转紧绳轮、安个绳轮）；11-极限开关（包括转紧绳轮、传动绳索）；12-限位开关（包括向上限位、向下限位）；13-楼层指示器；14-球形速度开关；15-平层感应器；16-安全钳及开关；17-厅门；18-厅外指层灯；19-召唤灯；20-供电电缆；21-接线盒及线管；22-控制屏；23-选层器；24-顶层地坪；25-电梯井道；26-限位器挡块

二、自动扶梯

自动扶梯是由一台特种结构形式的链式输送机和两台特殊结构形式的胶带输送机所组合而成的，用以在建筑物的不同层高间运载人员上下的一种连续输送机械（图6-13）。一系列的梯级与两根牵引链条连接在一起，在按一定线路布置的导轨上运行即形成自动扶梯的梯路。牵引链条绕过上牵引链轮、下张紧装置并通过上、下分支的若干直线、曲线区段构成闭合环路。这一环路的上分支中的各个梯级（也就是梯路）应严格保持水平，以供乘客站立。

上牵引链轮(也就是主轴)通过减速器等与电动机相连以获得动力。扶梯两旁装有与梯路同步运行的扶手装置,以供乘客扶手之用。扶手装置同样由上述电动机驱动。为了保证自动扶梯乘客绝对安全,要求装设多种安全装置。由于自动扶梯是连续工作的,因此,设置在人员集中的公共场所、商店、车站、机场、码头、大厦及地铁车站等处,保证在较短时间内输送大量人员。

采用自动扶梯较采用间歇工作的电梯具有如下的优点:

(1)生产率即输送能力大。

(2)人流均匀,能连续运送人员。

(3)自动扶梯可以逆转,能向上和向下运转。

(4)当停电时或重要零件损坏需要停车时,可作普通扶梯使用。

自动扶梯与电梯比较有一些缺点:

(1)自动扶梯结构有水平区段,有附加的能量损失。

(2)大提升高度自动扶梯,人员在其上停留时间长。

(3)造价较高。

自动扶梯的发展趋势是:结构紧凑,减少占用空间;减轻设备自重;减少阻力,节约能耗;外貌美观,兼可作建筑物的装饰用;运转平稳,减少噪声。

自动人行道也是一种运载人员的连续输送机械。它与自动扶梯不同之处在于:运动路面不是形成阶梯形式梯路,而是平的路面。自动人行道主要用于输送,也能进行一定角度($\alpha=12°$)的倾斜输送。同样适用于人流集中的公共场所。

电梯与自动扶梯发生故障时的应急救援见二维码34。

二维码34

三、楼梯升降机

楼梯升降机(图6-14)是一种架设在有扶手楼梯的升降设备,使用者可以通过呼叫工作人员启用。

而使用者坐上去后,则可以由楼梯顶部下降到底部或相反方向,主要使用者为腿部有残障人士。

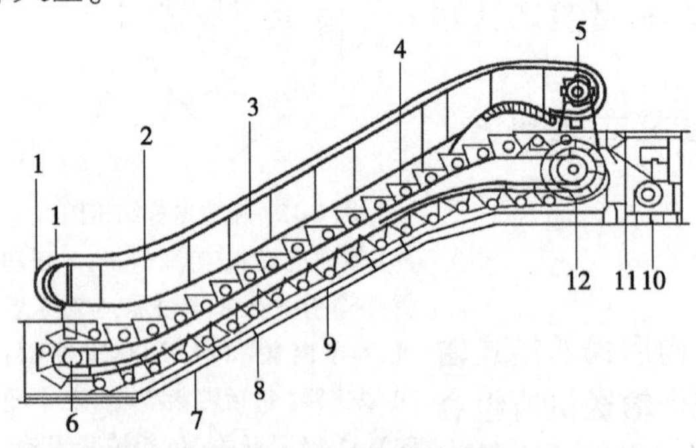

图6-13 自动扶梯结构图

1-扶手传动滚轮;2-扶手带;3-栏板;4-铝合金梯级;5-扶手驱动瓣轮;6-从动张紧瓣轮;7-金属构架;8-牵引轴;9-牵引瓣条;10-动力装置;11-机房盖板;12-梯级牵引瓣轮

图6-14 楼梯升降机

四、地铁车站自动扶梯与楼梯的一般设置原则及标准

(1)设计标准

一般采用26°34′地铁出入口,主要用于乘客进出站厅。

(2)设置原则

一般站出入口:一部步行楼梯+一部自动扶梯。

正常运营状态下,扶梯为上行,出站乘客首选扶梯;楼梯为下行,进站乘客选择步行楼梯。

特殊站和一级站出入口:一部步行楼梯+两部自动扶梯。

正常运营状态下,自动扶梯分为上行和下行,进、出站乘客首选扶梯,当自动扶梯不能满足疏散要求时,进、出站乘客选择步行楼梯。

五、楼梯布置的有关规定

(1)楼梯与检票口在同一方向布置时。楼梯进口距检票口的净距宜不小于6m。

(2)楼梯与自动扶梯并列布置时。其相互之间的位置无规定,一般采取将楼梯下踏步最后一级与自动扶梯下工作点取平。

六、自动扶梯布置的有关规定

(1)自动扶梯相对布置时,两自动扶梯工作点间距离不小于20m。

(2)自动扶梯工作点至墙的距离,在站台层不小于8.5m;在出入口处不小于6m。

(3)自动扶梯与楼梯相对布置时,其间的距离不宜小于15m。

(4)自动扶梯工作点至检票口的距离不宜小于10m。

(5)分段设自动扶梯时,两段之间距离不应小于8.5m。

七、楼梯与自动扶梯的关系

当车站出入口的提升高度超过6m时,宜设上行自动扶梯;超过12m时,除设上行自动扶梯外,并宜设下行自动扶梯。

楼梯和自动扶梯在交叉错位处要注意其夹角的处理,避免乘客夹伤。

出入口在道路旁平行道路设置时,应当考虑楼扶梯的起坡停顿时间,因为在楼扶梯的起坡点处,行人会有适当的停留,扶梯应设置在远离道路的一侧,减少楼扶梯处的拥堵。

知识拓展

楼梯、自动扶梯通过能力的验算

站台层事故疏散时间计算如下式

$$T = 1 + \frac{Q_1 + Q_2}{0.9[A_1(N-1) + A_2B]}$$

式中:Q_1——列车乘客数;

Q_2——站台上候车乘客和站台上工作人员数;

A_1——自动扶梯通过能力;

A_2——人行楼梯通过能力;

N——自动扶梯台数;

B——人行楼梯总宽度;

1——发生事故的反应时间(min)。

考虑到1台自动扶梯损坏不能运行的概率,$(N-1)$台自动扶梯和人行楼梯通行能力按90%减。《地铁设计规范》(GB 50157—2013)第8.3.9条规定“站台层的事故事故疏散时间应按不大于6min验算”,是指在远期高峰小时客流量时发生火灾的情况下,6min内将一满载列车乘客和站台候车的乘客及工作人员全部安全撤离站台。候车人数按列车发车30对/h,2min一列计算;工作人员一般按20人计算。

任务四　低压配电与照明系统

教学目标

1. 能力目标

学会车站内的照明系统的供电方式、供电负荷分级,能看懂动力供电系统和照明供电系统示意图。

2. 知识目标

掌握车站供电系统的组成、车站动力照明供电范围、供电方法等,掌握动力配电和照明供电。

3. 素质目标

具有城市轨道交通安全生产责任意识,培养安全用电的基本素质。

工作任务

地铁低压配电系统是保障地铁运营的动力能源系统,是地铁安全运行的重要设施。低压配电系统的构成因其具有较高的稳定性和安全性,故可保障地铁连续不间断的供电需求。低低压配电系统供电采用多少伏的电压,照明供电方式有哪些。通过本节任务,能解答这些问题。

相关知识

一、电源及供电系统

电源及供电系统采用集中供电方式,中压供电网络与牵引供电系统共用,电压等级为33kV,电源由主变电所供给。

车站及区间动力、照明负荷由车站降压变电所供应。供电电压为0.4/0.22kV。

供电系统按满足一、二级负荷要求,两路电源供电。

二、动力照明供电范围

供电范围为各车站和区间、车辆段、综合维修基地的所有动力照明用电,城市轨道交通物业用电。

三、动力及照明供电负荷分级

根据对供电可靠性的要求,动力照明负荷一般分为三级,其中一、二级负荷占大部分。具体分类如下:

一级负荷:主控系统、通信系统、信号系统、防灾报警系统、机电设备监控系统、自动售检票系统、门禁系统、屏蔽门、防淹门、自动扶梯(火灾时仍需运行才能满足疏散要求的自动扶梯)、气体灭火、消防泵、废水泵、雨水泵、站厅站台公共区照明、事故及疏散标志照明、二三四类导向灯箱、事故风机及其风阀、排烟风机及其风阀等。

二级负荷：设备区和管理区照明、出入口通道照明、非事故风机及风阀、组合空调器、污水泵、自动扶梯（火灾时无须运行的自动扶梯）、电梯、楼梯升降机、维修电源、商铺电源等。

三级负荷：公共区及管理用房空调系统中的冷水机组、冷冻水泵、冷却水泵、冷却塔风机、补水泵、空气幕、分体空调器，广告照明、清扫机械、生活用电源等。

四、动力照明供电方式

动力和照明设备的供电，根据负荷性质和重要程度按以下方式供电：

一级负荷平时从降压变电所两段母线上分别馈出一路专用供电线路向负荷末端电源切换箱供电，两路电源在切换箱内自动切换，以实现不间断供电。

二级负荷平时从降压变电所、环控电控室、照明配电室馈出单回供电线路至末端配电箱，当一台变压器退出运行时，降压变电所的 0.4kV 母线分段开关自动闭合，退出运行变压器带的二级负荷将由另一台变压器供电。

三级负荷平时由一路电源供电，当一台变压器退出运行时，应将其从电网中切除。

环控电控室和照明配电室对各类负荷的供电，根据负荷性质按照集中分片的原则进行。车站站厅、站台公共区的照明采用分块控制、交叉供电的配线方式。

五、动力供电

城市轨道交通车站动力供电主要根据负荷分布的特点、划分不同的供电区域来考虑，分为变电所直配和经环控电控室配供两类，主要采用放射式配电，辅以树干式。车辆段及综合基地动力用电按车间和分区域供应，采用放射式与树干式相结合的方式。图 6-15 为动力配电系统示意图。

在通风、空调设备比较集中的负荷中心，设环控电控室为车站及区间的通风空调供电。环控电控室的两路电源分别取自变电所的不同母线段。当环控电控室与低压室靠近时宜合建，则统由低压室供电。当车站一端环控设备数量少且负荷小时，则由低压室或另一端变电所直接供电。

通信系统、信号系统、机电设备监控系统、防灾报警系统、自动售检票系统、电力监控系统、消防系统、所用电、屏蔽门、防护门、应急照明电源、废水泵、污水泵、集水泵、自动扶梯、电梯和大容量通风空调设备等由变电所低压柜直接供电。

车站设备用房及站厅、站台公用区，应在适当位置设置安全插座或插座箱；区间内每隔 100m 左右应设置容量为 20kW 的维修用和杂散电流监测装置用电源箱一处。

全线同类型的动力用电设备，其控制设备及控制接线统一。

六、照明供电

城市轨道交通车站照明供电主要根据各部位功能需求，划分不同的区域分片分类配电，地下站原则上以车站中心为界，按两端站台站厅设照明配电室分片供电和控制，高架站、地面站可按层或端各设一个照明配电室。照明设备配电采用放射式和树干式相结合的方式。

地铁车站照明分为一般工作照明、节电照明、应急照明（含备用照明、安全照明、标示照明）以及广告照明。一般工作照明占整个照明的 2/3 左右，节电照明和应急照明（若按正常处于亮灯状态设计）约占 1/3。图 6-16 为照明配电系统示意图。

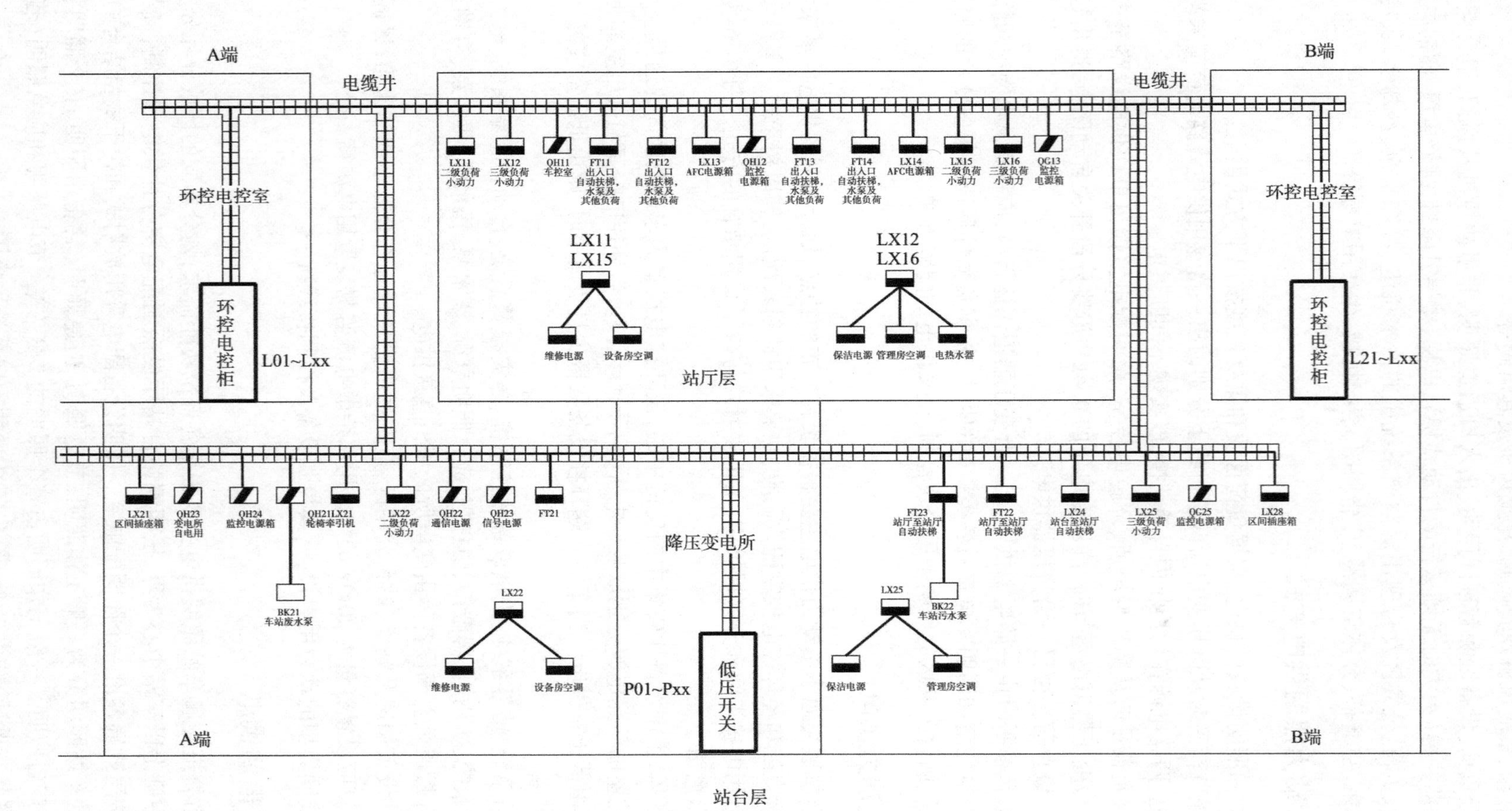

图 6-15 动力配电系统示意图

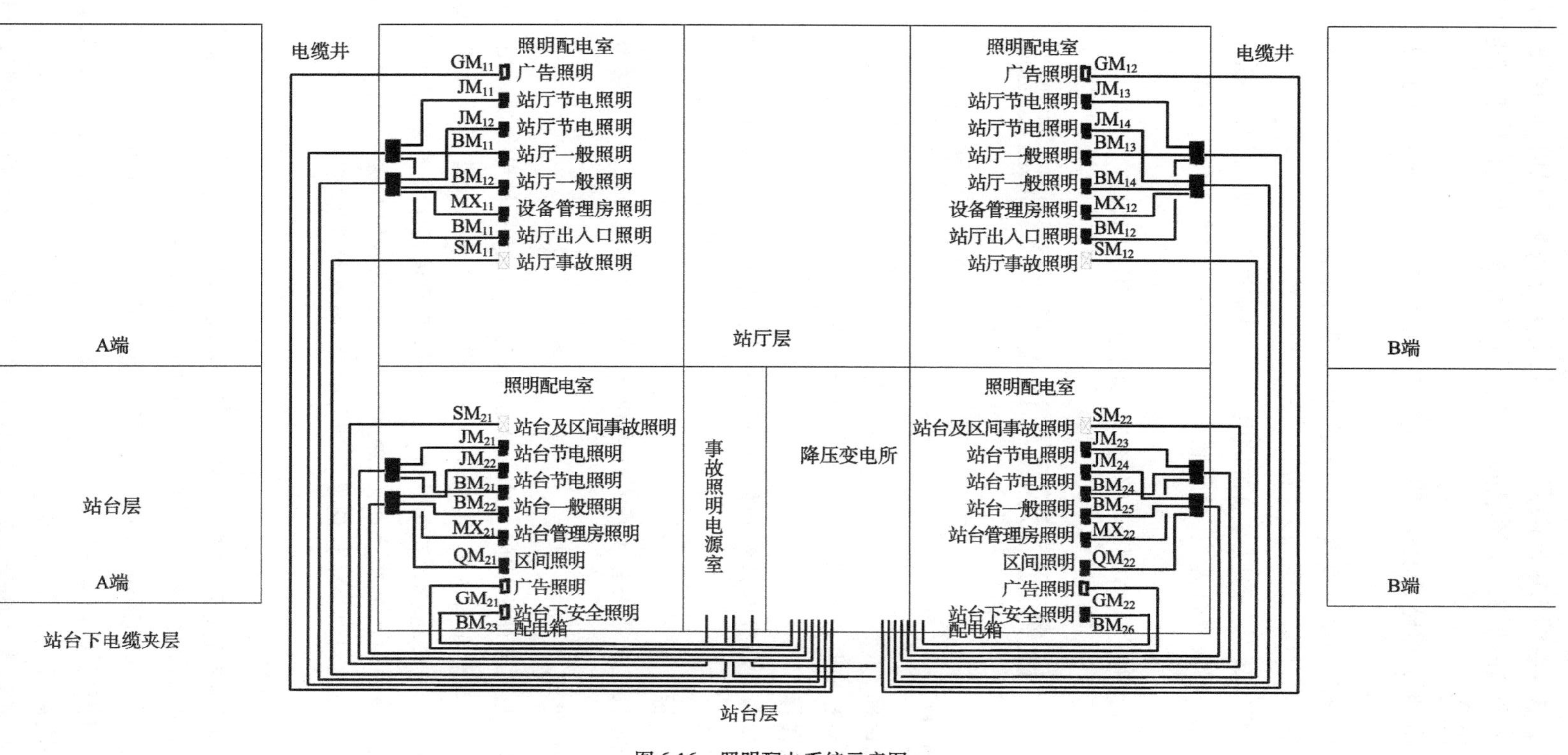

图 6-16 照明配电系统示意图

在照明配电室设置一般工作照明、节电照明配电箱各两个，各引一路接自变电所不同母线段的电源供电。各馈出单回路为灯具配电，分类分路交叉供电，以保证一路电源失电时不会发生公共区全黑的现象。广告照明、区间照明配电箱一般设在照明配电室内，亦可设在站厅、站台的适当位置。

高架线路、地面线路每100m设20kW的广告照明插座。电源引自相邻车站的区间广告照明配电箱。

应急照明电源装置应根据车站类型、规模进行设置，一般情况下在站台两端各设一套。其两路电源分别引自变电所的不同母线段，一主一备运行方式，配置铅酸免维护蓄电池组和逆变器，分回路以交流电向应急负荷供电，应急照明持续供电时间为90min。

照明光源采用荧光灯为主，道路照明采用高压钠灯，车辆段内高大厂房采用混光灯或金卤灯。

站台板下电缆通道，有安全工作照明和携带式照明用插座。

任务五　环境与设备监控系统运行管理

教学目标

1. 能力目标

学会车站环境与设备监控系统日常运行管理。

2. 知识目标

掌握环境与设备监控系统功能，掌握每一级监控设备的功能和相应的设备组成，掌握系统的运营管理。

3. 素质目标

具有城市轨道交通安全生产责任意识，学会车站环境与设备监控系统日常运行管理。

工作任务

环境设备监控系统BAS(Building Automatic System)是利用自动控制系统对车站机电设备实现自动、高效管理的系统，是实现城市轨道交通内机电设备科学管理、高效运行的工具。设备监控系统的良好运行管理为广大乘客提供了舒适的乘车环境，大大提高了城市轨道交通对意外安全事件的反应处理能力，极大地保证了乘客的人身安全。设备监控系统运行由车站站务人员和控制中心环控调度员进行管理，而维护保养则由维修人员负责。

相关知识

为了给乘客创造安全可靠和舒适的乘车环境，车站及地下区间隧道内设有各种正常运营保障设施(通风空调设备、给排水设备、照明设备、导向设备、自动扶梯等)和事故及紧急情况防救灾设施(水消防系统、自动灭火系统、防排烟系统、事故照明系统等)。为实现对以上设施的集中监控与管理(其中自动灭火系统的控制子系统由FAS监视)，设置设备监控系统。其整体功能有以下几个方面。

(1)对城市轨道交通建筑设备实现集中监控，并对其环境进行实时监测和优化控制。通过现代控制技术与网络技术，对现场机电设备运行状况实时进行集中监视、控制和报警，减少设备操作复杂性及操作难度,协调设备动作。以经济运行为目的,对车站环境进行检测,并据此控制环控设备高效运行以提高整体环境的舒适度,并通过相关算法实现系统能源管理自动化,提高节能效率。

(2)接受 FAS(防灾报警系统)和 ATS(列车自动控制系统)等的灾害信息,控制相关设备转向灾害模式,从而实现城市轨道交通防灾自动化。

(3)通过对设备、环境参数的采集记录,对车站设备运行情况进行统计、协助维修管理、提供趋势运行和维修预告,为设备管理决策提供科学依据,实现设备管理自动化。

一、BAS 主要功能

BAS 具有中央级集中监控、车站级集中监控和就地监控三级,对各类设备进行监视和控制。

1. BAS 系统功能

(1)环境检测

BAS 在公共区、有人值班的管理用房及对环境有要求的设备用房中,通过所布置的温度和湿度检测设备,实现环境温度和空气湿度的检测。

(2)机电设备监控

BAS 实现对全线通风空调、防排烟、公共区照明、导向灯箱、给排水等机电设备的实时或定时监控;监视电梯、自动扶梯的运行状态。紧急情况下,可实现对自动扶梯的紧急停止控制;对电梯紧急情况下上升或下降到安全层的控制。

(3)水位监测及报警

BAS 监视车站和区间各类排水泵房水位,接受水位报警,并具有对废水泵的远程控制功能。

(4)优化控制与节能

BAS 通过对环境参数检测以及相关计算,自动将通风空调系统调控在最佳运营状态,一方面提高地铁整体环境的舒适度,另一方面实现节能控制,降低运营成本。

(5)防救灾

接收车站 FAS 火灾控制模式指令,执行车站防灾设备的火灾控制模式;在 FAS 与 BAS 之间通信中断情况下,接收车站综合监控系统火灾模式控制指令,执行车站防灾设备的火灾控制模式;接收综合监控系统区间火灾模式控制指令,执行隧道排烟模式;接收区间列车阻塞通风模式控制指令,执行列车区间阻塞通风模式。

(6)数据管理

系统具有对受控设备运行参数分类存储、统计报表、自动生成系统设备维修维护报表和自动打印的功能。

2. 中央级主要功能

BAS 中央级监控系统对全线通风空调、防排烟设备、公共区照明、导向灯箱、给排水、自动扶梯等机电设备进行监视和控制。

(1)监视全线环控设备的运行状态,检测、记录各车站站厅、站台和管理设备用房的温度、湿度等环境参数。根据通风空调系统提供的环控工艺要求,向车站级 BAS 下达模式控制指令,对通风系统设备进行模式控制。包括正常模式(节能控制)、火灾模式及区间阻塞模式控制。

(2)监视全线 BAS 监控下的其他设备的运行状态,接受系统报警,记录各种操作,实现实时数据和历史数据的分类存储、统计报表等。

(3)向车站级 BAS 下达时间表控制指令。

3. 车站级主要功能

BAS 车站级监控系统对全站通风空调、防排烟设备、公共区照明、导向灯箱、排水设备、电梯、自动扶梯等机电设备及管辖区间排水设备进行监控。

(1)监视车站环控设备的运行状态,监测、记录车站站厅、站台和管理设备用房的温度、湿度等环境参数。根据通风空调系统提供的环控工艺要求,对通风系统设备进行模式控制,包括正常模式(节能控制)、火灾模式及区间阻塞模式控制。

(2)监视全站 BAS 监控下其他设备的运行状态,接受系统报警,记录各种操作,实现实时数据和历史数据的分类存储、统计报表等。

(3)将本站 BAS 所有信息上传中央级。接收中央级下发的时间表控制信息和模式控制指令。

(4)接受时钟同步信号,具有与中央主时钟同步的功能。

4. 就地级设备的主要功能

(1)对单台设备进行就地控制,满足设备的现场调试要求。

(2)实现对现场信号的采集、信号的转换和控制信号的输出。

(3)接收 FAS 的火灾信息,执行火灾模式控制指令。

(4)主控制器通过现场总线同具有智能通信接口的其他受控设备连接,实现数据通信。

(5)就地级设备具有脱离全线网络系统独立运行的功能,控制器的存储容量满足监控数据的存储需要。

5. 冷站监控系统的主要功能

(1)对冷站所辖设备进行状态监视、控制、故障报警。

(2)通过获取相关车站的有关环控参数,通过 PID(比例—积分—微分)控制,实现系统的节能及优化控制。

(3)通过 BAS 工作站实现对冷站设备的自动控制、模式手动和点对点控制等。

(4)将冷站被控设备运行状态、报警信号及测试点数据及时送至 OCC(控制中心),并接收 OCC 的各种控制指令。

(5)冷站的 BAS 具有脱离全线系统网络独立运行的功能,控制器的存储容量满足监控数据的存储需要。

(6)系统处于自动运行状态的情况下,供电电源中断一段时间后恢复供电,主控制器根据预设程序,自动重新启动相关设备。

(7)接受时钟同步信号,具有与中央主时钟同步的功能。

6. 系统的维修功能

系统的维修网络由综合监控系统统一组建,主要功能按 BAS 要求,在综合监控系统中实现。

(1)记录各车站主要设备的运行状态,统计设备累计运行时间,根据设备运行情况,自动生成日、周、月、年报表、设备维修及检修报表,并根据系统设定自动打印有关报表。

(2)具有对全线设备板级故障的在线查询、诊断和分析的功能,最大限度地满足系统维修的需要,并具有对系统软件在线修改的功能。

二、BAS 的性能

(1)BAS 遵循分散控制、集中管理、资源共享的原则。BAS 的设置有利于机电设备监控管理体制的实施,实现 OCC 对全线的机电设备集中监控管理。

(2)BAS 的硬件和软件遵循模块化的原则,采用标准通信接口,标准的、开放的通信协议。BAS 的硬件和软件具有可靠性、可维护性和可扩展性,系统具备故障诊断、在线修改的功能。

(3)BAS 现场控制级设备,具有脱离 BAS 车站局域网络独立运行的功能,存储容量满足监控数据的存储需要。

(4)在正常情况下,车站级对车站设备和区间给排水设备具有最高控制权,中央级对于区间隧道通风设备具有最高控制权。

(5)在火灾情况下,BAS 具有接收 FAS 和综合监控系统的火灾模式指令,完成对相关设备消防联动控制(火灾模式控制)的功能。

(6)列车在区间停车时,BAS 具有接收综合监控系统下达的区间阻塞模式指令,执行区间阻塞通风模式的功能。

三、BAS 系统构成

1. 中央级 BAS 设备

中央级监控系统设备由设在控制中心的综合监控系统配置, 图 6-17 所示为 BAS 全线网络图。

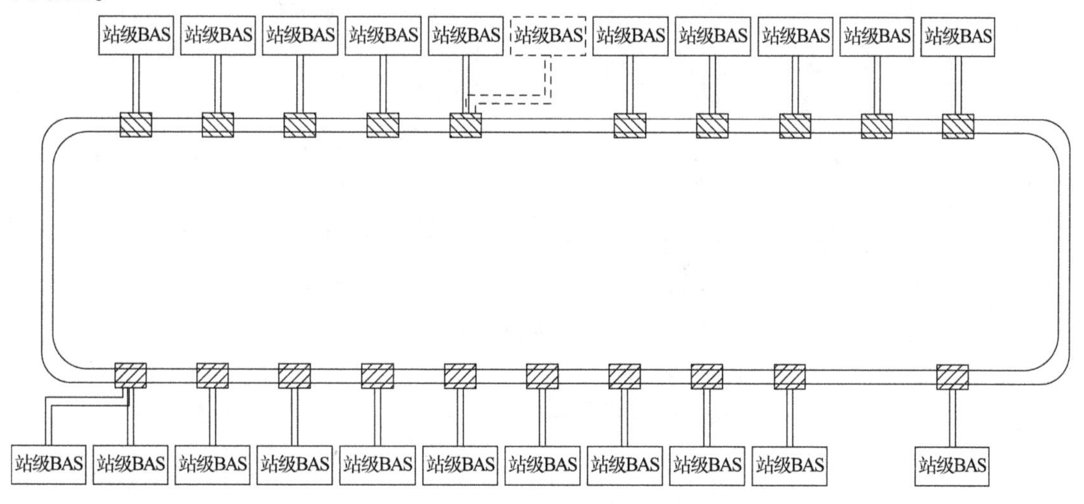

图 6-17　BAS 全线网络图

(1)工作站及服务器

系统中央级配置两台或两台以上的操作工作站,采用并列运行或冗余技术,使工作站处于热备状态,保证故障情况下的自动投入,同时根据系统实际需要选用服务器或小型机对整个系统实现优化控制、管理以及数据备份。

系统中央级工作站或服务器一般配备数据记录设备、打印机,数据记录设备可提供系统历史数据备份、归档信息。

(2)大屏幕投影

设备监控系统大屏幕投影可以直观显示全线重要机电设备运行状态、重要报警、主要运行参数等，便于线路环境调度、行车调度掌握线路总体机电设备运行情况，及时发现设备问题，其主要显示内容有：

①隧道风机及推力风机运行状态及风向；

②列车正线阻塞信号；

③FAS 火警信号提示；

④各车站环控大系统运行状态；

⑤各车站公共区温度超限报警。

(3)与其他系统接口

系统中央级配置系统与 ATS 的接口设备，通过它接收列车区间阻塞信号，并完成隧道通风模式的计算。另外还配置有与通信母时钟通信的接口设备，定时与母时钟时间同步，并进一步实现系统内部各设备间的同步。

2. 车站级 BAS 设备

BAS 车站级采用分层分布式结构，由 PLC 控制设备、现场传感器及 UPS 电源等组成。监控对象包括隧道通风系统、车站防排烟设备、车站通风空调大、小系统、空调水系统设备、车站给排水、区间给排水设备、自动扶梯、电梯、车站公共区导向系统、事故电源、应急照明、广告照明等。图 6-18 所示为 BAS 车站级控制方框图。

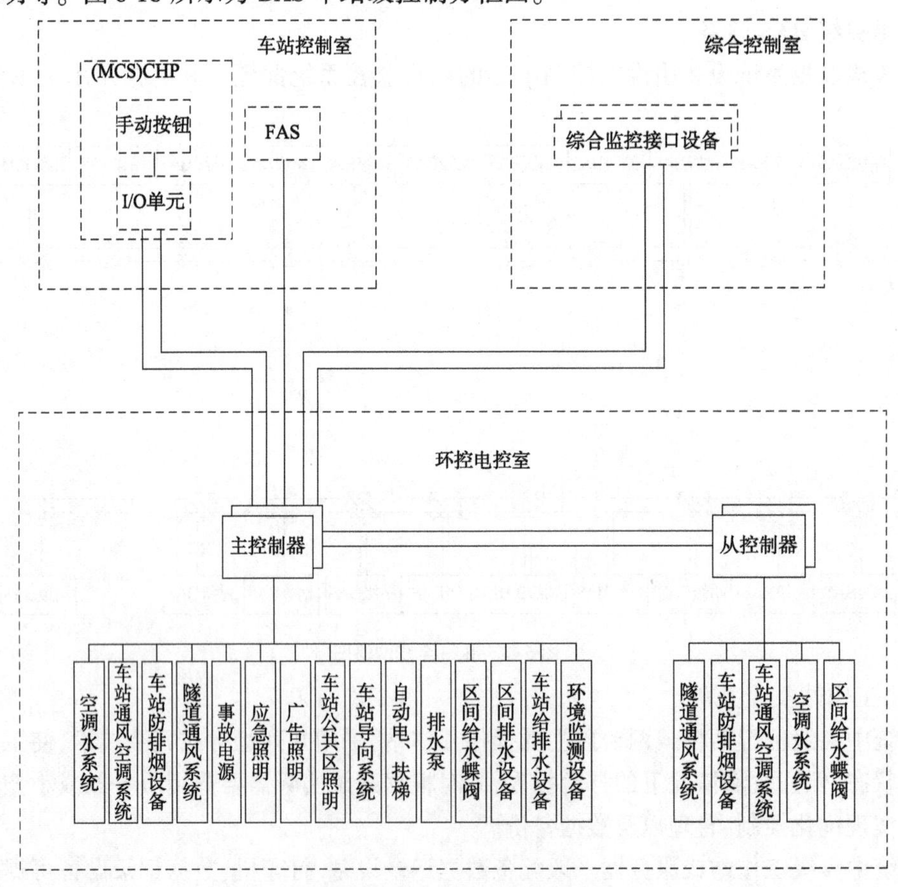

图 6-18 BAS 车站级控制方框图

(1)工作站

车站级车控室工作站设备由综合监控系统配置，主要面对车站工作人员，显示整个车站机电设备的运行情况，车站工作人员可以根据系统的实际情况对车站机电设备进行工况、单体设备调节控制，工作站通常配有线式不间断电源和历史(报表)打印机。

(2)综合紧急操作盘

综合紧急操作盘是车站出现灾害性情况时的紧急操作平台，综合紧急操作盘以火灾及紧急工况操作为主，采用按键式操作，操作程序简便快捷。当车站或所辖区间发生火灾、列车阻塞等情况时，由线路环境调度授权车站操作人员按不同的事故区域在综合紧急操作盘上启动相对应的应急工况。综合紧急操作盘上设有投入/切除钥匙开关，利用此开关可以实现模拟屏幕控制功能的投入和切除，防止出现误操作。

(3)维修工作站

维修工作站是系统维修人员专用的远程维修终端，具备最高的操作级别和一定的软件修改权限，可以对系统软件进行维护、组态、运行参数的定义、系统数据库的形成及用户操作界面的修改、增加；可以监视全线系统运行情况，及时反映现场故障，迅速组织系统抢修；可以为系统开发、优化提供平台，减少对在线系统运营的影响。

3.就地级 BAS 设备

就地级监控设备包括就地控制箱、传感器、二通调节阀以及通信通道和网络等。

(1)就地控制箱

就地控制箱设置在环控机房、照明配电室、水泵房、出入口等地方靠近被控设备和环境条件相对好的房间内。在风机房的就地控制箱内设置远程 I/O(RI/O)，用来采集空调管路上的温湿度参数，监控水系统二通阀。在照明配电室的就地控制箱内设置 RI/O，用来监测重要设备房、公共区环境参数，监控车站公共区照明、广告照明、导向标志等回路状态。在水泵房的就地控制箱内设置 RI/O，用来监测水泵的状态和报警水位。

(2)传感器

①室内温、湿度传感器安装在站厅和站台墙壁或立柱、设备管理用房墙壁上。

②风管式温度、温湿度传感器安装于各类风道和风室内。

③水管式温度传感器安装在各类水管上。

④流量传感器、压力传感器、压差传感器安装在相关的设备及管道上。

(3)二通阀执行机构

二通阀执行机构安装在相关的水管路上，设置二通或三通流量调节阀，对冷量进行调节。

(4)通信通道和网络

BAS 控制器与相连的就地控制器或 RI/O 模块，采用屏蔽双绞线连接。传输方式采用工业级现场总线技术，数据传输速率不小于 1Mbps，为实时的工业用现场总线。要求为国际上通用的标准开放的现场总线。两设备之间的距离超过 1000m 时，采用光纤连接。

四、运行管理

BAS 中央级工作站由控制中心环境调度使用并负责日常管理，车站级工作站管理由车站人员使用并负责日常管理。

车站人员负责本站内的车站机电设备的操作，设备监控系统车站级设备室车站人员监控站内机电设备的工具，通过设备监控系统车站级工作站对本站所辖设备的运行状态、故障情况以及设备监控系统自动运行情况进行监视，接受环境调度指令，控制车站内机电设备动作,并对设备执行情况进行确认。

1. 车站人员的使用管理

(1)监视本站机电设备的运行状态,通过工作站定时对设备进行巡视,出现异常,通知环境调度,同时报告设备故障给维修调度员;

(2)对火灾报警并现场确认,执行火警处理程序,在环境调度指挥下,通过设备监控系统工作站或车站模拟屏执行相应灾害工况的应对方案;

(3)在设备监控系统故障情况下在环控电控房对设备进行操控;

(4)对设备监控系统中央级设备进行设备表面清洁等日常保养工作。

2. 操作 BAS 的基本要求

(1)必须熟悉 BAS 的操作方法,包括工总站和综合紧急操作盘,理解环控工艺工况;

(2)必须熟悉车站设备的现场操作方法,理解基本环控工艺工况;

(3)熟练掌握本站火灾处理程序,组织相应的火灾工况应对工作。

知识拓展

环控调度使用管理 BAS

环境调度负责对相关城市轨道交通线路辖下的车站及隧道环境的控制盒调度,按运营需要对设备监控系统自动运作是否合理做出人为判断,确定是否需要人工干预,以保证城市轨道交通环境的舒适性;环境调度还负责对城市轨道交通突发事件进行反应,调度城市轨道交通相关防灾设备执行灾害工况。环境调度是 BAS 中央级的使用者,通过对设备监控系统中央级工作站对全线车站及区间隧道内设备的运行状态、故障情况以及设备监控系统自动进行监视,控制全线环控设备动作。

1. 环境调度对 BAS 的主要管理工作

(1)环境调度人员对全线通风空调系统进行调度控制,保证城市轨道交通环境的舒适性。

(2)监视并及时调整通风空调系统设备及其他车站设备的运行状态,出现故障及时报告维修调度。

(3)通过火灾自动报警系统中央级发现火灾报警,指挥执行火灾处理程序,通过设备监控系统中央级工作站或下令车站人员执行相应的灾害工况。

(4)授权车站人员通过 BAS 对设备进行操控。

(5)对 BAS 中央级设备进行设备表面清洁等日常保养工作。

2. 环境调度操作 BAS 的基本要求

(1)必须熟悉 BAS 操作方法,熟练掌握通风空调工艺工况。

(2)理解设备监控系统软件控制原则,处理简单操作上的问题。

(3)熟练掌握火灾处理程序,组织相应的火灾工况。

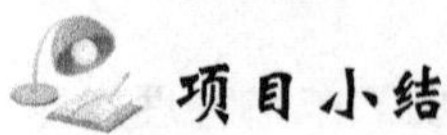

项目小结

本项目安排了五个工作任务:一是人工操作屏敝门,二是车站消防系统运用,三是车站电梯系统运用,四是低压配电与照明系统,五是环境与设备监控系统的运行管理。主要介绍了车站内环境控制系统、低压配电照明系统、环境与设备监控系统的构成、功能以及日常的运用管理,此外,在拓展知识里介绍了环控调度使用管理 BAS 的一些内容。

通过本项目的学习，要求学生能熟悉车站各类机电系统功能，了解其主要系统构成、控制方式，在车站日常动作中能正确运用系统为乘客和车站正常运营服务。

复习思考题

1. 屏蔽门三级控制分别为__________、__________、___________。

2. 地铁屏蔽门是安装于地铁站台靠轨道侧边沿，把________与________相互隔离开的设备。

3. 组成屏蔽门系统的主要设备有哪些？

4. 屏蔽门系统的作用是什么？

5. 屏蔽门的设置有哪些要求？

6. 屏蔽门主要部件有哪些？

7. 车站消防系统包括___________、___________、___________。

8. 火灾自动报警系统（简称 FAS）有___________和___________两级监控。

9. 水消防系统主要由___________和___________组成。

10. 简述火灾自动报警系统的组成及特点。

11. 简述水消防系统、火灾自动报警系统和自动气体灭火系统的主要布置位置及灭火过程。

12. 简述火灾自动报警系统和自动灭火设备的功能及使用方法。

13. 简述防灾报警系统功能及设备形象图形的含义。

14. 简述地下车站火灾时乘客疏散方法。

15. 自动扶梯设备主要由___________、___________、___________、___________、几部分组成。

16. 简述手扶梯运行前的准备工作。

17. 简述开启、关闭手扶梯、垂直梯及楼梯升降机步骤。

18. 简述转换手扶梯的运行方向、紧急停止方法。

《城市轨道交通设备运用》课程标准

一、前言

1. 课程定位

《城市轨道交通设备运用》属城市轨道交通交通运营管理专业学生的专业必修课程，也是该专业的主要专业基础课程之一。该课程开设的目的是向学生系统讲授线路结构、车站布置、车辆构造、供电系统、机电设备的基本理论知识，使学生掌握线路、车辆、车站、供电系统、机电设备的基本知识，获得对车站布置图形进行分析和绘制、机电设备使用的基本技能，为继续学习接发列车等专业核心课程打下基础，为毕业后从事城市轨道交通生产、服务、管理等一线工作创造条件。

2. 课程设计

(1)课程目标

根据城市轨道交通对高技能人才的要求，课程应突出职业素质，夯实专业基础，增强专业教学的理论性、适用性、实践性，构建应用性和实践性为基本特点的课程教学体系。在教学组织上，根据《城市轨道交通设备运用》课程理论性与实务性相结合的特点，坚持"实际、实用、实践"原则，科学合理的组织教学全过程。课程的教学以"系统掌握"为原则，根据教学内容特点，合理地将理论教学与实践教学有机结合。课程内容全面反映城市轨道交通新技术发展的实际，理论教学和实践教学穿插进行。

(2)课程的重点、难点及解决办法

本课程的重点是掌握城市轨道交通线路与站场的基本技术标准和设备布置原则；机电设备、供电系统、环控系统的功能作用，能比较熟练分析车站各种设备布置的合理性，初步掌握各种设备的布置特点和采用条件。

本课程的难点是在静止的设备平面布置图中反映动态的作业关联性以及不同影响因素的相互制约性。因此，必须采用先进的教学手段以直观体现这些重要的过程和联系。当然，教师对核心问题的本质性了解也是重要前提。要着力解决课程理论与现场实际的关联性，在教学中搜集大量图片、制作视频资料、制作电子课件等，以提高教学场景的直观性、动态性，使学生便于理解掌握、融会贯通，且可以解决课时数少、信息量大等矛盾。

二、课程内容和要求

教学时间安排:98 学时

教学目标

1. 了解城市轨道交通线路构造和技术状态对城市轨道交通运输效率及行车安全的影响;掌握轨道平顺的技术标准。
2. 了解站场设备布置的基本原理和各种车站布置图的采用条件。
3. 掌握绘制车站平面图的技能。
4. 熟悉轨道交通电动扶梯、AFC(自动售检票)系统、屏蔽门、自动门、车辆空调、中央空调、通风设备、给排水设备、消防喷淋系统、地铁车辆牵引、道岔转辙设备、电源控制系统等机电设备的组成和一般原理。
5. 掌握电动扶梯、屏蔽门结构、功能及使用方法。
6. 掌握环控系统的功能、作用、制式、组成及设置位置。
7. 熟悉了解供电系统功能、制式和供电方式。

学时分配(拟修订)

学习单元	学时分配		
	合计	理论	实训
1　线路	18	12	6
2　车站	14	10	4
3　车辆	28	20	8
4　车辆段	8	6	2
5　供电设备	10	8	2
6　车站机电设备	20	14	6
总计	98	70	28

学习组织形式与方法

1. 按照要求进行适当分组;
2. 向每一小组发放学习要求和学习效果评价标准;
3. 课堂理论讲授或多媒体教学;
4. 各小组实验室认识实训;
5. 各小组共同书面作业练习;
6. 小组内部评价、小组间评价、教师评价

学业评价

学业评价的原则:(1)采用以小组评价为主,自我评价、教师评价相结合的方式。(2)注重过程评价。(3)关注学生的合作能力。

过程评价(平时成绩)分为优秀(85 分以上)、良好(75 ~ 84 分)、及格(60 ~ 74 分)、不及格(59 分以下)四个等级打分,占终结评价的 60%。

期末书面闭卷考试占终结评价的 40%。在试卷中对能力层次要求控制的分数比例原则是:识记 20%,领会 20%,简单应用 35%,综合应用 25%。另外本课程试卷中各能力层次易、中、难的比例大致控制在 15:70:15 的幅度内。

本课程考试题型,原则上可选用填空题、判断题、单项选择题、多项选择题、作图题、计算题、证明题和应用题等八种类型。总量控制在 30 道左右,其中主观题占 40%,客观题占 60%。

按上述比例综合打分后,终结评价分为优秀(85 分以上)、良好(75 ~ 84 分)、及格(60 ~ 74 分)、不及格(59 分以下)四个等级

三、学习单元设计

学习单元1　线路　　学时:18

教学目标和内容:理解线路平面与纵断面的概念,认识线路标志;了解路基及桥隧建筑物;掌握轨道各组成部分,理解线路平顺的标准;掌握道岔的类型、辙叉号数、道岔中心线表示法及其几何要素。曲线附加阻力、坡道附加阻力及换算坡度计算。正确绘制路堤、路堑横断面示意图,辨别涵洞与小桥。绘制普通单开道岔示意图,计算曲线外轨超高,确定无缝线路的锁定轨温。了解道岔配列和线路连接的知识;掌握城市轨道交通限界及线间距的概念;掌握车站线路全长及有效长的概念及计算方法;了解警冲标及车站信号机的位置。车站线路及道岔编号,车站线路间距计算。

教学方法与手段:常规课堂教学与多媒体教学相结合,理论讲授与实验室、现场参观相结合,教师引导与学生自主研讨、练习相结合

学习单元2　车站　　学时:14

教学目标和内容:中间站、换乘站、折返站、终点站的任务及布置图分类、站台形式,各类车站的图形及优缺点;车场的任务、主要设备及其位置;理解车场布置图形的种类及其优缺点及作用。

教学方法与手段:常规课堂教学与多媒体教学相结合,理论讲授与实验室、现场参观相结合,教师引导与学生自主研讨相结合

学习单元3　车辆　　学时:28

教学目标和内容:了解城市轨道交通机车车辆的结构和工作原理,掌握车钩缓冲装置和制动装置的使用,以及机车车辆的简单故障的排除。理解车辆的基本组成部分、技术参数和主要尺寸,了解车号和车辆标记的内容,车辆的分类,车辆的方位和配件称呼的规定。

教学方法与手段:常规课堂教学与多媒体教学相结合,理论讲授与实验室、现场参观相结合,教师引导与学生自主研讨、练习相结合

学习单元4　车辆段　　学时:8

教学目标和内容:车场的任务、主要设备及其位置;理解车场布置图形的种类及其优缺点及作用;车场的线路布置,信号设备的布置。

教学方法与手段:常规课堂教学与多媒体教学相结合,理论讲授与实验室、现场参观相结合,教师引导与学生自主研讨相结合

学习单元5　供电设备　　学时:10

教学目标和内容:了解城市轨道交通供电系统的构成、功能及发展;了解交流高中压、牵引供电、接触网或第三轨供电;熟悉110kV、33kV、10kV断路器,380V、220V低压主开关,DC1500V高速开关和接触网电动隔离开关等;基本掌握被控开关位置,变电所、接触网运行状态;了解主设备安全运行;对主变进线电压、电流、电能消耗进行遥测。

教学方法与手段:常规课堂教学与多媒体教学相结合,理论讲授与实验室、现场参观相结合,教师引导与学生自主研讨相结合

学习单元6　车站机电设备　　学时:20

教学目标和内容:了解给排水系统功能与操作、低压配电及照明系统功能与维修、屏蔽门功能与操作、电梯与自动扶梯系统功能与操作、机电设备监控系统功能与操作、FAS火警报警和消防系统功能与操作、机电系统的节能、自动售检票系统功能。

教学方法与手段:常规课堂教学与多媒体教学相结合,理论讲授与实验室、现场参观相结合,教师引导与学生自主研讨相结合

四、教学条件

1. 教师团队及职业背景

教师团队由具备现场实践经验的双师型教师和现场聘请的专家组成。

2. 教学设施

除常规教学设备条件外,为了加深对课堂教学内容的理解,安排了现场认识实习、实训基地实训等实践内容。校内外实训基地名称及功能见下表。

类　别	基地名称	功　能
校外实训基地	武汉地铁集团运营公司各车站顶岗实习基地	了解中间站设备及布局
	广州市地下铁道总公司顶岗实习基地	了解编组站设备及布局
校内实训基地	运输设备模型展示教室	了解设备基本组成,各种车站布置图

五、教学资源

1. 教材编写

目前尚无可用教材。根据武汉铁路职业技术学院创示范《建设方案》的规划,针对城市轨道交通特点,经过进一步深化和完善,出版紧跟城市轨道交通发展形势,符合高职教育特点,满足任务引导型课改要求的正式教材。

2. 课程资源的开发与利用

(1)教材建设。针对本专业的教学特点及教学内容,编写相应的课程讲义,经试用及修改后,出版正式教材。

(2)电子教案建设。在既有电子教案的基础上,搜集有关资料图片,补充新的教学内容,不断进行电子教案的更新建设。

(3)习题库、课程设计指导书。据培养目标要求,设计供学生进行单元测试、期末考试用的习题库。针对课程设计全程出现的问题,编写相应的课程设计指导书。

(4)加大课程的开放程度。加强与兄弟院校的课程交流,实现资源共享,不断更新、完善现有网上资料,做到优势互补。

(5)五年内课程资源上网时间表。本着边建设、边完善的原则,逐步将教师辅助教学资源、教学录像、电子课件、网页课件、案例库、习题集、教学大纲等课程建设成果公布于网上,并对上网资源不断充实完善。

参 考 文 献

[1] 上海申通地铁集团有限公司轨道交通培训中心. 城市轨道交通概论[M]. 北京：中国铁道出版社,2009.

[2] 广州市地下铁道总公司. 城市轨道交通概论[M]. 北京：中国劳动社会保障出版社,2009.

[3] 张唯. 铁道运输设备[M]. 北京：中国铁道出版社,2002.

[4] 阎国强,仇海兵. 城市轨道交通概论[M]. 北京：人民交通出版社,2010.

[5] 林瑜筠. 城市轨道交通运输设备[M]. 北京：中国铁道出版社,2008.

[6] 李建国. 城市轨道交通系统概论[M]. 北京：机械工业出版社,2009.

[7] 慕威. 城市轨道交通导论[M]. 北京：人民交通出版社,2012.

[8] 吕刚. 城市轨道交通车辆概论[M]. 北京：北京交通大学出版社,2001.

[9] 方宇. 城市轨道交通车辆概论[M]. 北京：中国铁道出版社,2012.

[10] 林祝顺,阎国强. 城市轨道交通系统[M]. 上海：上海科学技术出版社,2008.

[11] 张莹,陶艳. 城市轨道交通供电技术[M]. 北京：人民交通出版社,2010.

[12] 仇海兵. 城市轨道交通车站设备[M]. 北京：人民交通出版社,2011.

[13] 费安萍. 城市轨道交通场站设备[M]. 北京：中国铁道出版社,2015.